探索与创新——人本管理教改刍论

主　编　陈惠雄

浙江工商大学出版社
ZHEJIANG GONGSHANG UNIVERSITY PRESS

图书在版编目(CIP)数据

探索与创新：人本管理教改刍论 / 陈惠雄主编.
—杭州：浙江工商大学出版社，2013.11
　　ISBN 978-7-5178-0037-8

　　Ⅰ．①探… Ⅱ．①陈… Ⅲ．①教学管理－文集②教学
改革－文集 Ⅳ．①G42－53

　　中国版本图书馆 CIP 数据核字(2013)第 243697 号

探索与创新——人本管理教改刍论
主　编　陈惠雄

责任编辑	孙一凡　祝希茜	
封面设计	包建辉	
责任印制	汪　俊	
出版发行	浙江工商大学出版社	
	（杭州市教工路 198 号　邮政编码 310012）	
	（E-mail：zjgsupress@163.com）	
	（网址：http://www.zjgsupress.com）	
	电话：0571-88904980，88831806(传真)	
排　　版	杭州朝曦图文设计有限公司	
印　　刷	杭州杭新印务有限公司	
开　　本	710mm×1000mm　1/16	
印　　张	20.25	
字　　数	353 千	
版 印 次	2013 年 11 月第 1 版　2013 年 11 月第 1 次印刷	
书　　号	ISBN 978-7-5178-0037-8	
定　　价	52.00 元	

序

    人本管理是现代管理学中的重要理念,它是在深刻认识人在社会经济活动中的主体作用的基础上,突出人在管理中的地位,实现以人为中心的管理思想。人是经济社会发展的起点、主体与归宿。发展是为了人,发展要依靠人,是人本管理思想的理论基础。而人具有不同层次的需要,围绕人本身的多层次需要来设计管理制度与管理模式,是现代教育管理的一个核心思想,并有可能把这种管理思想向快乐管理这个终极理念推进。

    所谓人本管理就是基于科学的人性观基础上的"以人为中心"的管理,人本管理是文化管理运作和实践的核心,它要求理解人、尊重人,充分发挥人的积极性、主动性和创造性。作为一种现代管理方式,相对于传统的管理方式而言,它是一种根本性的跨越,是更高层次的管理方式。

    深入而言,人本主义是建立在"人是目的"理念基础上的一种关于天人、物我、群己、劳逸等关系的哲学思想。它表示了思想家们对于自身行为和外部世界意义联系的一种基本认识态度。以人为本的思想,不仅表明了思想家们对于人自身因素的注重,把社会经济与教育运动中的各种矛盾发生与处理归结到人自身来进行解释,并从自身寻找问题的解,而且表明了对于真正人类自身需要满足和价值的注重。人本主义心理学、人本主义教育学、人本主义管理学以及十分有意义的人学均是基于这种认识基础而产生的。

    人是经济、教育活动发生的出发点、主体和归宿。由人类欲望引发的对科学与管理技术进步发展的需要是教育活动发生的最直接、最根本原因。孟子的"得天下英才而教育之",乃此之谓也。现代教育活动的起点与发动者是人,人类发展进步需要的无限性及满足发展手段的稀缺是推动教育管理创新的基本原因。人类为了满足自身的发展需要,产生了各种各样的教育活动,而人始终处于矛盾的主体地位。人类为了满足经济社会发展需要,必须争取教育过程中与对象的相互调适,才能够更好地满足教育发展的需求,产生积极情绪基础上的快乐教育与快乐学习的互动。爱必兼爱，物无孤立，万物一齐（平等）。这些是人本教育管理中必须吸取的重要思想。唯其如此，才能够呈现出教育管理于管理者—教师—学生三界荡然无隔、和谐相处、相得益彰，蓬勃向上之教育景象。

人本教育管理思想从真实的人类行为前提出发，探讨人类行为的"真际"本源与终极目的。"实际"世界中，人们往往只按自己的偏好行事，由于受理性和信息限制，偏好行为会造成对自我与他者福祉的损害（比如学生玩手机的偏好），使大量人类行为徒劳无益。偏好行为最终效用的相互抵消，浪费惊人，甚至朝向人与人利益互损的方向发展。因此，有限理性、有限信息、有限意志、有限自私等将成为我们解释与判断人类行为并进行教育管理制度安排与创新的现实出发点。无论如何，现代人本教育管理必须正视有限理性现实，指导人们"应当"如何行为，鼓励人们做"值得"做的事情。

在现代人本教育管理中，依靠人、开发人、尊重人、凝聚人、激励人、实现人的全面发展是提升现代教育教学水平，调动教师积极情绪的根本手段。目前，世界范围内产业结构调整的浪潮波澜壮阔，当手机与电脑的界限越来越模糊的时候，作为高等学校的传统教学模式面临极其深刻的挑战，作为教师面临的挑战超越了以往任何一个时代。而基于学生能力培养的教学改革新模式或将成为工商管理类专业教育的新起点。

培养什么样的人才？如何培养？课程结构如何设计？教学该采用什么样的方式？实践能力结构有什么样的变化？学生如何获取相应的能力？这些高等教育面临的传统问题又一次深刻地摆在了每一位教学管理者和教师的面前。为此，我们在建设浙江省重点建设专业——工商管理专业的过程中做了深刻的思考，征集了从事一线教学和教学管理的专家、学者在教育、教学等方面的研究心得，汇集成册，这就是呈献在您面前的《探索与创新——人本管理教改刍论》，它凝聚了一批教师的深刻思考，具有良好的启示作用，对工商管理等相关专业教学改革、教学管理等具有一定的参考价值。

应当看到，囿于学术与管理视野，还有很多深入的研究需要加强，我们非常希望本书能够起到抛砖引玉的作用，引起大家的共鸣，为工商管理专业的发展建设作出新的探索与贡献。

教育部工商管理专业类教学指导委员会委员

陈惠雄

2013 年 5 月

目　录

专业建设篇

专业建设篇

基于家庭分工与非均衡组织压力的
大学教师工作压力研究

陈惠雄

[摘　要]　文章基于家庭的"共同共有"组织原理,提出了夫妻双方在不同职业压力与时间流动性条件下在家务时间配置上的选择行为问题,并据此部分解析了目前我国高校教师压力来源的组织行为学原因。文章指出,由于夫妻双方处在具有不同约束刚性的工作组织中,工作压力与时间流动性差异引起了家庭内部家务时间资源配置的差异性。这种配置差异将导致长期的家庭组织效率最大,却可能对承担较多家务成员的未来职业安全与该成员所在组织的长期效率构成不利影响。基于这一理论假说,文章结合目前我国高校教师家庭家务时间资源配置状况进行分析,获得了一些新的研究结论,并揭示了高校改革存在的滞后性。

[关键词]　组织间行为;高校教师压力;时间资源配置

教师压力重新成为一些人的共识。然而,事实上这一问题并非如此简单。由于社会分工与专业化组织发展,现代家庭成员大多在不同的社会组织中工作,又由于职业行为对于现代家庭生活的基础性意义,因此使得人们必须把主要的时间资源与精力配置在工作中。这样,工作时间与家务时间的合理配置成为每个家庭成员都必须做出的选择性利用问题。文章把企业、学校、机关等工作单位界定为"第一组织",把生活单位——家庭界定为"第二组织"。本文关于家庭成员家务时间分配的分析基于这种组织划分基础。通过本文的分析,我们可以得到关于社会成员压力生成问题的组织行为学思考,并以高校教师家庭组织结构为例进行分析,由此引出对社会资源最大化利用与高校体制改革问题的意义提示。

一、分工与组织演化对家庭分工产生的影响

家庭是微观社会组织。人类有意义的经济活动是建立在夫妻制的婚姻基础

上,伴随户组织的确立和家庭生产方式的形成而产生的。户作为组织经济、安排生产与消费并分配家庭成员时间资源的基本单位,在传统社会中起着重大的微观经济组织基础作用,形成了以家庭为基础的产权边界清晰的户组织经济时代。小农经济是典型的以夫妻制和财产家庭所有制为基础的户组织经济。家长根据男强女弱的生理特点,结合基本的衣食需要,进行最经济合理的家庭劳动分工——男耕女织,并形成"男主外,女主内"的相对明确的家庭成员劳动资源配置与家务分工格局。这种直接建立于生理差异的自然分工结构以及以户为微观主体的经济组织结构,决定了相对低下的分工效率,相对封闭的社会结构,也决定了相对稳定的组织结构以及家庭组织内部相对明确的家务分工结构。

随着生产力进步,由传统产业分工衍化出近代工场手工业与近现代产业革命,社会进入了以企业为微观经济组织基础的时代。在企业经济时代,家庭成员被分别组织到不同的社会生产、事业与行政单位,户经济组织逐渐地被分解而被企业组织取代。并且,现代社会组织大量岗位对于劳动力需求的无性别差异,家务时间资源配置模式以及一些完全不同于传统社会中的家庭事务管理问题由此产生。

由于在生产与消费合一的传统家庭组织中,家庭成员处于同一的家庭组织压力环境,家庭劳动分工基于效率原则下的男强女弱的生理规则,家庭成员的内部分工具有确定性。妇女承担家务一般具有最优的家庭资源配置效率。然而,当消费与生产组织分离后,家庭成员被组织到不同的工作单位。由于家庭成员各自的工作压力、组织压力、劳动强度、工作时间差异,导致了家庭成员间的家务分配不再主要基于"生理规则",而是基于"组织压力规则"。社会组织中的工作压力对家务时间资源配置的影响日益增大。这种组织分裂的自然结果是,工作组织压力较轻与时间资源可相对自由支配的家庭成员将承担较多的家务,工作组织压力重与时间难以自由支配的家庭成员将承担较少的家务。由于工作单位处于现代家庭生活的经济来源地位,因此人们往往把主要精力投入于工作。基于这种社会组织与分工演化现象,本文把企业、学校、行政机关等工作单位称为"第一组织",把生活单位——家庭称为"第二组织"。

考察现代社会组织中各行各业的职业特征,大学教师是个具有显著自由行为特征的职业,高校是提供这种自由职业岗位的组织。高校教师的自由职业特征表现在以下两个方面:一是高校教师不坐班。这种工作特征为教师自主安排时间进而在多承担家务还是多进行教学、科研时间安排上提供了选择性利用的可能。二是高校教学质量的弹性非常大,而报酬却是以课时为单位计算的。课时在名义上是一种"带质之量"或"委托之量",即教课是具有一定质量要求并委托于"课时"来作为计量单位的。但事实上由于授课质量的监控与测评成本很高，导致课时这种"带质之量"实际上难以通过课酬差异的方式加以准确表达，最终一般是按照"课时"而不是按照"带有质量系数的课时"发放报酬与计算工作量。这种产权激励与约束均偏弱的制度安排，会激励一些教师偷懒与"搭便车"，从而为节省第一组织——教学时间资源配置，增加第二组织——家庭劳动时间供给提供了条件。基于这两个原因，教师的压力来源与家庭成员各自的就业结构、工作组织压力、本人偏好与效率等因素相关，并直接影响到教师的时间资源配置和行为选择。

二、非均衡组织压力状态下的行为选择与高校教师压力解析

就产权组织性质而言，家庭属于夫妻双方"共同共有"的组织。在这种组织属性条件下，一方外部收益（从第一组织中获得收益）的增加，另一方（第二组织成员）大体能够"利益均沾"。这种荣辱与共的组织相关性关系，使得理性状态下的家庭成员之间会在最大化目标诱导下自动形成时间资源分配的均衡机制，以实现家庭成员时间资源利用之共同的最大化收益目标。由于每个处于就业状态的家庭成员其各自工作单位的工作压力、劳动强度、劳动时间、专业适应性以及自由度等均存在差异，因此在工作组织压力非均衡的状态下，工作压力大与自由时间资源缺乏的家庭成员一般会承担较少的家务，而剩余时间多、工作压力小的家庭成员则承担较多的家务。高校教师由于上述两个重要的职业特征，在具有"高校—企业"的夫妻家庭组合中，身为高校教师的家庭成员往往就要承担较多的家务，而在企业工作的家庭成员则相应承担较少的家务。在"高校—高校"或"企业—企业"的夫妻家庭组合中，假定工作压力、自由度接近，则家务时间的分配取决于夫妻双方的健康、效益、距离、家务适应性等情况。表1是本研究对浙江某高校教师家庭承担家务时间的状况调查。

表1   不同组织类型家庭中的家庭成员承担家务状况

配偶状况	高校教师平均每天做家务小时数	配偶做家务小时数	占调查户数百分比
公司	2.8	0.9	53.7
学校	2.1	2.2	13.4
机关	2.3	2.0	9.9
退休或赋闲	1.1	4.1	8.4
单身	2.5	0	14.6

注：部分家庭请钟点工，所以相应减少了家务时间。

上述调查分析验证了本文的理论假说并获得了一些新的研究结论。

第一,许多教师自诉的工作压力大,相当部分并非来自于第一组织(学校),而是来自于第二组织(承担大部分家务)。由于教师家庭组合的一半以上为公司职员,并且有相当部分是银行、IT 行业高管人员,其第一组织压力较教师大,且时间的自由选择空间比教师小。"教授做家务"反映了非均衡组织压力状态下,家庭成员之间家务时间分配的理性选择。由此发现,教师压力实际上并非完全由工作所致,在相当程度上是由于双方组织压力不同传递到第二组织——家庭,由第二组织压力——家务较为繁重所引起的。结合基于收入的家庭贡献差异则可以发现,家庭成员收入差异对家庭成员家务时间配置的影响较小,呈弱相关性,而自由时间与组织压力差异则呈强相关性,是影响家庭成员家务时间分配的主要因素。

第二,在家庭成员同为高校教师或家庭成员是机关的家庭组合中,家务时间的配置比较接近。这大致说明,夫妻双方的组织压力接近。尽管高校教师的自由支配的时间较多,但由于组织压力与组织性质比较接近,所以反映在家务承担的时间资源耗费上也比较接近。这里所指的组织性质是指组织承担的财务风险类型。之所以要特别提出财务风险类型,一是我国机关、事业、企业三种类型组织的区分,主要就是基于财务来源(全额拨款、差额拨款、自负盈亏三类)性质的差异。二是在现阶段我国的组织压力相当部分来自于财务压力。第一组织的财务压力差异不仅成为人们职业压力的约束刚性差异的重要原因(越是财务承担、负担边界清晰的组织——自负盈亏组织,财务约束刚性就越大),而且这种组织压力也会传递到第二组织——家庭,从而导致在家庭资源"共同共有"的组织中成员之间分解第一组织压力、承担第二组织事务的变化:当第一组织压力与时间资源使用模式相近时,其家庭成员在第二组织中承担家务的时间配置也会大致相近;当第一组织压力与时间资源使用模式差异明显时,其第一组织压力较大的家庭成员在第二组织中一般会承担较少的家务,而第一组织压力较小的家庭成员则在第二组织中承担较多的家务。

第三,约束较弱与压力较小的组织成员承担较多的家务这一看似无可厚非的话题,对于家庭成员总体效用最大化可能是毫无疑问的。然而,正是由于人们的这种具有"短视"倾向的基于当前利益的行为选择,因此可能对承担较多家务的成员的未来职业安全与该成员所在的第一组织的长期效率构成不利影响。在教师承担较多家务的家庭成员时间资源配置的背后,存在着对教师所在高校利益损害的实际可能性。长期下去,亦将对这些教师的科研、教学质量提高造成不利影响。通过对教师"学习"时间分配与职业苦乐感的进一步分析发现,凡是承担家务较多的高校教师,其自述的学习时间相对较少,职业快乐感较低。这证明了家务时间多——学习时间少——职业快乐观降低之间的正相关性。也就是说,当一些教师为了分担家庭成员中对方的工作压力而多承担家务时,无形中已经给这些教师自身的职业素养提高造成了不利影响,职业兴趣相对淡弱,从而不利于这些教师教学、科研水平的提高,对家庭成员共同的长期利益可能会构成妨碍。

第四,调查数据显示,在高校教师的不同家庭组合中,教师学历相对较高。尤其在"高校—企业"的家庭组合中,教师学历高的情况更加明显。这样引来了一个基于社会总效用的人力资源组织间配置的帕累托最优问题。教师过度承担家务不仅会对教师本人与高校的组织效率造成不利影响,而且也将对社会整体人力资源利用效率产生不利影响。因为,高学历者承担更多的家务,意味着学历资源的浪费。这种情况反映出在非均衡的第一组织压力状态下,导致家庭成员家务工作时间的非均衡分布。其客观结果是第一组织压力相对较轻与进行选择性时间资源利用的高校教师往往承担了较多的家务,而第一组织压力较重、时间约束刚性较大的其他家庭成员则承担的家务较少。

第五,在先前的研究中,我们已经注意到高校教师压力大、闲暇时间偏少的问题。调查显示,仅有 4.7％ 的教师每天工作时间在 4 小时以下,工作时间在 4—6 小时的占 18.9％,工作时间在 6—8 小时的占 42.5％,工作时间在 8 小时以上的占 33.9％。由于这一调查没有把家务工作与职业工作相区分,在随后的访谈中发现一些教师压力大、闲暇少的原因中实际上包含了家务压力与时间占用。当我们进一步把教师时间区分为教学、科研工作时间与家务时间进行调查并与家庭成员的相关数据进行如上所述的对比分析时,发现了教师压力较大与闲暇较少的进一步原因:家庭成员之间第一组织压力差异已经传递到第二组织即家庭中,并直接成为部分高校教师压力增大、闲暇减少的重要原因。即许多教师自述的工作压力大,相当部分并非来自于第一组织(学校),而是来之于第二组织(承担大量家务)。"教授做家务"反映了非均衡组织压力状态下,可能导致的社会整体人力资源利用效率的下降,也反映了高校改革需要与社会其他组织改革相协同的迫切要求。

第六,"高校—企业"家庭组合的普遍形成导致了对教师自由时间利用的家务化,而其背后则是不同第一组织压力在第二组织中的反映。这一现象值得我们关注。而其实质则反映了高校改革需要与社会其他组织改革相协同的要求和高校体制改革滞后于社会其他组织,尤其是滞后于企业组织的现状。如果高校改革长期滞后于社会整体的改革情况,高校的人力资源浪费矛盾将进一步突出。从收入角度讲,中国教授的名义工资大约是美国教授的八分之一,按购买力平价约为二分之一,而中国制造业工人工资则仅为美国制造业工人工资的四十分之一。因此,我国高校教师的相对收入已经不低。教师一边拿着相对较高的收入,一边时间又较多地配置在家务上,这种情形显示出敬业精神方面存在的某些问题,而其根源则是由组织间工作压力差异暴露出来的高校体制存在的问题(这种体制性问题可能存在于"大锅饭"式的薪酬结构情形之中与科研单向度绩效考核的不合理性两大方面)。

第七,调查发现,单身教师的家务时间相对较少。这部分教师反映的职业压力、时间压力较轻,但自述收入压力较大。这从一个侧面反映出婚姻、家庭对于职业时间与职业压力的相关关系。调查发现,夫妻双方结婚后的家务工作时间与原先各自的家务工作时间之和相接近,这样的家庭分工效率就家务时间节约而言接近于一个"零和游戏",显示出结婚对于总的家务时间节约效率并不明显。但在"零和游戏"的掩盖下,夫妻之间的家务时间配置发生了变化,特别在"高校—公司"的家庭组合中,高校教师承担了较多的家务,并成为其感到闲暇少、压力大的原因之一。

综合上述,第二组织行为理论是本文作者在观察与解析高校教师职业现象过程中获得的关于组织间行为的一个新的理论发现。这一发现对于进一步细化解释人们工作、生活的压力来源具有重要意义。而由第一组织职业压力差异导致人们在第二组织中的时间资源配置差异,则不仅反映出社会组织间存在的职业约束刚性(时间约束刚性、财务约束刚性等)的差别,不仅可以解释为什么一些职业容易受人追捧而另一些职业遭遇冷落的部分原因,而且由此反映的组织间职业压力差异问题,则可以作为不同组织进行体制创新、改进组织约束弹性的重要依据。本文有针对性地研究高校教师职业压力状况及其在家庭这个第二社会组织中的时间资源配置问题的现实意义在于:提示并促进高校体制改革的深化,深化高校体制改革的理论目标则是人力资源的效率配置与人力资源使用的社会效用最大化原则。

（作者单位　浙江财经大学工商管理学院）

[参 考 文 献]

[1] 韩绍欣. 我国大学变革中的组织行为学思考[J]. 郑州大学学报:哲学社会科学版,2005
(4):34-37.

［2］段锦云,钟建安. 组织中员工的角色外行为[J]. 人类工效学,2004(4):69-71.

［3］吴丽民,陈惠雄. 浙江省高校教师与其他职业人群苦乐源比较与实证解析[J]. 教育发展研究,2005(8):90-93.

［4］陈惠雄. 要素使用权交易的效率模式与积极工资政策效应分析[J]. 中国工业经济,2005(8):11-19.

工商管理类专业"顶天立地型"
人才培养模式研究

陈世斌

[摘　要]　工商管理类专业是一门理论和实践要求很高的学科,要求学生在理论上要"顶天",在实践上要"立地"。本文首先分析了构建企业管理"顶天立地型"人才结构的意义,进而分别阐释了"顶天型"和"立地型"人才要素构建,分析了构建工商管理类专业"顶天立地型"人才培养主要途径。

[关键词]　工商管理类专业;顶天立地型人才;培养途径;社会导师制度

一、引言

美国是较早实现教学与实践的国家,美国"硅谷"建立的工业园区实现了科技与生产的紧密结合。"硅谷"被视为经济快速增长、解决就业的象征;"硅谷"成功的因素之一就是设立"大学——工业合作"的技术园区。技术园区的基本思想是:大学在校园附近吸引工业界创办企业,工业界利用大学的实验室、智力和物力资源,向大学教员提供以咨询身份进行工作的机会。这里的培养人才模式就是为学生提供大量的实际工作机会,提高他们的工作能力,而在我国要实现这样一个目标,其路径只能是通过社会副导师制度的建设,实现学生与企业的有效对接。

在实践过程中,哈佛商学院引以为自豪的是他们实实在在地向社会输送了大批极为优秀的人才,在美国 500 家大财团中有近 2/3 的决策经理是从哈佛走出来的。凡在哈佛商学院上过学的人都相信,在那里所积累的知识和经验成了他们一生中最宝贵的财产的一部分,哈佛商学院取得如此社会殊荣,与其优越的教育制度是密不可分的。哈佛商学院的教育制度中最具特色的是它的案例教学法,学生在学习期间必须解决 800 个以上有关企业经营问题的具体案例,这些案例要与 10 个讲座的 10 位教授一起详细研讨。同时,每年还有众多活跃在实业界的著名人物被请进课堂,为学生上课。在我国,一方面教师自身积累的案例资料尚待充实,另一方面企业方面存在的问题也急需挖掘,而实现实践教学的重要环节就是要通过副导师制度建立得以实现。

我国关注产学研结合的专家学者较多,2007 年时任教育部部长周济在教育部、科技部产学研结合工作会议上说,高校只有能够培养第一流的人才,解决第一流的问题,做出第一流的贡献,才能真正成为第一流的大学。周济指出,大学创一流要"顶天立地"。"顶天",就是要面向国家战略需求与科学技术前沿,解决关系国计民生和国家安全的重大科技问题。"立地",就是要面向国民经济建设和社会发展的主战场,从现实的紧迫需求出发,切实解决生产、生活中大量的科技问题。周济指出,首先要"立地",根深才能叶茂。"把论文写在祖国的大地上"。我们要有更多的写在大地上、写在工地上、写在车间里的论文,真正把科技成果转化为现实生产力,为农村、企业和产业的技术进步提供扎扎实实的服务。高校科研工作要切实戒除浮躁之风,形成脚踏实地的学术风气。其次,"顶天"是方向,是最高目标和标准。全球化时代的竞争是国际竞争,没有国内一流,只有国际一流、国际首创。理论创新、核心技术、关键知识产权和重要技术标准的竞争已经成为国际竞争的焦点。

可见,构建该学科"顶天立地型"人才培养路径具有很好的研究前景。

二、工商管理类专业的应用型特点及培养"顶天立地型"人才的必要性

管理学是一门实践性很强的学科,任何企业的管理都不存在一成不变、始终如一的唯一理论和方式,任何管理理论、管理方法的运用,管理理念与哲学的制定,管理组织形式的形成都无一例外地与特定的时空、特定的文化背景及其他环境条件紧密相连。21 世纪,高新技术所带来的社会变革是巨大的,社会上会出现许多新的管理经验和管理理论、经营理念、企业文化,我国提出"科教兴国"战略,其实质体现的正是国家的繁荣发展离不开人才。社会需要不是"高分低能"人才,要求管理人才除具备涉及多学科、多领域的知识积累,而更加强调的是管理者的实践能力。

目前工商管理类专业教学过程中普遍存在一种弊端,即毕业生理论学习较好,研究方法的掌握也符合学科的要求,而在解决企业面临的实际问题普遍方法不多,感觉理论和实际距离较远,企业感觉毕业生能力不足,甚至不如一些有实

践经验的专科生,其中原因之一是该学科点建设的指导思路是个重大的问题,特别是其实践环节建设不足是目前普遍存在的现象。构建工商管理类专业"顶天立地型"人才,对于学科发展建设具有重大的理论意义和现实意义。

工商管理类专业"顶天立地型"人才就是通过该学科教学活动及相关的教育活动,培养既要面向国家重大需求引领科技前沿,又能贴近社会需要、服务经济社会的人才。所谓"顶天",就是在理论上要做到"顶天",达到或者接近管理学理论前沿,要围绕现代科学技术的发展前沿和国家的重大战略需求,不断创造国内外高水平研究成果,引领学科和社会发展。所谓"立地",就是在实践上要能够解决现实管理特别是企业管理问题,要面向民经济和社会发展主战场,切实解决发展实践中大量的科技问题,着力解决经济社会发展的重大问题,造福民众,服务经济社会。

三、工商管理类专业"顶天立地型"人才结构要件

1."顶天"的理论功底

工商管理类专业培养的是企业所用的一流人才,必须具备坚实的管理学理论基础,具备分析研究当今世界企业管理研究的前沿知识,具有原创性思想、分析研究企业管理前沿问题的理论思想和研究工具,掌握管理学学术前沿问题,对于新理论和新方法具有敏感性,还要善于把前沿理论与实际企业的现实需求相结合,运用科学方法分析企业存在的现实问题。只有把理论知识和方法紧密地与企业存在的现实问题相结合,只有在社会生产实践中不断领会理论研究的新思想、新方法,才能有所创新,经过反复的理论研究和实践,在理论上和方法上升华,推动管理学理论进一步发展。具备了这种理论积累和理论探讨的毕业生才是企业最急需的管理人才。

构建"顶天"理论教学模式是指该学科培养的研究生要能够具有前沿性的研究能力,具有原创性研究能力,掌握管理学、企业管理及相关学科的学术前沿,特别是要掌握企业管理最新的研究方法和手段。在学术上要有所建树,特别是在导师的指导下进行一个研究方向、一个研究课题的设计和实际调查研究,为将来从事管理学研究打下坚实的理论基础和方法论基础。

2."立地"的实践知识

管理学面对着大量的社会实践问题,要求毕业生能够自如地运用管理学理论和研究方法,有效地提出解决企业面临问题的措施和方案,并能够真正有效地

运行。只有这样的毕业生才是管理层最急需,特别是企业管理中最急需的人才。这应该成为工商管理类专业一个非常现实的出发点和立脚点。

如何培养具有深厚理论基础又能解决现实经济问题的人才,特别是在应用性人才培养上,很多学校都进行了深入的研究,笔者认为工商管理类专业建设成败的关键就是毕业生解决现实社会问题的能力,培养"立地型"人才可以有效解决这个问题。

"立地"是指能够自如运用管理学理论方法解决国民经济发展中的重大现实问题,要求毕业生立足于现实的应用,就是要把工商管理类专业前沿的理论和方法用于解决企业在管理过程中碰到的具体问题,把理论学习知识应用于企业管理的现实之中。

四、现实工商管理类专业"顶天立地型"人才培养途径

1. "顶天型"人才培养途径

(1)多种途径加强理论前沿问题的研究,提高掌握管理学理论水平。工商管理类专业教学工作理论知识获取途径主要来自课堂教学和讨论,部分来自其他方式。课堂教学环节要突出强调研究式教学方法的运用,主要通过课堂讨论方式研究世界上管理学大师经典理论的发生、发展及演变规律,系统整理管理学理论前沿发展,同时讨论企业管理现实问题的科学方法运用和方法论内容发展演变,探讨管理学科方法论在企业管理中的运用,使得学生达到在理论上"顶天",接近国际管理学理论前沿,作管理学大师的"追星族",提高科学研究敏锐性,为其终生学习打下坚实的基础。

(2)注重导师队伍建设中理论水平的要求。要实现理论上"顶天型"人才培养,必须在导师遴选上首先选择具有"三高"(高学历、高职称、高科研成果)的教师,特别是要选择具有国际化背景具有高科研成果的教师。因为这些教师本身的理论水平就比较高,在指导学生上可以较快地接近国际理论前沿,由于他们灵敏的学术嗅觉,善于指导学生抓住前沿思路,使得学生很快就实现"顶天型"的理论层次,因此构建和培育具有实力的导师队伍是实现"顶天型"人才培养的关键。

(3)借助"外脑"提高理论水平。管理理论知识获取途径不能全部依靠导师教学活动,特别要加强"外脑"的作用,即从国内外相关院校"引进智力",通过聘请国内外专家教授做"兼职导师",提高学生指导能力和水平。同时还要通过有计划地聘请专家学术报告活动,接触国际上管理学理论和方法发展前沿,提高学生学术兴趣和学术研究热情。

2."立地型"人才培养途径

(1)构建以企业为主的实训基地。工商管理类专业"顶天立地型"人才培养的路径选择上要突出强调"立地"方面,就是通过产、学、研的有机结合,给学生创造更多接触企业的机会,让学生在实践中运用理论知识和方法,解决当地国民经济遇到的重大现实问题,在实践中学习和体会企业管理的理论和方法,不断创新。

理论与实践脱节的弊端已经有很多阐释,笔者认为构建实训基地是解决这个问题的核心,通过高校与企业有效沟通,在具有一定实力企业建立学科实训基地,经常给学生实践、调查等理论运用提供一个合理平台,检验理论教学和实践方法运用,对于提高学生积极性,提高理论与实践结合,提高对现实企业管理问题认识都有很重要的价值。

(2)构建"立地型"人才培养社会导师制度。我国的工商管理类专业人才培养主要是通过高等院校和科学院所的学科建设得以进行的。在这些培养机构中,很多导师就是出身于学生、学者,多数来源于院校和研究院所,较少来自企业;多数导师的理论知识和研究方法具有世界前沿接轨的水平和能力,而在"立地"方面存在着不尽如人意的局面。这是因为一方面很多导师接触企业的频度不够,对于企业面临的现实问题缺乏深入的了解,另一方面学生接触企业的机会不多,忙于理论学习,理论与实践的脱节问题十分突出。

为此,笔者认为构建社会导师制度可以弥补这方面的不足,要研究解决这样几个问题:一是导师选择的原则;二是导师条件和标准;三是导师的职责和权利;四是副导师和学校导师在研究生培养方面的关系。具体如图1所示。

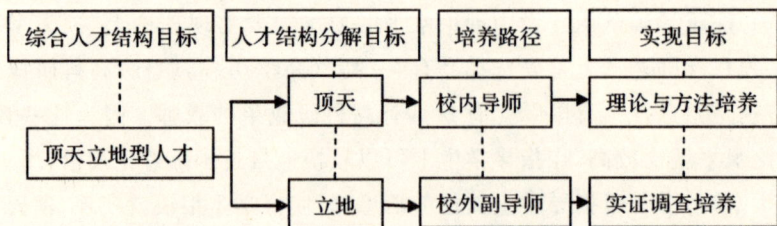

图1 工商管理类专业"顶天立地型"人才结构及培养路径网状结构图

(3)把论文写在"大地上"。构建社会导师制度模型就是要实现理论与实际的紧密结合,学生毕业课题设计往往出现"假大空"的局面,甚至是"假题假做",言之无物,理论水平和方法看似很高,但是解决现实问题不够,甚至与现实的需求脱节。通过副导师制度的建设,可以实现"立地"教学环节;通过副导师指导学生认识企业面临的现实问题,由学生实践环节到企业收集第一手资料;通过大量的实证调查研究,把学习的书本知识与现实问题有机结合,实现"真题真做",对企业来讲解决现实问题的针对性更强,真正把企业管理理论和方法应用于解决企业的现实问题。通过这种方式培养的学生,既有很高深的理论基础和方法论基础,又有很强的实践经验,真正做到"立地",这样的人才能够很好地适应社会的需求,立于不败之地。

五、结束语

工商管理类专业人才培养规格标准对于企业管理教学管理是很关键的问题。管理所依据的国内外政治、经济、技术、法律、政策、竞争状况都在不断变化,传统教育已不能适应这一要求。

为了在竞争激烈的人才培养上占有一席之地,必须在人才规格结构、课程教学范式、课程教学内容、导师遴选制度、社会导师选择、实训基地建设、论文选题及指导方式方法上进行深刻改革,这样对于毕业生理论水平提高和实践能力的加强,成为未来社会特别需求的"顶天立地型"人才具有十分重要的意义。

(作者单位　浙江财经大学工商管理学院)

[参 考 文 献]

[1] 欧阳平凯. 培养顶天立地人才打造行业人才高峰[D],新华日报,2007-01-16.

[2] 张人骥. 为创新人才的成长打基础[J],发明与创新 ,2005(04):30.

[3] 马得林. 技术创新与我国大中型企业竞争力[J],科学管理研究,2008(2):18-21.

[4]〔美〕迈克尔·波特. 竞争战略[M],北京:华夏出版社,1998.

[5] 叶明. 江苏省技术创新的态势分析[J],科研管理,1991(05):49-56.

[6] 蔡国华,英英,张勇,等. 山东省地区经济核心竞争力比较研究[J],科学与管理,2004(06):15-17.

[7] 张茉楠. 创新之源——新经济时代人类个性复兴探究[J],现代管理科学,2005(1):53-54.

[8] Dos,i G. ,andMarengo, L. , 1994,"Some Elements of an Evolutionary Theory of Organizational Competences", in Englander, R. W·ed. ,EvolutionaryConcepts in ContemporaryEconomics, Ann Arbor: University ofMichigan Press.

[9] Steele, C. N. , 1998,"Entrepreneurship and the Economics ofGrowth", in Boettke, P. J. and Ikeda, S. eds. Advances in Austrian Economics, Volume 5, Stamford [M], Con-

necticut：JAI Press，Inc，1998.

[10] 徐树林,米玲,侯珺然. 试析美国重振企业竞争力的措施[J],河北农业大学学报:农林教育版,2004(02):83-85.

[11] 沈律. 科技创新的一般均衡理论——关于科技成果创新度评价的科学计量学分析[J],科学学研究,2003(02):205-209.

[12] 李宇兵,郭东海. 论企业家精神气质[J],山东大学学报:哲学社会科学版,2002(3):21-25.

[13] 杜伟. 关于技术创新主体的两个基本问题的思考[J],社会科学家,2003(4):34-39.

探析学生科研课题对于营销
应用型人才的培养①

陈　颖　孙福兵

[摘　要]　学生科研课题的开展,对于培养营销专业学生的决策能力、探索能力、写作能力、综合竞争力起到了关键性作用。浙江财经大学从 2001 年设立这个项目以来,取得了良好的效果,但也存在一些问题。期望今后从学生、教师、学校三个方面共同建构起以营销应用型人才培养为导向的学生科研课题机制。

[关键词]　学生科研课题;应用型导向;营销人才

一、学生科研课题促进自身能力的培养

通过死记硬背和单纯的理论知识往往得不到最好的教育效果,特别是对于营销人员,手动操练和实际操作比看书更为有效。但是在实际操作之前也必须熟练地掌握理论知识,这样才能更好地联系实践。通过学生科研课题的研究,营销人员所学习的很多知识都可以转为实际操作。如调查问卷的设计、发放、回收,SPSS 软件的应用分析,文案的写作,与人沟通等能力都可以通过学生科研课题的研究而得到锻炼,从而更好地掌握所学的知识,真正做到学以致用。这样一来,一些空泛的理论知识就可以与实践联系起来被更有效地吸收应用。

在研究课题的过程中,学生往往还能意外学习到其他方面的知识,例如做关于房价是否符合居民生活水平的课题时,在掌握调查方法 SPSS 分析方法的同时,营销系的学生对于房地产方面的知识必定会有进一步的了解。这样,在课题

---

①　陈颖,探析学生科研课题对于营销应用型人才的培养,浙江财经大学教改课题成果"三位一体创业教育模式改革和创新创业活动学分认定制度试点研究"(JK201114);浙江省教育科学规划课题成果"文化产业大发展背景下的大学生创新创业教育研究"(SCG069)。

研究过程中,营销系的学生就能既充分掌握本专业知识又能同时了解其他方面知识,掌握更多的技能。

1.决策能力

在课题研究过程中,很多挑战和困难必然会出现,这是对一个营销人才最好的培训。所谓挑战和机遇并存,如何从困难中走出,面对挑战是学生需要解决的问题。在课题研究的过程中,学生需要自行拟定课题题目,自行决定课题研究方法,自行确定操作步骤。所有的程序都是由学生自己来拟定的,这对于学生决策能力的提高无疑是一个很好的方法。

2.探索能力

作为一名优秀的营销人员,对市场必须具备较高的洞悉能力,随时随地捕捉市场动态信息,了解分析市场发展情况,及时做出调整,这才是一个较高水准的营销人才所应掌握的要领。科研课题能很好地训练学生的探索能力,它要求学生根据自己提出的题目以及研究内容进行探索研究,这一能力的培养为今后营销人才所必须掌握的市场探索研究能力打下了基础。

3.写作能力

一个优秀的营销人才需要具备高水平的文案写作能力。学生课题的结题方式是通过文章来得以展现成果。所以,学会如何组织自己的语言,如何选取解说结果的最优方式等,是学生在总结课题时必须锻炼和培养的能力。

4.综合竞争力

对于现在的毕业生,单纯的一张文凭已经不能完全说明一个学生的能力了。而一个学生在校期间所取得的各种成果则变成学生们寻找工作至关重要的武器,其中包括各类比赛、社团活动、学生会工作、成绩等,学生课题也作为额外的一个荣誉来增强学生的竞争力。对于毕业后的求职,在校期间的课题研究也成为学生简历上一项值得炫耀的内容。通过课题研究,学生得到的不仅仅是结果,还有之前很多列举过的知识等,这些都可以成为提升学生竞争力的一个方面。

二、学生科研课题开展情况和不足

从决策能力、探索能力、写作能力、综合竞争力四个方面的培养,我们可以看出,学生课题的开展对于营销应用型人才的培养是相当有利的。浙江财经大学是浙江省开设市场营销专业最早的学校之一,营销人才培养目标定位于具有创新精神和实践能力的应用型复合型高级专门人才。学校从 2001 年起建立了学生课题项目申请制度,鼓励学生开展团队形式的科学研究。

1.市场营销系学生课题的结题率呈现下滑的趋势

通过对营销学生 2002—2009 年期间科研课题申请、结题、优秀情况的数据整理,得出市场营销系学生课题的结题率呈现下滑的趋势,见图 1 所示。

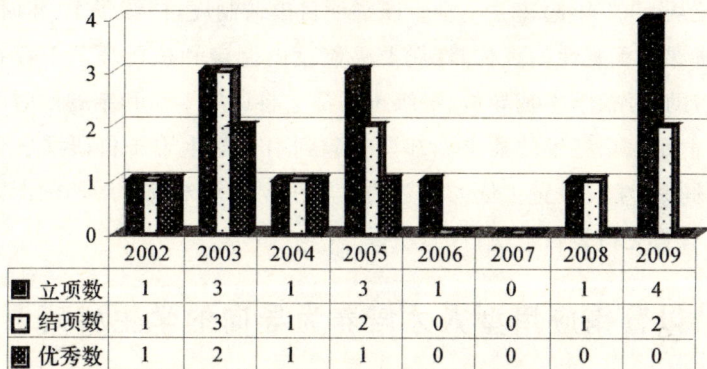

	2002	2003	2004	2005	2006	2007	2008	2009
▣ 立项数	1	3	1	3	1	0	1	4
▢ 结项数	1	3	1	2	0	0	1	2
▨ 优秀数	1	2	1	1	0	0	0	0

图 1 市场营销系学生科研课题开展情况

受传统教育模式的影响,大部分学生注重课本知识和理论知识,缺乏实践动手能力。而学生课题几乎完全由学生自行掌控,所有步骤需要学生自己去领会,去实践。很多学生动手能力的缺乏阻碍了课题的研究进度,同时学生较差的自主能力,对指导老师的依赖性偏高,导致主动完成课题的动力不足。许多学生申请时积极性高涨,一旦课题开展时遇到挫折,往往出现消极怠工,或者过分依赖指导老师的帮助。比如问卷调查是一项又辛苦又麻烦的事情,很多学生往往自行修改或填写问卷。很多时候大部分学生都选择在学校里或针对自己的熟人发放。这样一来,虽然省时省力,但问卷的随机性却遭到了破坏。互联网的发展也让几乎所有学生都倾向于上网查资料,而不是通过借助自己的所学知识加以利用。即使是最后完成成果的学生,也总是会在后期表现出积极性不高的缺陷,大部分学生都是在指导老师一次又一次的催促下草率了事,所以整体学生课题的质量都不高,甚至有很多学生没到最后就放弃了完成课题的结题报告,未能有始有终。

2.指导教师辅导效果不佳的三个原因

尽管每个课题小组都配备了一名指导教师,但实际辅导效果一般,主要存在三方面原因:第一,指导教师和学生之间缺少沟通。很多时候,沟通不到位就容易引起误解和摩擦,拖延课题的进度。第二,指导教师自身积极性不高。教师自身教学、科研的繁忙,以及学校激励制度的缺失导致教师以责任式地通知到位就算完成任务。第三,部分教师指导多组,精力有限。学生偏爱选择全身心投入学生工作的教师担任导师,但是若该教师一人担负多组的指导工作,必定精力有限,无法尽心尽力。

3.学校在重要性宣传、课题奖惩制度的执行环节上存在不足

学校从 2001 年起建立了学生课题项目申请制度,持续了 10 年时间,但是在学生科研课题重要性的宣传、课题奖惩制度的制定和执行环节上存在不足。尽管学校借助网站、学生辅导员、班级班委都会将课题申请和结题的时间通知到每位学生,但是这个三维传播机制却没有起到引导学生了解科研课题重要性的宣传作用;同时,学校设置了优秀课题的奖励机制和对未按时结题的课题的惩罚机制,但是有奖无罚是目前执行的现状。

三、以营销应用型人才培养为导向的学生科研课题机制

1.学生方面

第一,以兴趣为导向,积极申报课题。科研课题的题目可以结合自己的兴趣爱好进行选择,确保自身对研究方向的喜爱和忠诚。第二,自主自立,认真负责。锻炼自己的决策能力、创新创业能力、探索研究能力、论文写作能力、综合竞争力去完成任务,培养自己认真负责的态度,既然要做就要做好。第三,积极沟通,反思进步。在课题选题、立项、开展、结题的各个步骤,主动、积极地与团队成员和指导老师进行沟通,沟通可以有效地构建起整个组的和谐氛围,这样更有利于课题的开展,提高课题质量。同时听取各方意见,反思自身的不足。

2.教师方面

第一,指导老师应该加强与学生的沟通工作。及时与学生进行沟通,了解学生课题进展过程中的困难和挫折,适当提供帮助。第二,指导老师可根据自己的科研项目,适当吸纳部分学生参与,或者以子课题的方式鼓励学生申请,在共同兴趣的前提下,开展指导工作。第三,教师指导的学生团队应该有数量限制,确保精力的合理分配和学生课题的有效开展。

3.学校方面

第一,加强对学生科研课题开展过程的整体宣传。在项目立项前,组织经验交流会,促进优秀课题负责人、优秀课题团队、优秀指导教师的正面引导,帮助学生进行选题规划,团队建设,聘请合适的指导教师。在项目评审后,公开评审结果,告知学生课题不予立项的原因、不足及改进的地方,帮助学生查漏补缺;项目

开展过程中,设立中期检查或抽查,对不合格的项目组提出整改意见;项目结题后,公布评议结果,对优秀课题表彰奖励。第二,完善惩罚机制,约束、鞭策学生及时完成任务。对于如期不能完成课题的团队,学校应该严格按照已制定的制度,没收或追回课题资助资金。同时,可适当考虑减少该专业或学院下一年度的申请额度。第三,把学生科研课题指导教师作为加分条款增补进入教学业绩考核中,量化教师的课余辅导工作,优秀的教师则给予充分地奖励。

在学生、教师和学校三方的努力下,学生课题这一科研项目对营销应用型人才的培养将会发挥更大的作用,切切实实为社会培养决策能力强,业绩做得好;协作能力强,沟通说得好;创新能力强,文书写得好的"三强三好"营销人才。

(作者单位　浙江财经大学工商管理学院)

[参 考 文 献]

[1] 陈颖.从"挑战杯"竞赛探析营销类学生科研素质的培养[J].当代经济管理科学,2010
  (10):7-9.

[2] 陈颖.营销应用型人才培养与学科竞赛机制构建探讨[J].黑龙江教育学院学报,2011,30
  (3):30-31.

[3] 闫舒静,张兴会,李辉,等."教学改革——科技创新——学科竞赛"互动模式的创建与实
  践[J].天津工程师范学院学报,2006,16(4):3-5.

[4] 丁激文,张朝辉.激励机制在高校学科竞赛中的作用浅析[J].科技管理研究,2008(2):
  116-117.

管理类本科专业"三位一体"实践教学
管理模式及其应用

——以浙江财经大学物流管理专业为例①

李晓锦

[摘　要]　企业实习、调查和毕业论文是管理类本科专业实践教学的重要内容,但实际效果不容乐观,主要原因是实习环节被弱化,缺乏有效的实践教学管理模式。"三位一体"管理模式将企业实习、调查和毕业论文结合成为有机整体,能切实改善管理类专业的实践教学效果。浙江财经大学物流管理专业在实践教学管理中应用了"三位一体"管理模式,效果显著。

[关键词]　实践教学;三位一体

为了培养应用型管理人才,各高校都非常重视管理类学科的实践教学环节,投入大量的人力、物力、财力建设实验室、实验实训课程、校内校外实习基地等,但效果并不理想。探索有效的实践教学管理模式,是提高实践教学效果,为社会培养具备研究能力和创新能力的应用型管理人才的必由之路。

一、管理类本科专业实践教学存在的问题

管理类学科的实践教学目的是培养学生将管理理论和技术应用于管理实践的能力,而这些能力往往需要通过课程以外的企业实习、调查以及科研训练来培养。如浙江财经大学构建了由课程实践、调查实习、科研训练以及课外实践等多重环节组成的实践教学体系。其中,调查实习作为实践教学的核心内容,包括城

① 李晓锦,管理类本科专业"三位一体"实践教学管理模式及其应用——以浙江财经大学物流管理专业为例,浙江财经学院教学研究课题"三位一体"实践教学管理模式研究——以物流管理专业为例的资助,课题编号:JK201018。

— 22 —

乡调查、企业调查、专业调查和毕业实习。科研训练则包括毕业论文（或设计）、科学研究和科技竞赛等。这些措施的目的一方面是提高学生的知识应用能力，另一方面是锻炼学生的研究能力，即发现问题、分析问题和解决问题的能力。但经调查发现，实践教学效果，尤其是毕业论文和调查实践的实际效果并不理想。其主要表现如下。

1. 毕业论文质量不高

许多学生毕业论文内容空泛，缺乏针对企业实际问题的深入探讨，没有显示出管理类本科学生应有的知识应用能力。其中，一个主要原因是论文选题不能很好地与企业管理实际或科研实践相结合。

2. 调查实践流于形式

从调查实践的执行情况看，许多学生并没有实际进入企业开展调查，只是通过二手资料获得一些企业素材以完成调查报告，与实践教学目的背道而驰。一些学生虽然接触了企业，但仅通过跟企业个别员工的交谈或自己的粗略观察就完成了调查，因此调查结论简单、片面，缺乏足够的论据支撑。

我们认为，之所以出现上述问题，根源并不在于学校对实践教学缺乏重视，而是由于缺乏有效的实践教学管理模式，特别是实习环节被弱化造成的。

企业实习是学生将理论应用于管理实践，并在实践中检验理论的重要途径。同时，实习企业可以为学生开展调查提供对象和依托，实习企业面临的各种问题也为学生提供了良好的调查主题和毕业论文的研究主题。所以实习环节对管理类本科专业的学生非常重要。目前，许多高校管理类专业的学生培养方案中，企业实习并非必修内容，或者仅对四年级的毕业实习作出要求，这无形中使实习环节被弱化。企业实习的缺位使学生调查实践找不到对象，毕业论文也往往成为空中楼阁。只有强化企业实习，改进实践教学管理模式，才能切实提高管理类本科专业的实践教学效果。

二、"三位一体"实践教学管理模式

1. 何谓"三位一体"

所谓"三位一体"的实践教学管理模式，即将"调查、实习、毕业论文"三个实践教学的主要内容一体化地规划、组织和实施，将调查实践、毕业论文与企业实习紧密结合起来，使实践教学各个环节形成一个有机的整体，以切实有效地提高学生实践教学效果。

这种管理模式的特点是实习、调查、毕业论文三者既相互独立，又环环相扣，成为一体。实习、调查和毕业论文都是实践教学的重要内容，作用不可替代，同时三者之间又互为补充，密切关联。其中，实习是调查和毕业论文的重要基础、依托和信息来源；反过来，调查运用特定的方法和分析工具深入了解和剖析企业存在的问题，又丰富了企业实习的内容，同时调查得到的信息和数据又可以为毕业论文提供有力的支撑。毕业论文是本科学生研究能力的重要体现，是理论能否应用于实践的重要体现，而实习企业为毕业论文的写作提供了很好的研究对象，使学生的毕业论文能够落到实处。这三者的关系如图 1 所示。

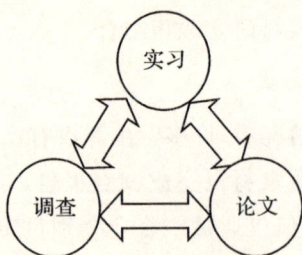

图 1　三位一体实践教学管理模式示意图

2.构建"三位一体"实践教学管理模式的意义

"三位一体"实践教学管理模式针对目前学生在调查实践和毕业论文写作中存在的问题有彻底的改善作用，其具体表现在：

（1）调查对象更有针对性，调查内容更加具体明确。目前学生进行调查实践之所以往往流于形式，是因为调查对象和内容不明确，没有参加企业实习的学生完成调查报告基本上都是通过二手资料获得素材。如果学生都能参加企业实习，企业调查和专业调查就能针对实习的企业及其实习过程中发现的问题或现象进行调查，则调查内容必定更加具体明确。

（2）论文选题更能结合企业，解决企业实际问题。学生毕业论文内容空洞，缺乏对企业实际问题的剖析，是当前管理类本科专业学生普遍存在的问题。如果能将毕业论文与实习和调查结合起来，论文研究对象针对实习企业，前期调查得来的资料和数据能应用于论文的写作，则论文必不空洞，论文研究的结果还可能为企业提供有价值的对策建议。

（3）切实提升学生的研究能力，有利于培养应用型人才。"三位一体"实践教学管理模式，通过将调查实践、毕业论文与实习相结合，不仅通过实习锻炼了学生的动手能力，也通过将调查和毕业论文写作落到实处，让学生将学校所学的理论知识应用于分析和解决企业实际问题,真正培养学生的研究能力,达到了学校实践教学的目的,有利于培养符合企业和社会需要的应用型人才。

三、"三位一体"管理模式在浙江财经大学物流管理专业的应用

为了贯彻落实学校强化实践教学的精神,浙江财经大学物流管理专业提出构建"三位一体"实践教学管理模式,并从 2007 级学生的教学管理中开始实施运用。

1. 采取措施,切实保证"三位一体"管理模式落到实处

为了保证"三位一体"的管理模式落到实处,物流管理专业采取了一系列相应措施:

(1)建立企业实习基地,要求学生人人参加企业实习。由于"三位一体"实践教学要求调查实践要与企业实习相结合,要基于实习的企业开展调查,所以人人必须参加企业实习。去企业实习的学生自己联系也是可以的,但如果有一些学生无法自己解决实习企业,就需要学校帮助联系和安排。为了保证人人都能进入企业实习,教师们积极联系企业,开展校企合作,建立了宁波龙星物流有限公司实习基地、浙江省八达物流有限公司实习基地等多个校外实习基地,为学生提供了丰富的实习岗位。

(2)教师与企业联合确定调查主题,供学生参考选择。选择合适的、有意义的调查主题是开展调查的第一步。为了保证学生调查实践的质量,确保实践教学效果,物流管理专业教师与实习基地企业共同协商,结合企业存在的问题和企业需要,拟定调查主题供学生参考选择。这样所做的调查有实际意义,在教师指导下完成的调查报告能够切实反映企业问题,为企业决策层提供有用的信息。因此,学生开展企业调查得到实习企业的好评和大力的支持。

(3)要求学生将毕业论文与调查相结合,研究企业实际问题。毕业论文是学生实践教学的最后一个环节,也是反映学生研究能力的重要一环。以往学生毕业论文经常出现内容空洞,理论不能联系实际的情况,甚至存在抄袭的现象。实施"三位一体"实践教学管理模式后,物流管理专业要求学生毕业论文选题要落到实处,研究和解决企业的实际问题,鼓励学生将毕业论文与企业调查、专业调查相结合,研究实习企业的问题,利用调查获得的数据,有必要的话可以进行二次调查,用数据反映问题,用理论分析问题,切实锻炼学生研究问题的能力,提高毕业论文的写作质量。

2.物流管理专业实施"三位一体"管理模式的效果

为了解"三位一体"实践教学管理模式实施的效果,笔者对浙江财经大学物流管理专业 2007 级和 2008 级的毕业生进行了问卷调查。在问卷中,对学生发现问题、研究问题能力的考察主要通过学生完成企业调查报告、专业调查报告以及毕业论文所获得的成绩来评价。因为教师在对学生的调查报告以及毕业论文进行成绩评定时,主要考察内容就是学生在报告中反映出来的发现问题、研究问题的能力。问卷发放 68 份,收回 68 份,其中 1 份由于数据不完整,视为无效问卷,因际实际收回有效问卷 67 份。

(1)学生参加企业实习的情况。调查数据显示,67 名物流专业的学生在校 4 年当中均有到企业实习的经历,其中 49 名同学有过 2 次以上实习经历,占到总数的 73.1%。由于四年级时的毕业实习是学校要求必须参加的,可以说,有 73.1% 的同学除了毕业实习以外参加过 1 次以上的企业实习。实习总时间从 2 周到 24 周不等,平均时间达到了 8.5 周。实习形式多为在明确岗位上岗实习或轮岗实习,也有的做一些辅助正式员工的工作,少数几个仅仅参观学习。在各种实习形式中,被调查者普遍认为在明确的岗位上上岗实习或者轮岗实习是效果较好的,见表 1 所示。

表 1 效果最好的实习形式

	频次	百分比	有效百分比	累积百分比
辅助工作	1	1.5	1.5	1.5
有明确岗位,不轮换	17	25.4	25.4	26.9
轮岗实习	49	73.1	73.1	100.0
合计	67	100.0	100.0	

(2)企业实习与调查实践的关联性。在学生培养方案中,作为实践教学的重要内容,物流管理专业学生在二年级暑期的短学期需要进行企业调查并完成调查报告,在三年级暑期的短学期需要进行专业调查并完成调查报告。学生完成调查实践的主要途径有两个:一个是首先进入一家企业实习,在实习过程中寻找、发现值得调查的问题和确定调查主题,然后运用有效方式进行调查并完成调查报告;另一个是确定一个调查主题,然后寻找愿意接受调查的企业,通过访谈、问卷或者查找二手资料等形式进行调研。

从实际情况来看,浙江财经大学物流管理专业大部分学生完成企业调查报告和专业调查报告都是在进入企业实习的基础上完成的。据调查数据显示,被调查的 67 名学生中,企业调查报告与实习相关的有 42 人,占总数的 62.7%;专业调查报告与实习相关的有 44 人,占到总数的 65.7%。

(3)企业实习对学生研究能力的影响。学生进入企业实习,不仅可以提高学生的实践能力,还有利于将理论与实践相结合,提高学生发现问题、分析问题和解决问题的研究能力。这一能力可以从学生完成企业调查报告、专业调查报告和毕业论文的质量当中得到考察和验证。

运用 SPSS17.0 对数据进行分析发现,企业调查、专业调查与实习相结合的学生调查报告的成绩普遍较高。通过 Pearson 卡方检验,企业调查成绩与实习相关的显著性概率 sig.=0.000,专业调查成绩与实习相关的显著性概率 sig.=0.002,均小于 0.05,说明学生企业调查和专业调查的成绩受调查与实习的相关性影响,且在 0.05 的水平上显著相关见表 2,3,4。

表 2　调查与实习的关联性对企业调查成绩的影响

		企业调查成绩			合计
		优	良	中	
企业调查与实习相关	是	17	24	1	42
	否	0	11	14	25
合计		17	35	·15	67

卡方检验

	值	df	渐进 Sig.(双侧)
Pearson 卡方	30.762[a]	2	0.000

表 3　调查与实习的关联性对专业调查成绩的影响

		专业调查成绩			合计
		优	良	中	
专业调查与实习相关	是	16	28	0	44
	否	6	11	6	23
合计		22	39	6	67

表 4　卡方检验

	值	df	渐进 Sig.(双侧)
Pearson 卡方	12.613[a]	2	0.002

由于企业实习的经历使学生对企业有了感性的认识,在实习过程中对企业

有了较为深入的了解,发现了企业经营管理中存在的一些问题,结合在学校所学的理论知识,对发现的企业问题进行分析和深入的探讨,成为学生完成毕业论文很好的选题途径。在调查的学生中,有 1/3 的学生毕业论文的选题与实习企业有关,或受到实习企业的启发。而这部分学生在论文写作过程中也表现出较好的理论与实际相结合,较好地发现问题和研究问题的能力。

调查数据结果显示,学生毕业论文与实习企业有关的论文成绩普遍较高,Pearson 卡方检验,显著性相关概率 sig. $=0.017$,小于 0.05,说明两者在 0.05 的水平上显著相关,见表 5 所示。

表5 毕业论文与实习的关联性对论文成绩的影响

		毕业论文成绩			合计
		优	良	中	
论文与实习企业有关	是	5	17	0	22
	否	3	32	10	45
合计		8	49	10	67

卡方检验

	值	df	渐进 Sig.（双侧）
Pearson 卡方	8.158[a]	2	0.017

3."三位一体"实践教学管理模式运行的保障条件

(1)将企业实习纳入实践教学体系,设立制度保障。将企业实习纳入实践教学体系,要求人人参加企业实习,依托实习企业开展企业调查,是实施"三位一体"管理模式的制度保障。

(2)建立有效的监督与考核机制。制度的实施需要有效的监督与考核为保障。要积极发挥指导教师对学生实习和调查全过程的监督与考核,将调查是否与实习企业相结合作为学生成绩评定的重要标准。

(3)加强校企合作,构建有力的组织保障。建立校外实习基地,为学生提供一段时间深入企业具体岗位进行实习和调查的机会,是实施"三位一体"实践教学管理的基础。因此,必须强化校企合作,让企业从开放实习岗位和调查研究中感受获益,从而积极配合学校的实践教学。

(作者单位　浙江财经大学工商管理学院)

[参 考 文 献]

[1] 王大为.科学构建实践教学体系 提高实践教学质量[J].价值工程,2012(2):212-213.

[2] 贾丽.教学型高校构建应用创新型人才实践教学管理体系研究[J].高等农业教育,2010(5):29-32.

[3] 顾海峰.基于实习、论文与就业"三位一体"培育模式的构建[J].常熟理工学院学报:哲学社会科学,2008(12):34-37.

高校与区域产业发展关系构建研究

——以硅谷和中国台湾新竹为例

黄　纯

[摘　要]　高校与区域产业发展之间的关系是推动区域经济发展和创新体系形成的重要因素,然而学术界对两者之间应该形成怎么样的互动关系并没有定论。文章在以往研究的基础上,构建以高校为主体的区域创新网络,提出强弱关系通过创新网络对高校和区域产业不同发展阶段的关系影响。通过硅谷电子工业产业作为案例分析,得出以下推论:在产业发展初始阶段,高校与区域产业发展之间的弱关系在创新网络中形成探索式创新模式有利于产业发展,强关系在创新网络中形成利用式创新模式有利于产业发展。在产业发展成熟阶段,强弱关系并存而形成的探索式与利用式创新两种模式有利于产业发展。在此基础上,文章提出我国高校对促进产业发展的建议。

[关键词]　高校;区域产业发展;利用式创新;探索式创新

舒尔茨(1960)指出,人力资本特别是专业化人力资本对一国或区域经济增长具有重要作用。高校的人才培养、科学研究和服务社会三大功能,决定了它是区域教育发展水平的重要标志,是区域创新体系建设的智力源和思想库,更是推动区域产业发展的主导因素。然而在我国高校对推动区域产业发展效果并不显著,主要体现在科技成果转化率偏低,科学研究重理论轻实践与现实脱节等。谢文峰(2005)研究了 1985—2005 年 20 年发明专利申请量居前列的高校——清华大学、上海交通大学、浙江大学、复旦大学、天津大学等院校中,数量最多的达到1000 多件,最少也有 200 件,但是科技成果实际转化率还不到 10%,两者数据反差明显。而美国硅谷、英国剑桥工业园区、德国巴登—符腾堡、日本筑波科学城等通过高校成功推动区域产业发展的案例表明,构建高校与区域产业之间合理的内在关系是成功推动区域经济发展的重要因素。

根据亨利·埃茨科维兹三重螺旋理论,大学应当与产业建立良好的合作伙伴关系,大学—产业—政府三者之间是相互作用的,且每个机构范围保持传统作用和独特身份同时又起着其他机构范围作用的三螺旋模式,是组织创造的兴奋剂(周春彦,2006)。事实表明,以技术转化作为主要源泉,高校与工业间的密切合作已经成为全球化的趋势和要求(G·卡斯帕尔,1999);两者之间的合作关系,又呈现出阶段性特征,(徐辉1990)以德国和英国的案例研究,认为大学与工业合作关系的演变存在三个发展阶段:以相互分离为特征的第一阶段,以相互联系为特征的第二阶段,以大学本身推动产学研合作,联系形式以多样、成熟、稳定和深化为特征的第三阶段。从两者之间关系强度来看,知识的生产和运用,是由高校、政府企业之间相互作用的程度大小决定知识的有用价值大小(Sabato,1999)。这种关系在新交流体制的影响下,使原有大学、产业、政府的各自分化的体制均开始处于变革之中,促使参与者和机构自适应地调整,从而使大学与企业以及政府在跨体制中实现一种相互影响、相互赢利的作用,而且彼此的合作与联盟更加合理化(劳艾特·雷德斯多夫,1999)。

因此,在区域产业发展的不同阶段,高校与区域关系强度也存在不同程度的变化,这种不同的强弱关系的演化,促进了知识、技术等在两者之间的流动,从而为区域经济发展起到了巨大的推动作用。文章从刻画高校与区域产业发展之间的关系着手,分阶段研究区域产业与高校之间的关系,从而为我国促进区域经济持续发展提供理论支持。

一、高校与区域产业发展关系

高校作为一个区域的教育、科研中心,集中了该区域内最前沿的人力资源、科技资源、技术资源等,作为区域产业发展的主导因素,也是区域经济、教育、科技、文化协调发展的载体,高校通过内部诸要素之间网络关系相互联结,构成了一个相对完整的网络系统,从而对区域经济的产业发展方向产生重要的影响。在经济发展中,最根本的是新知识的创造、获取和利用等能力的增长,而这一过程是通过创新网络得以实现的。高校是构成区域创新网络的载体,是网络中的关键结点,它通过供应链、资金、技术、信息网络联结着政府、企业和中介机构而形成互动网络,协同创新,见图1所示。

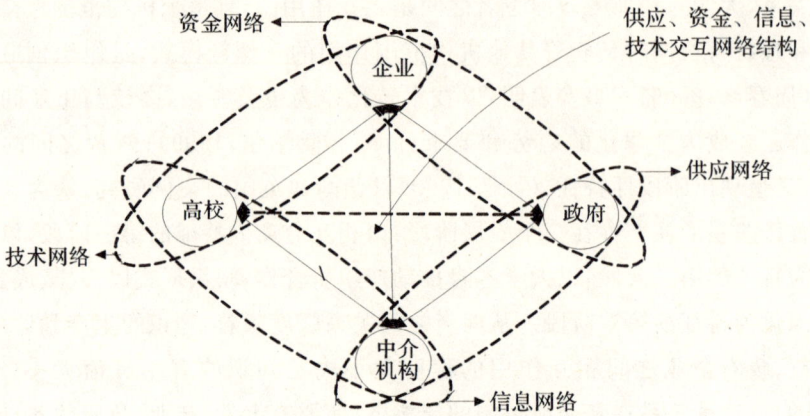

图1 区域创新网络构成形式

1.弱关系对网络探索式创新的影响

探索式技术创新所面对的问题对企业来说是全新的,行动者既没有问题的答案,也没有可以"演绎"的知识基础。弱关系的优势主要体现在低成本和低信息冗余度两个方面,能为企业提供进行探索式创新所需要的异质性信息(蔡宁,潘松挺,2008)。高校、实验室与企业等相关者所形成的网络是获得研究信息的主要来源(李惠斌、杨雪冬 2000),能有效地促进企业间的知识共享和信息交流(Ahuja,2000)。在区域内,作为知识生产和持有机构的高校占据了最前沿的技术,其以技术转让(许可)的方式将技术在企业间扩散,从而通过区域创新网络形成高校与企业之间的弱关系。

这种弱关系可以使得高校在这些群体中扮演信息桥的角色,具有较好的信息传播效果,可以接触不同企业多样化的信息,反过来又促进了高校的持续创新能力。因此高校较少受到关系网络的约束和限制,易于行动者保持独立性,于是就更容易脱离已有被大家认可的常规知识去搜寻或实验全新的知识,从而它将有利于企业知识创造活动独立性的形成,进行探索式创新(Hansen,1999)。

基于以上的理论分析我们提出假设:

在区域产业发展的初始阶段,高校与区域产业之间的弱关系,在创新网络中形成探索式创新模式有利于产业发展。

2.弱关系对网络探索式创新的影响——硅谷成长案例分析

加利福尼亚北部的硅谷是世界上电子工业主要的创新中心,该地区以技术活力、创业精神和非凡的经济增长著名。在硅谷发展的初始阶段,活跃的自主创新是该地区的一个重要特征,以斯坦福大学为代表的高校对硅谷成为世界电子技术和生物医学等高新技术和产品的诞生地,起到重大推动作用。斯坦福大学、加州大学伯克利分校、圣克拉拉大学等,通过各种形式的技术合作,从而成功地推动了该地区的电子工业的快速发展。如斯坦福大学的产业合作计划,每年支付1万美元,公司就可以同大学里任何院系的实验室建立定向联系。这种合作为公司招聘人才提供了特殊的联系,同时还向公司提供了参加实验研究项目的途径。公司员工可以参加学校的研究讨论,走访院系教师和研究生,看学校的研究公告和学生简历。公司所提供基金中的一部分被直接拨划到实验室以支付专业开支,如购买设备、旅行、毕业生聚会和采购研究材料。作为回报,斯坦福大学邀请公司管理人员不定期地参观实验室。这些管理人员将非专利性的技术问题带到学校来,并帮助决定今后科学研究的方向。通过这种方式,在硅谷的初始成长阶段,以高校为主导开发新技术,并将技术成果转移到企业,从而有效地克服了由于环境的不确定性而影响创新网络的不稳定性。高校通过网络与企业建立的这种弱关系形成探索式的创新模型,从而推动区域经济发展。

在科技成果转化方面,斯坦福大学主要通过技术许可的组织与管理——OTL。1970年斯坦福大学技术许可办公室成立后,技术许可逐渐成为斯坦福大学的主要技术转移和"以技术交换教育研发资金"的手段,OTL专门负责管理斯坦福大学的专利和技术许可,凡是斯坦福大学的技术和发明,对外授权和转让必须通过OTL进行,见表1所示。

表1 斯坦福大学的著名技术发明及其成果转化

时间	技术	合作形式	关系强度
1971年	FM声音合成	技术许可	弱
1974年	DNA重组技术	技术许可	弱
1981年	藻胆蛋白	技术许可	弱
	光纤放大器	技术许可	弱
	MINOS	技术许可	弱
1982年	基因扩增	技术许可	弱
1984年	功能抗体	技术许可	弱
1986年	高锁状均质电场电泳	技术许可	弱

企业通过探索式创新将斯坦福大学的著名技术发明通过技术许可的方式成功的产业化运作从而形成巨大的社会效应。1981年,OTL将"基因切割"(gene-splicing)这一重大生物技术,以非独占性许可方式将该技术许可给了众多企业,从而开启了全球生物技术产业。对于硅谷的计算机和信息网络业、医疗器械业以及微电子机械系统业,斯坦福大学通过大学师生的创业,成功地将 OTL 许可的专利技术予以商业化。

从这个案例我们可以得出,在区域产业发展的初始阶段,高校与区域产业发展之间的弱关系,在创新网络中形成探索式创新模式有利于产业发展的假设得证。

3.强关系对网络利用式创新的影响

利用式创新所面对的问题是既存的,它需要行动者根据现有的知识体系来理解和演绎。高校与区域经济形成强关系时能够在不确定性环境下,为区域中企业技术创新提供稳定的信息流,长期的互利关系使得双方愿意加强技术创新的投入,形成共同解决问题的合作模式(Larson,1992;Uzzi,1997)。高校对区域经济的聚集对培养人才、经济增长、推动科技进步和科技创业有很强的带动作用(龙斌,2007;姜波,2002)。特别是在知识经济环境下高校科技创新能力更是对区域经济有强的正向关系,如龚建立(2001)就描述了在知识经济背景下浙江省高校的创新能力与区域经济之间的关系。强关系对网络利用式创新的另一种表现形式是高校与企业联合申请专利情况。

强关系所建立的企业与研究机构之间名誉、信任、社会规范有利于社会控制,促进企业之间,企业与外部组织的相互合作(coleman,1988)。高校作为区域创新的主体,这种以外部组织的形式介入与创新网络中,其长期积累的信誉有利于促进相互交流信息的意愿,创造良好的意见交流的氛围。高校在专业领域的广阔视野、强大的科研团队和先进的实验设备拥有优势,在与企业合作中,双方相信对方有能力完成与其角色相关的各种活动的信任关系。在区域内,这种信任关系促使高校以与企业联盟或联合开发的方式将技术在企业间扩散,从而通过区域创新网络形成高校与企业之间的强关系。

基于以上的理论分析我们提出假设:

在区域产业发展的初始阶段,高校与区域产业之间的强关系,在创新网络中形成利用式创新模式有利于产业发展。

二、高校与区域产业发展关系的协同演化

高校的经济、社会职能在很大程度上推动了区域产业发展,而经济社会又决定了高等教育的内容和发展方向。随着产业的发展,产业结构的调整,引起区域创新网络的变动,高校与区域产业的关系必然也会随着协同演化。

1. 高校与区域产业关系的协同演化

在这个创新网络中,高校与区域产业发展之间的强弱关系的不同决定了网络创新模式的不一样。区域 1:高校与区域产业发展呈现弱关系时,网络开放程度越高,高校与区域内企业之间交换信息的频率越高,有利于双方搜索和交换异质性信息,并以技术适用许可和成果转让的方式进行技术创新,从而促进区域网络的探索式创新。但这种关系由于不确定性高,信任程度相对较低,不利于企业与高校之间对于关键性技术知识的传递,从而阻碍了利用式创新。区域 2:高校与区域产业发展呈现强关系时,则网络嵌入性越强,高校与区域内企业之间信任程度越高,有利于交换关键性技术知识的传递,两者之间以战略联盟、合作创新的形式进行技术创新,从而促进区域网络的利用式创新。但这种强关系,容易形成路径依赖,长期稳定的关系不能有效传递外界新知识,从而阻碍了探索式创新,致使区域网络僵化。而网络关系强度是一个连续的变量(Granovettor,1973),不同程度的强弱关系对网络创新模式具有协同演化的关系。区域 3:随着区域经济的发展,两者之间的关系强度必然向中间状态过渡,既有良好的信任关系,也有能在一定程度上对关键技术知识的传递,对探索式创新和利用式创新都有较好的促进作用。

由此,根据关系强度与技术创新模式的协同关系可将改演化过程分为三个区域,不同区域内高校与企业间的关系强度不同,适合不同的技术创新模式,见图 2 所示。

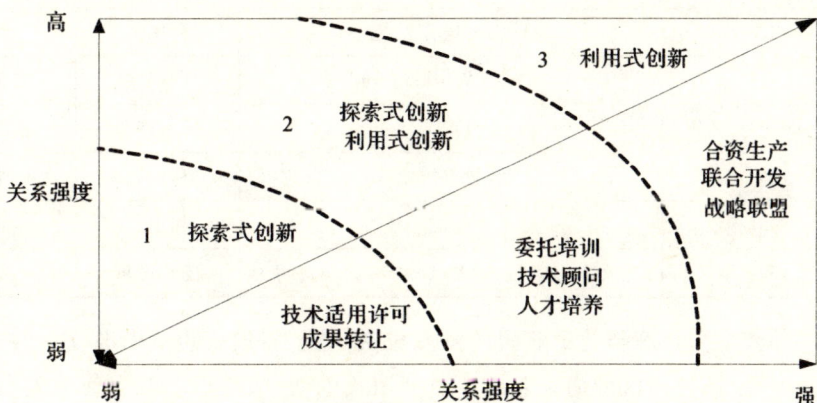

图 2　强弱关系与技术创新模式的协同演化

基于以上的理论分析,我们提出假设:

在区域产业发展成熟阶段,高校与区域产业之间强弱关系并因而形成的探索式与利用式创新两种模式有利于产业发展。

2.高校与区域产业发展关系的协同演化

硅谷与中国台湾新竹的发展模式各不相同,但是其演化路径确有共同之处。硅谷在经过多年的发展,高校与区域内企业逐渐由探索式创新(技术使用许可和成果转让)的形式向探索式创新和利用式创新并存的形式发展。如斯坦福大学就按照不同的研究方向同各类企业组成各种专业化的产业联合体,共同研究新技术、开发新产业,使学校和企业共同受益。斯坦福大学还通过校园土地出租等多种方式把通用公司、柯达公司、旗舰公司、惠普公司、沃金斯·庄臣公司等企业进入斯坦福工业园区,该园区离斯坦福大学的教室只有几步路的距离,园区内的公司常常请斯坦福大学的教授担任顾问,并聘用斯坦福大学的研究生为雇员,这些公司也会参与一些与公司业务相关的斯坦福大学的科学研究项目。例如,以超文本搜索技术为例,该项技术是 Google 公司的关键技术,通过斯坦福大学直接开发并以专利的形式授予 Google 公司独家使用权。又如,网景浏览器的前身 Mosaic 原是伊利诺大学的教授开发的,斯坦福的 Robert Clark 发现后,把他们整个科研小组挖到硅谷,创立网景公司,开发了网景浏览器,从此改变了人们上网的经历。本文列举了部分具有代表性的斯坦福大学技术发明及其成果转化形式的如表,见表 2 所示。

表 2　斯坦福大学的著名技术发明及其成果转化

时间	技术	合作形式	关系强度
1969 年	UNIX 操作系统	利用式	强
—	工作站(Workstation)	利用式	强
1990—1992 年	DSL	技术许可	弱
1994 年	网景浏览器	利用式	强
1995 年	雅虎	利用式	强
1996 年	超文本搜索技术(向 Google 公司许可)	技术许可	弱

随着中国台湾新竹工业园的日趋成熟,其创新模式也逐渐改变。在经过多年的发展,高校与区域内企业逐渐由利用式创新(战略联盟和合作开发)的形式向探索式创新和利用式创新并存的形式发展。在科技成果转化方面,1996 年中国台湾工业技术研究院的研究经费达 10 亿美元,其中 1/3 来自于与园区企业间的和约关系和联合开发项目。中国台湾工业技术研究院与相关高校、园区内企业建立合作培训计划。此外,还推行开放实验计划结合研究机构、学校资源、创

业投资基金,对企业提供知识、技术、人才、资金等各方面的辅导训练。

从以上我们可以得出,在区域产业发展成熟阶段,高校与区域产业发展之间强弱关系并存而形成的探索式与利用式创新两种模式有利于产业发展。

三、我国高校与区域产业发展关系构建建议

在我国,高校与区域产业发展已经密切相关,随着高校与企业合作形式的多样化,大学部分高新技术的产业化进程已经初露端倪。但如何构建高校与区域产业发展之间的关系,还莫衷一是。有的区域是以高校为科研主体与企业签订技术合同,以高校为主导从研发到产业以及科技成果转化都一体化操作,或者高校以技术适用许可或成果转让的方式转让给企业,即网络探索式创新模式为主;有的区域是高校与企业联盟共建,以高校与企业合资或者联合开发的形式开发高新技术,即网络利用式创新模式为主,例如北京的中关村。但无论哪种模式,显然存在各种各样的问题,例如科技自主创新能力弱,科技成果转化率偏低等,都是制约高校与区域产业发展的瓶颈。本文以高校与区域产业发展强弱关系构建的角度出发,以科学研究与社会服务的这两大职能的辩证关系为导向,提出高校促进产业发展的建议。

第一,在产业的不同发展阶段,产业的特征是不同的。因此,需要辨别产业发展阶段特征,构建与之相应的高校与区域产业发展强弱关系。

第二,在产业发展的初级阶段,形成以政府为主导,高校与研究院为科研主体,与企业建立合作开发和联盟的强关系,选择利用式创新模式,这种方式有利于企业和高校交换关键性技术知识,从而促进产业发展。

第三,在产业发展的初级阶段,形成高校、科研院所、政府、中间组织和企业为一体,高校和科研院所作为产业链前端以理论和实践科研为主体,以技术许可或成果转让方式与企业建立弱关系,选择探索式创新模式,这种方式有利于企业和高校对异质性信息的搜索和共享,从而促进产业发展。

第四,在产业发展的成熟阶段,高校与区域产业发展的关系应逐渐向区域转移,即选择利用式和探索式创新并存的方式。一方面企业可以与高校采用人才培养、委托培训的方式进入高校;另一方面可以鼓励高校采取技术顾问形式进入企业,形成互动的技术创新模式,即有利于信息的有效传递,也有利于交换关键性技术知识,从而促进产业发展。

(作者单位　浙江财经大学工商管理学院)

［参 考 文 献］

[1] Theodore W. Schultz，论人力资本投资[M]. 北京：北京经济学院出版社. 1992.

[2] 谢文峰. 促进科技成果转化措施研究——高校科技成果转化工作现状[J]. 中国科技成果，2006(5)：14-15.

[3] 周春彦. 大学—产业—政府三螺旋创新模式——亨利·埃茨科维兹《三螺旋》评介[J]. 自然辩证法研究. 2006(4)：75-82.

[4] G·卡斯帕尔著，夏洪流 周刚译. 斯坦福大学成功之道[J]. 高等教育研究. 1999(3)：1-5.

[5] 徐辉. 高等教育发展的新阶段：论大学与工业的关系[M]. 杭州：杭州大学出版社，1990.

[6] 亨利·埃茨科维兹，劳埃特·雷德斯多夫著，夏道源等译. 大学与全球知识经济[M]. 南昌：江西教育出版社. 1999.

[7] 蔡宁，潘松挺. 网络关系强度与企业技术创新模式的耦合性及其协同演化[J]. 中国工业经济，2008(4)：137-144.

[8] 李惠斌，杨雪冬. 社会资本与社会发展[M]. 北京：社会科学文献出版社，2000.

[9] Ahuja, G. Collaboration Networks, Structural Holes, and Innovation: A Longitudinal Study[J]. Administrative Science Quarterly ,2000(45)：425-455.

[10] Hansen, M. T. The Search—Transfer Problem: The Role of Weak Ties in Sharing Knowledge across Organization Subunits[J]. Administrative science Quarterly ,1999(44)：82-111.

[11] 罗涛. 斯坦福大学技术转移的成功经验. 国务院发展研究中心《调查研究报告》. 2001 年第 174 号.

[12] Larson, A. Network Dyads in Entrepreneurial Settings: A Study of the Governance of Exchange Relationships [J]. Administrative Science Quarterly，1992(37)：76-144.

[13] Uzzi, B. (1997). Social Structure and Competition in Interfirm Networks: The Paradox of Embeddedness [J]. Administrative science Quarterly，1997(42)：35-67.

[14] 姜波，李思英，闵志慧. 略论高校对区域经济的带动作用及建议[J]. 重庆工学院报. 2002(2)：106-115.

[15] 龙斌. 浅析高校对区域产业发展的带动作用[J]. 科技创业月刊. 2007(3)：13-14.

[16] 龚建立，闫海燕，王飞绒. 高校科技创新能力与区域经济的互动关系探讨[J]. 科技与管理. 2001(4)：13-14.

[17] Coleman, J. S. Social Capital in the Creation of Human Capital [J]. American Journal of Sociology , 1988(94)：S95-S120.

[18] Granovetter, M. S. The Strength of Weak Ties [J]. American Journal of Sociology，1973,78(6)：1360-1380.

构建基于组织实际需要的高校人力资源管理专业教学模式

胡孝德

[摘　要]　人力资源管理专业作为新兴的专业,目前我国 250 多所高校设置了该专业,社会需求旺盛。但是,社会反映该专业毕业的学生在实际工作中能力不足,学生自己也反映在学校所学与实际工作有较大差距。因此,当前高校人力资源管理专业教学应该改革,以适应组织实际需要为导向,以"三能"为目标,即强调动手能力的培养。

[关键词]　人力资源管理;教学模式;"三能"

一、问题的提出

在西方发达国家,人力资源管理人才的培养已经形成了一套较为完整的体系,而在我国,人力资源管理则是高校为了适应 21 世纪知识经济和以人为本管理时代的需求,针对各类组织普遍缺乏相关管理人员的现状而新设立的专业。

就目前已经毕业的学生(主要是大学本科毕业生)就业情况看,普遍就业率不错。但是与组织的实际期望还有一定差距,这就是学生动手能力不强,缺乏组织实际需要的人力资源管理技能,从某种角度讲,高校培养的人力资源管理专业毕业生只是"半成品"。因而,构建基于组织实际需要的高校人力资源管理专业教学新模式势在必行。

二、目前高校人力资源管理专业教学存在的问题

我国人力资源管理专业是从 20 世纪 50 年代"劳动经济学"专业发展而来的。在我国改革开放以前并不存在人力资源管理专业。随着我国改革开放的深入,一些高校为适应社会经济发展的需要,试探性地在"劳动经济学"专业的基础

上开设了"劳动人事管理"专业。但"人力资源管理"专业真正得到认可则是 20 世纪 90 年代末期以后的事情(虽然 1993 年国家教委决定将"劳动人事管理"专业更名为"人力资源管理"专业,但直到 1997 年,部分高校仍以"劳动经济学"专业的名义招收"人力资源管理"专业的毕业生)。

自 20 世纪 90 年代中期以来,特别是进入新世纪以后的这十几年,我国人力资源管理专业的建设取得了一定的成效,这主要体现在:一是"人力资源管理"于 1998 年已被正式列入大学本科专业目录,目前全国有 178 所高校开设了人力资源管理专业。二是"人力资源管理"专业的重要性和发展前景越来越得到更多有识之士的认同,正成为高校专业发展中的一个亮点,各类组织对"人力资源管理"专业毕业生的需求正在迅速增长。三是人力资源管理方面的社团组织纷纷成立,其中不但有若干全国性的研究会,还有许多地方性协会,这些民间组织强化了社会各界以人力资源管理为主题的交流与合作,推动着我国人力资源管理理念的变革。

但是,表面热闹的背后也存在一些问题。

1. 专业定位失当

宏观层面上的整体专业定位主要是从国家整体的角度明确专业的市场需求,也就是社会对本专业毕业生应具有的素质和能力的一般要求;微观层面上的学校专业定位主要是指各高校在对市场需求进行细分确定目标市场的基础上,对毕业生素质和能力的具体要求。由于受传统人事管理思想的影响,加之我国正处于经济转轨变革时期,所以对未来人力资源管理模式的预期十分模糊。结果是:一方面,在"劳动人事管理"老路上行走的国有企业不需要或很少需要人力资源管理专业的毕业生,我们却"强卖硬塞";另一方面,三资企业、民营企业、外资企业等需要大量该类人才,但我们所培养的毕业生却与之要求相去甚远。微观层面上,各高校对本校该专业毕业生的就业去向缺乏足够的认识和把握,对自身的目标市场缺乏准确定位。在制订专业教学计划时,或参照其他高校的做法而使教学计划趋同;或根据本校教师队伍专业结构而随意开设课程,导致课程体系不完整。

2. 培养目标与培养规格不明确

目前,我国各高校教学计划中对培养目标与培养规格的规定都较为笼统,没有体现自身特色。人力资源管理专业究竟是培养企业人力资源管理部门的专业管理人员,还是培养企业人力资源管理经理?是强调管理理念的培养,还是突出操作技能的教育?是满足组织的现实需求,还是满足组织的未来需要?对这些具体问题的把握各高校虽然有所侧重,但不十分明确。

3.课程体系及课程内容结构不合理

培养目标与培养规格不明确在很大程度上影响了各高校课程体系及课程内容的设置。

4.师资数量短缺,素质参差不齐

近些年,尽管通过"转行"调整,人力资源管理专业教师短缺的状况有所缓解,但专业素养却难尽人意。

三、构建基于组织实际需要的高校人力资源管理专业教学模式探索

就业市场的需求是本专业本科学生培养模式分析的出发点和落脚点。培养模式的分析当然可以从培养目标、课程设置、学科建设以及业务培养要求等方面去进行,以形成培养模式的构架,并在内容上突出专业特色。事实上,毕业生的专业技能、专业能力和专业观念是市场需求与培养模式构架的结合点,同时也是市场需求与专业特色的集中体现。有鉴于此,我们提出,构建基于组织实际需要的高校人力资源管理专业教学模式。该模式主要是:

1.专业培养目标明确定位

专业培养目标是大学生素质结构要求的指向,而大学生素质结构要求是人才培养课程体系设计与改革的基础。

按照教育部1998年颁布的《普通高等学校本科专业目录和专业介绍》中对本专业人才培养目标和培养要求的指导性意见,以及当前社会对人力资源管理专业人才素质要求的综合分析,我们认为,人力资源管理专业人才培养的一般目标是:培养具有良好综合素质、德、智、体全面发展,具备扎实的现代经济学、管理学理论基础和较高的外语、数学、计算机应用能力,熟练掌握人力资源管理一般理论、重要操作原理与方法,具备一定人力资源管理理念素质,能够在各类组织特别是企业组织从事中高层次人力资源管理工作的专门人才。

在上述一般目标基础上,各高校可以根据自身条件,对市场需求进行细分,根据目标市场制定切合实际的具体培养目标。比如省属财经类高校人力资源管理专业大学生,其定位应该是技能型人才。技能型人才是指熟悉人力资源管理各项专门技术并能在他人指导下开展人力资源管理相关工作的人才。

2.人力资源管理专业毕业生应具备的素质结构

根据上述目标,我们认为,人力资源管理专业本科毕业生应具备的素质结构包括五个方面:基本素质有身体状况、思想修养和基本技能三个方面;核心素质就是业务能力;潜力素质就是发展能力,如表1所示。

表1 人力资源管理专业毕业生应具备的素质结构

本专业学生应具备的素质结构	身体状况	健康	基本素质
	思想修养	敬业精神	
		合作精神	
	基本技能	表达技能	
		人际沟通技能	
		计算机技能	
	业务能力	情绪控制能力	核心素质
		规划操作能力	
		激励约束能力	
		系统思维能力	
		分析判断能力	
	发展能力	学习能力	潜力素质
		创新能力	
		知识水平	

总之,人力资源管理专业的毕业生所具备的素质结构既要有一般管理者所具备的管理"通才"素质,又要有较高的人力资源管理专业所要求的管理"专才"素质。

3.人力资源管理课程体系结构设计

就国外管理类专业的课程结构而言,有三种典型的模式。

第一种是"事业模式"(Institutional Approach),即按照各种特定行业(即专业)所需要的技能或知识来制定课程设置方案。其主要内容以专业技能和工作方法为主,用于培养某一行业的基层管理干部。

第二种是"职能模式"(Functional Approach),即按照各管理职能所需要的技能或知识来制定课程结构,其主要以职能(如组织、财务、营销等)管理的基础课程为主,用于培养毕业生从事某一具体职能管理的工作能力及方法。

第三种是"整合模式"(Integrating Idea Approach),即按照高层管理人员所需要的技能和知识、观念意识等制定课程结构,其主要内容以培养高层管理者的管理观念为主。其重点是培养毕业生分析经营环境,识别核心问题,制定战略目标,研讨可行方案,把握发展方向等综合而高层次的管理能力。

人力资源管理本科专业主要培养能够充分了解和掌握人力资源属性和特征。进而合理地对人力资源进行选拔获取、保留开发、高速与激励,以充分挖掘各类人员的潜能创造力,更好地实现组织我国实际需要与本科教育的特点,不能忽视职能管理和摈弃事务性管理。相应地,各高校应结合自身的情况与目标市场,采用不同的课程结构设计"模式"。一般的情况应是在注重"整合模式"的同时,辅之以"职能模式"与"事业模式"。即课程内容应以人力资源管理的一般原理、原则、理念及基本方法为主,突出有关人力资源规划、协调、开发与激励等方面的内容,以体现该专业管理的特色。

基于人力资源管理专业培养目标,我们认为人力资源管理本科专业的课程体系应按通识基础课程、专业基础课程、专业主干课程、专业选修课程、实践教程与人文素质课程6类加以设计(见表2)。各高校应结合自身实际与目标市场,调整各类课程的比重或增删相关课程。

表2　人力资源专业课程体系结构

课程性质	课程名称	备注
通识基础课程	(1)思想道德修养;(2)马克思主义哲学;(3)邓小平理论;(4)大学英语;(5)计算机基础;(6)高等数学;(7)体育	通过该类课程强化学生思想修养与基本技能,提高学生基本素质
专业基础课程	(1)经济学基础;(2)管理学原理;(3)统计学基础;(4)会计学基础;(5)心理学基础;(6)组织行为学;(7)企业战略管理	
专业主干课程	(1)劳动经济学;(2)人力资源规划管理;(3)岗位管理;(4)招聘管理;(5)培训管理;(6)绩效管理;(7)薪酬管理;(8)员工关系管理;(9)职业生涯管理	本专业必须具备的专门知识
专业选修课程	(1)人员素质测评的理论与方法;(2)企业伦理与文化;(3)领导科学与领导艺术;(4)人力资源会计;(5)人力资本理论;(6)社会保障学;(7)劳动法与员工关系;(8)跨文化管理;(9)公共管理学;(10)管理沟通;(11)经济法;(12)管理信息系统;(13)比较管理学;(14)产业经济学;(15)社会学知识;(16)专业英语	各校应结合自身情况,尽量缩减该类课程每一门课的课时,尽量多开设该类课程

续　表

课程性质	课程名称	备注
实践教学课程	(1)军训;(2)暑期社会实践;(3)计算机上机实习;(4)能力拓展项目;(5)学年论文;(6)人力资源管理软件设计与开发;(7)人力资源管理职能模拟实践;(8)专业学习;(9)毕业论文	该类课程对提高本专业学生的综合素质十分重要
人文素质课程	(1)中国传统文化概论;(2)历史类知识;(3)应用文写作;(4)东西方管理思想史;(5)信息科学概论;(6)系统科学;(7)当代世界经济与政治	该类课程可以拓展本专业学生的知识面,拓宽管理类学生的视野

四、结束语

　　本文的主要观点是:各开设本专业的高校应在教育部有关文件指导下,结合学校自身实际与目标市场,明确各自的培养目标(包括近期目标与远期目标)和设计相应的课程体系结构,而不能盲目照搬其他院校或西方国家学校的做法。当然,培养目标的达成,还应该有一支训练有素的师资队伍,一系列优秀适用的配套教材与一整套科学有效的教学管理机制。

(作者单位　浙江财经大学工商管理学院)

[参 考 文 献]

[1] 廖泉文. 人力资源管理[M]. 北京:高等教育出版社,2003.

[2] 胡君辰. 人力资源开发与管理教学案例精选[M].上海:上海复旦大学出版社,2001.

[3] 石金涛. 现代人力资源开发与管理[M]. 上海:上海交通大学出版社,1999.

[4] 林泽炎. 3P模式:中国企业人力资源管理操作方案[M]. 北京:中信出版社,2001.

工商管理本科教育:路在何方?

王世忠

[摘　要]　伴随着中国高等教育改革的深化,工商管理专业获得了空前的发展机遇,但也面临着巨大的挑战。本文首先根据教育部高等教育司的调查结果,对工商管理专业的发展现状进行了相应的分析;在此基础上,指出了工商管理专业快速发展中存在的一系列问题;最后,针对这些问题,提出了一些对策和建议。

[关键词]　工商管理专业;现状;问题;对策和建议

1999 年以来,伴随着中国高等教育改革的深化,我国普通高等学校经济学类和工商管理类本科专业人才培养规模越来越大,得到了空前的发展,专业点由 1998 年的 1276 个猛增至 2004 年的 2866 个,500 多所本科院校开设了经济学和工商管理类本科专业,占全部本科院校的 80% 以上,并且数量还在逐年增加。但与快速发展相伴的人才培养质量、社会供求矛盾等问题逐渐凸现,甚至有学者提出"取消工商管理本科专业,重点发展工商管理研究生专业"。受此影响,工商管理专业已经成为学生转专业的重灾区,每年大批的优秀生转出工商管理专业,这已经开始逐渐影响工商管理专业的生源质量。

一、工商管理专业的现状分析

教育部高等教育司针对用人单位、学校、教师和学生的实际,围绕着工商管理专业人才的供求关系、人才质量、宏观管理等三个方面的情况,印发了《普通高等学校经济类、工商管理类本科人才社会需求和培养现状调研报告》,指出以下几点:

1. 社会需求状况

(1)近三年各用人单位实际招聘情况。招收科类存在差异,实际招聘的各科类大学毕业生中,招收本科毕业生比例相对较高;招收的区域也存在差异,经济相对较发达地区(如华南地区、华北地区、华东地区)的招聘比例较高;招收单位的性质和规模发生影响,企业、大型用人单位招聘比例相对较高。

(2)用人单位需求意愿。社会需求意愿仍然较强,91%的单位表示今后相当一段时间内都会有招聘意愿。经济发达地区的需求意愿更为强烈。从层次和院校看,本科人才仍是需求主体(调查发现,超过61.30%的用人单位希望在今后几年内招聘到本类专业的本科毕业生,希望招聘到硕士毕业生的单位占总体的25.4%,对博士研究生有需求的单位仅占2.4%),重点院校毕业生较受欢迎。从需求专业看,市场营销、人力资源管理、会计学三个专业最受青睐,而工商管理专业需求排名第五(占用人单位对具体专业的总需求的25.8%),财政学等专业较受冷落。

(3)对毕业生相关因素的重视程度。用人单位最重视毕业生的综合素质、实际能力和专业知识;最不重视的是社会关系、性别和学习成绩(数据统计表明,用人单位在招聘本类专业毕业生时,最重视的因素是综合素质,达87.6%;其次是实际能力,达78.4%;被选择最少的是"社会关系"和"性别",分别只有9%和10.1%)。值得注意的是,党政机关对性别和学习成绩相对重视。调查显示,近三年来国有企业、民营企业和三资企业是本类专业毕业生主要的就业方向。因此,就业渠道与就业市场决定了本类专业毕业生必须具备"应用型""复合型""专门型"特征。

(4)对已被聘用毕业生的评价。用人单位对毕业生的各项指标评价平均数均在3.5以上(5点计量制),其中最满意的是工作态度、合作精神和综合素质,排在最后三项的是开拓创新精神、外语水平和计算机应用水平。

(5)用人单位对人才供求的主观判断。64.6%的社会用人单位认为本类专业本科人才供大于求,但不同地区用人单位的判断差异较大。23.0%的社会用人单位认为供求基本平衡,12.4%的用人单位认为供不应求。

(6)对人才培养工作的看法与建议。社会用人单位认为,与实际部门缺乏联系和交流、教学设施落后、对市场前沿问题关注较少和教学管理弱化是人才培养工作中的主要问题。在21个选项中,用人单位认为最需加强的是:分析与解决问题能力、敬业精神、人际沟通能力、组织协调能力和心理承受能力。

2.人才培养状况

(1)专业、规模与布局。1998年本类专业只有14种,到2004年增加到28种。1998年本科专业点为1276个,到2004年增加到2866个。在28种专业中,国际经济与贸易等10种专业占全部专业点数的90%以上。专业点最多的国际经济与贸易专业占到全部点数的 13.05％。1998 年以来,学生规模大幅度增长,截止 2003 年,已达到 127 万人。不同学历人才培养规模与社会需求之间仍存在差距。2003 年的统计数据显示,博士、硕士、本科人才的培养规模均小于需求规模,但是专科层次人才的培养规模远远大于需求规模。

与此同时,专业布局也发生了较大变化。20 世纪 90 年代中期以前,本科专业点主要分布在财经类院校和综合性大学。目前,在全部本科专业点中,理工类院校占 33.88％,综合大学占 21.74％,财经类院校占 18.74％,农医类院校占 6.59％。四大类院校共拥有 2320 个专业点,占 80.95％,形成了专业分布的新格局。

(2)培养目标和培养模式。学校、教师、学生和用人单位都比较集中地认为,本类专业本科层次教育应主要培养复合型或应用型人才。教师和学生认为专业设置基本适应经济社会需要,但与用人单位的实际需要有一定矛盾;各专业课程结构被认为基本合理。本类专业教授比例比学校平均水平高,双语教学态势好,但教授主讲本科课程比例偏低。

(3)教师和学生最重视的质量因素。专任教师认为,综合素质、创新能力、学习能力、专业知识和社会责任感,是最值得重视的五个质量因素。学生认为,综合素质、创新能力、实际工作能力、交际能力和专业知识,是最值得重视的因素。

(4)就业状况。调查选择社会议论最多,专业点和规模也相对较多、较大的国际经济与贸易、会计学、金融学和财务管理四个专业进行。结果显示,近三年间四个专业的就业情况较好,平均就业率在 85％以上。从学校层次看,"211 院校"的平均就业率均低于非"211 院校"。选择到三资企业就业的学生比例最高,达到 64.8％,其他依次是政府部门(50.7％)、自我创业(33.2％)、高等学校(31.8％)、民营企业(30.3％)和国有企业(27.4％)。由于就业压力等原因,学生进入研究生层次深造的意愿日趋强烈。

二、当前工商管理本科教育存在的问题

1. 专业趋同化,专业特色不明显

我国高校教育有着浓重的计划体制色彩,高校的专业设置和培养方案的制订,更多地受自上而下的管理体制的影响。目前,高校主要专业设置基本雷同,专业培养目标和方案基本以教育部的工商管理专业核心课程为基础,专业培养方案基本相同,专业特色不够明确。各个高校所吹嘘的所谓的特色,基本上是泛泛而谈,大同小异。此外,专业培养方案不能够根据管理实践的变革和培养对象特质的变化及时调整更新,学校在培养方案和目标的制定中处于主导地位,缺乏

对培养目标的有效落实和考核反馈;课程和课程之间缺乏有效的衔接和深化。

2.专业定位不符合社会实际需要

工商管理本科教育的培养目标是培养具备管理、经济、法律及企业管理方面的知识和能力,能在企业、事业单位及政府从事管理以及教学、科研方面工作的工商管理学科高级专门人才。工商管理的主干课程:管理学、微观经济学、宏观经济学、管理信息系统、统计学、会计学、财务管理、市场营销、经济法、运营管理、人力资源管理、企业战略管理等。由此可见,工商管理本科所开的课程所涉及的面及其广泛,但又大都泛泛而谈。同时,从企业管理的层次和职能来看,对人才的需求分为三个级别:(1)高层管理者:把握战略全局,要求知识和经验技能必须全面,要掌握概念技能;(2)中层管理者:分管某一职能部门或具体项目,要求同时具有专业技能和整体视野;(3)基层管理者:作为中高层的后备,执行具体职能工作,应有扎实过硬的具体专项工作知识和能力。因此,可以发现:工商管理专业本科毕业生处于极其尴尬的地位,做学术研究,学历太低,根本竞争不过研究生;做基层管理者缺乏扎实的技能;做中、高层管理者,更是天方夜谭,哪个单位也不可能让一个涉世未深,毫无经验的本科毕业生做中高层管理者。所以,要么从办公室打杂开始,要么改行。

3.师资质量有待提高

工商管理专业是一门和实践结合紧密的学科,因此,必须注重应用,并积极和市场接轨。当前,各高校的教师学历越来越高,理论研究能力越来越强,但学校教授的理论知识往往脱离工作实际,这些专业知识往往缺乏针对性和实用性,是典型的纸上谈兵。由于受到客观条件的限制,很多教师根本没有实际的企业工作经验,更别谈企业管理经验,却大谈特谈企业管理;很多老师也没有创业经验,但却大谈创业管理,做"创业导师"。类似情况,数不胜数,最终教学结果可想而知。

4.教学为主,科研为辅的理念有待提高

当前,全国高校行政化、科研化、项目化之风盛行,教学工作的物质和精神激励力度太小,大量的资源向行政和科研集聚。大学老师需要以项目和论文求生存和发展,教学能力强而科研实力弱的老师,越来越被边缘化,在大学中逐渐失去生存的空间,"重视教学"在中国大学中逐渐沦落为一种口号。以浙江大学朱淼华老师为例,朱老师课教得很好,上课口碑极佳,学生给打高分,但因为没有论文,岗位考评不及格,已经48岁了,目前还是讲师。学生是学校的根本,综观世界一流大学,几乎没有一所大学不重视教学尤其是本科生的教学的。工商管理

本科教育,也深受目前中国大学办学理念不正的不良风潮影响。

三、对策与建议

1.深化专业教学内容和课程体系的改革

针对现行工商管理专业的课程体系几乎囊括了所有经济与管理的核心课程,缺乏自身专业特长和不利于学生兴趣与个性发展的现状,可以通过"3＋2"的模式加以解决。工科专业的学生修满三年学业后,若对管理感兴趣,可根据学生自愿和经济管理学院考查相结合的原则,让一部分学生转到经济管理学院再读两年经济管理的核心课程,毕业后获得工科、管理学双学士学位。而本身学工商管理专业的学生,则可根据自己的学习状况和学习兴趣,辅修第二专业,比如:会计、财务管理、市场营销等解决工商管理专业泛而不专的问题,通过5年学习,给予双专业文凭。

2.加强实践教学环节,取消本科毕业论文

教学录像观看:从学生入校开始,学校为学生安排大量的与企业及管理相关的录像,让学生了解企业、热爱企业,能从成功企业的经验上得到管理理论的感悟。企业实习:从学生入校开始就为学生建立工商管理专业的实习基地,加大学生与企业联系的程度,组织学生到公司、工厂见习、实习。以实习单位为研究案例,以毕业实习报告的形式来取代毕业论文,使学生有更多的经历投入到实习单位中去。聘请各类企业主为学生的兼职导师,通过定期给学生做讲座的形式,提高学生的实践水平。

3.深化高校教师分类体制改革,完善高校教师的考核指标体系

工商管理专业的社会实践性非常强。设立教学型、科研型和社会服务与推广型的工商管理专业教师分类体系,取消教学科研型教师类别。科研型教师可以不考核教学,主要侧重于纵向课题的研究和高质量论文的发表。社会服务与推广型教师可以不考核教学,主要侧重于横向课题。教学型教师主要考核本专科生以及研究生的教学,不考核科研,通过鼓励教学型老师企业兼职的方式,来提高工商管理教学型教师自身的实战能力。职称资格申报时,按照不同类型的教师,采用不同的职称评价体系。科研型教师主要以高质量论文和纵向课题作为评价标准;社会服务与推广型教师主要以横向课题的经费额度和社会反响程度作为评价标准;教学型教师注重教学改革与研究,以教学效果和学生评价好坏作为评价标准。

4.切实转变大学的办学理念,贯彻以人为本的思想,提高教学资源投入

大学不需要大楼,需要大师,特别需要的是教育家,教育大师。毕业生质量是评价一个大学办学成果的最根本标准。大学必须强化教学为主,科研为辅的办学理念,提高大学的教学水平,切实提高办学水平。完善激励机制,通过利益驱动,提高课酬,来切实提高教师教学的积极性。学校应该优先考虑教学,把有限的资源,优先配置于教学活动之中。横向课题对大学学科建设来说,其价值几乎为零,而工商管理专业社会服务和推广型教师,在申请和做横向课题时候,占用了大学资源。因此,可以通过学校提成的方式,把部分横向课题经费用于提高课酬,从而调动教师上课的积极性。

(作者单位　浙江财经大学工商管理学院)

[参 考 文 献]

[1] 申彩芬,孙惠芳. 对工商管理专业人才培养模式的思考[J]. 石家庄经济学院学报,2003,26(4):576-578.

[2] 李华荣. 工商管理类专业建设的理论与实践问题探微[J]. 中北大学学报:社会科学版,2008,24(6):23-27.

[3] 王鲁捷. 工商管理专业创新型管理人才培养模式实践研究[J]. 中国高教研究,2003(3):88-89.

[4] 张向群. 工商管理专业创新型人才培养模式改革探析[J]. 宁波大学学报:教育科学版,2008,30(5):86-89.

[5] 教育部高教司. 普通高等学校经济类、工商管理类本科人才社会需求和培养现状调研报告[M]. 北京:中国人民大学出版社,2005.

[6] 朱亚兵,王丽娜. 工商管理专业特色建设研究——以普通财经类院校为例[J]. 技术经济与管理研究,2012(1):68-71.

[7] 姚正海. 关于工商管理类本科人才培养模式的思考[J]. 南京航空航天大学学报:社会科学版,2005,7(3):83-86.

[8] 李友俊,邵强,关欣. 工商管理专业应用型本科人才培养措施[J]. 教育与现代化,2008,(2):26-29.

[9] 郭四代. 工商管理专业就业困惑与途径分析[J]. 物流与采购研究,2009(36):81-82.

[10] 郝英奇,孙班军,李锋,等. 工商管理专业人才培养模式改革探索[J]. 石家庄经济学院学报,2006,29(5):697-700.

工商管理专业人才培养的问题和改进对策研究[①]

翟晓叶　谢凤华

[摘　要]　现阶段工商管理专业教学方式存在很多弊端,如何培养适合市场需要的工商管理人才成为相关领域探讨的热点课题。本文通过在问卷星网站进行问卷调查,了解到该专业学生对所在院校的工商管理培养方式满意度不高,对实践课程、案例教学、实习等需求强烈。在对所得数据进行分析的基础上,结合工商管理专业实际,本文最后提出相关对策建议。

[关键词]　工商管理;人才培养;满意度;课程设置

当前国内高校工商管理培养方式存在诸多问题:专业培养目标不够明确;课程设置不够合理,缺乏充分实践性;教学材料陈旧,未与时俱进;教学方式传统保守,未以市场需要为选择依据。在我国经济社会迅速发展的今天,工商管理专业人才需求增大,优秀的工商管理人才是我国经济继续发展的有利保障之一,而有缺陷的人才培养方式却成为制约工商管理人才队伍壮大的重要瓶颈。改革工商管理培养方式,提高学生专业素质,必须以市场需求为导向,以学生个性为出发点,立足现在,展望未来需求,设置完善的课程体系,才能培养合格的现代化工商管理人才。

---

①　翟晓叶,谢凤华,工商管理专业人才培养的问题和改进对策研究,湖南省教育科学"十二五"规划课题:中国工商管理硕士培养模式特点、培养质量评估和培养策略研究(课题编号:XJK011BJG004)和湖南省学位与研究生教育教学改革研究项目:基于中外比较的中国工商管理硕士(MBA)培养质量提高的策略和评估指标体系研究(课题编号:JG2010B020)的资助。

一、相关文献回顾

工商管理本科专业人才培养方式改革是有关高校生存和我国宏观经济发展的重要问题,这方面的研究吸引了很多国内学者。何东(2009)认为服务好地方经济是地方高校工商管理专业的重要使命,高校须研究地方需要,寻求产业化发展。丁颖,周春雷(2009)通过对传统教学和体验教学的优缺点比较,认为体验式教学方式相比传统教学方式效果会更佳。张成科,冯冈平(2009)认为对于工商管理实践课程须采取模块化管理和层次化管理的综合管理方法,全面、有效地控制实践课程质量。陈晖(2009)认为工商管理专业人才培养要以市场、企业需求为导向,设置能够完善人才素质结构的课程模式。同样,罗华,何建洪(2011)也认为市场对工商管理专业学生的素质与能力需求是高校制定和实施该专业培养模式的战略出发点。曾璐,孙玺(2012)通过对中德工商管理专业培养方式的对比,提出我国工商管理专业需要改善创新实践环节,更加注重学生实践能力的培养。在此之前,李云梅(2010)曾对中美工商管理培养模式进行了比较,提出我国工商管理专业在课程设置方面要遵循市场需要和内在逻辑,培养学生的应变能力、领导能力等综合素质。

以上学者大都是采用对比分析方法,提出我国工商管理专业培养模式改革建议。为更好地结合实际进行培养方式改革,很多学者选择了问卷调查法。王坤,蒋国平(2010)通过对某年级全体学生问卷调查,发现学生对课程、教学方法、学业指导和专业特色满意度均不高,他们认为需要加强课程和理论的结合,丰富教学方式,加强教师课后指导,完善课程制度。陈树良(2011)采用简单随机抽样对大二、大三、大四三个年级 60 人进行问卷调查,采用聚类分析和交叉分析对数据进行统计。他认为工商管理专业应该实行"厚基础,宽口径"的培养方式,在低年级不设专业方向,而在高年级设置财务管理和人力资源管理两个方向,结合人才培养目标、课程体系建设和实践教学三个方面,培养优秀的工商管理应用型人才。他的这一建议在很多高校得到了应用。

综上所述,国内学者一般采用对比分析法和问卷调查法对工商管理专业人才培养方式进行研究。使用问卷调查方法进行研究的文献中,调查对象集中在在校学生,已就业的该专业学生未纳入调查范围。本文为保证研究的可靠性,仍采用问卷调查进行研究,但是所选的调查对象包括在校学生和工商管理专业毕业生,这更能保证数据的权威性,是对现有研究的很好补充。

二、研究方法

1.问卷设计

问卷调查具有客观统一、效率高、结果统计数量化和费用低的优点,它已成为很多课题研究的重要工具。考虑到数据的适用性和获取数据的时间限制,本次问卷调查主要采用网上调查方式。问卷内容包括三方面:问卷开头的感谢语和保密协议,问卷正文和问卷结尾。问卷正文共 27 道选择题,均为必答题,其中 22 道单选题,5 道多选题,涉及学生对当前工商管理专业培养方式的事实表述和学生对培养方式改革的对策建议。问卷的结尾是一道可选填空题"请您为更好地进行工商管理专业培养方式的改革提些宝贵建议"。设置此题主要是为听取学生内心想法,广泛征求改革意见。学生意见是最真实和最宝贵的,对制定工商管理专业人才培养战略具有重大参考价值。

2.调查内容

本次调查的内容主要是该专业学生对所在院校工商管理培养方式的满意度以及提出的工商管理课程设置和教学方法改革建议,具体包括事实描述、态度调查、满意度调查和相关建议。事实描述有学生自身情况、专业课程的上课人数和教学材料新颖度、理论课时和实践课时比例等。态度调查包括本专业前景、基础量化课程态度、理论学习和社团活动重要性评价、课程实用性评价。满意度调查有专业培养方式满意度、授课教师满意度等。相关建议集中在培养目标定位、培养方式、能力培养、实习频率和时间、课程设置方法等方面。

三、调查问卷分析

1.调查对象描述

参与本次网络调查的人数共 96 人,删除 21 份不合格问卷,有效问卷为 76 份,76 人中男性 38 人,女性 38 人,男女比例均等,保证了数据客观性。76 个调查对象中,34.21%是学生,65.79%属于工商管理专业毕业的社会工作者,此类群体既接受过工商管理专业的培养,又具有一定的社会经验,对工商管理专业人才培养方式改革的建议能够反映社会对此类人才的各方面需求,增加了数据的可信度。对于调查对象之所以就读工商管理专业的原因,所得数据如图 1 所示,比例最高的是"自己的职业生涯规划",说明在选择专业阶段,该专业学生对工商管理专业有一定了解,他们对相关课程设置和事物评价是客观中立的,减少了主观性,增强了数据适用性。

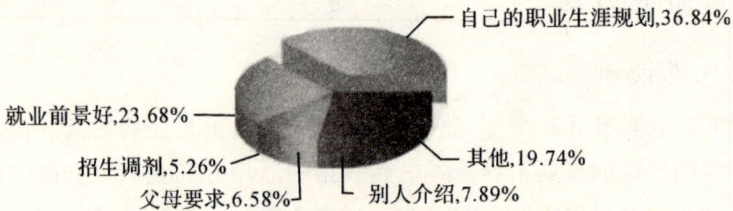

自己的职业生涯规划,36.84%
就业前景好,23.68%
招生调剂,5.26%
父母要求,6.58%
别人介绍,7.89%
其他,19.74%

图1 选择工商管理专业的原因构成

2.调查结果基本分析

(1)实际情况反映。调查数据显示,86.84%的调查对象所在院校设置的课程"大部分是理论课时","实践课时较多"的仅占1.32%,"两者比例差不多"的也只有11.84%。当前工商管理专业上课人数主要以大班为主,60—120人在一个课堂上课的占51.32%,仅10.53%的调查对象所在院校是1—30人一起上课。大班的学习,影响教学效果,也不利于发现学生个性特点,做到因材施教。对于实习频率,数据如表1所示。实习是将课堂所学理论知识用于实践的过程,可以牢固学生掌握知识程度,激发学生学习热情,实习的缺少是制约工商管理专业优秀人才培养的障碍。虽然课程课时方面的安排不尽理想,但是四年光阴,对于每个人来说,都会有或多或少的收获。在"通过本专业的学习,您觉得自己哪些方面得到了提高?"调查中,每个调查者均对自己的提高方面进行了总结,具体数据,如图2所示。

表1 工商管理专业实习情况

选项	小计	比例
半年一次	9	11.84%
一年一次	9	11.84%
仅毕业实习一次	54	71.05%
从不	4	5.26%

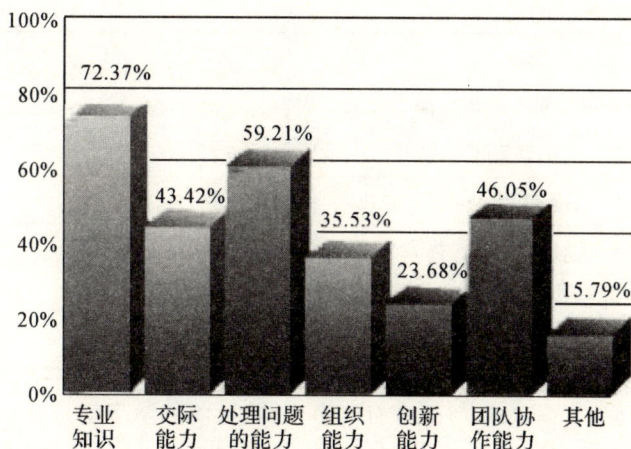

图2 调查者提高的能力分布柱状图

(2)满意度调查分析。调查对象中,比较了解本专业(包括培养目标、培养方式和课程设置)的占43.42%,了解的占35.53%,非常了解的仅占9.21%,不了解的占到11.84%。在对工商管理专业的印象描述中,高达48.68%的人群认为此专业"泛而浅"。工商管理对人才的综合素质要求较高,涉及经济、管理、会计、计算机等各方面,但是如此高比例的负面评价反映此专业较差的培养现状,必须调整培养方式,才能符合专业培养目的。在"您对现有的工商管理培养方式满意吗?"调查中,满意和很满意的只占23.69%,不满意和很不满意的占到26.32%,工商管理培养方式满意度不高是摆在高校和学者面前的难题。低满意度可能与老师授课方式、所用材料、课程的实用性有关。认为老师所用材料与时俱进的仅占11.84%,39.47%的人认为所用材料陈旧,非常有必要更换或摈弃。而对所学课程实用性评价中,仅7.89%的人认为实用性较强,9.21%认为大部分课程不实用,更有28.95%的人认为部分课程实用性不大,应该取消。课程的实用性影响学生兴趣和素质培养,从市场需求出发,增强实用性课程设置,会极大地促进培养方式改革。在对课程设置的进一步调查中,认为"理论课时太多,实践课程太少"的比例高达71.05%,其他数据如表2所示。

表2 对所在院校设置的工商管理课程评价

选项	小计	百分比
专业技能培养过少	32	42.11%
专业面过宽,没有针对性	45	59.21%

续　表

选项	小计	百分比
课程冗杂,部分课程对专业工作能力帮助不大	46	60.53%
各学科间的联系不够紧密	25	32.89%
内容陈旧,不能适应社会发展速度	23	30.26%
理论知识太多,实践课程太少	54	71.05%
适应时代需要	6	7.89%
课程很前沿	3	3.95%

(3)态度分析。大学与高中有诸多不同,社团的增多就是其一。对社团和理论学习的评价也是一个见仁见智的问题。在调查中,36.84%的人认为两种都重要,不能区分好与不好;32.89%的人认为社团活动更重要,更能锻炼人的能力。这反映出工商管理专业学生对社会实践的重视,对实践机会的渴望。对于理论课程里面的定量化课程,55.26%的人认为有助于培养逻辑思维能力,有必要开设,但是35.53%的人却认为要根据学生个人发展需要,如考研、就业,由学生自主选择是否学习。从大多数人的意见看来,此类定量分析类课程是有必要开设的,但是开设的方式却又是一个值得探讨的问题。在专业发展前景看法调查中,各种态度持有者所在比例如图3分布。

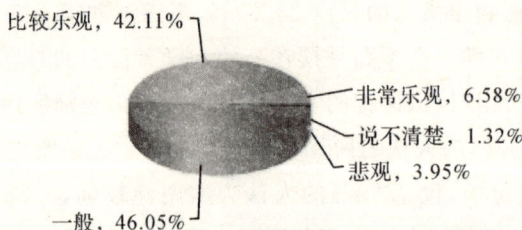

图3　对工商管理专业发展前景的不同态度

(4)对工商管理培养方式改革的对策建议分析。对工商管理培养方式改革做过研究的学者中,很多人认为工商管理专业培养目标存在模糊不清的弊端。本次调查中,39.47%的调查对象认为工商管理人才培养目标应该定位为培养"创新创业型人才"。目标的定位决定过程的选择;50%的调查对象认为学校非常有必要组织学生外出实习。同样的,需要重点培养的能力方面调查数据也反映出学生对实践能力的重视,如图4所示。很多学生学习本专业时的职业规划并不成熟,为提高教育教学质量,学校必须实时实地地对学生进行职业规划培训。40.79％的调查对象赞同在大二开设职业规划课程，这可能与大二学生的特殊状况有关。为使教学内容贴近社会实际，满足学生认知社会的需求，现在很多院校都开设了"双导师"制度。调查中，52.63％的人认为非常有需要设置"双导师"制度，55.26％的调查者认为工商管理专业应该尽量多地采用案例教学，用案例启发学生思考和理解管理理论。案例教学是课堂内实践课程的一种，对是否采用实验、实践教学方式的课程也进行了相关统计，如表3所示。从表中可以看出，对专业课程采用实验、实践教学方式的呼声都较高，每个课程的比例均超过30％。对于专业选修课的修读，68.42％的调查者认为应该由学生根据自己的定位而自主选择。当然，理论课程学习也是工商管理专业学生必须掌握的，在需要哪些证书选择中（多选），选择英语证书的比例最大，占68.42％；其次是人力资源管理师，占64.47％。针对学生需求，学校应该开设相关辅导班级，提高考试通过率。

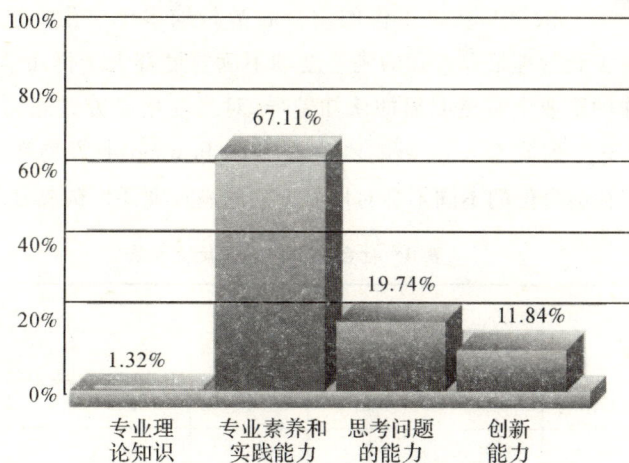

图4　需要重点培养的能力

表3　需要设置实验、实践课程的科目及各自受支持比例

选项	小计	百分比	选项	小计	百分比
市场营销学	48	63.16％	质量管理	28	36.84％
其他	4	5.26％	生产运作与管理	35	46.05％
企业文化	33	43.42％	人力资源管理	51	67.11％
英文原著选读	6	7.89％	管理学	48	63.16％

续　表

选项	小计	百分比	选项	小计	百分比
商务英语	30	39.47%	技术经济与管理	22	28.95%
证券投资	36	47.37%	财务管理	48	63.16%
管理咨询	34	44.74%	统计学	39	51.32%
工业工程	23	30.26%	信息管理系统	31	40.79%
基础会计	35	46.05%	VF 数据库技术	25	32.89%

3. 社会身份与满意度的交叉分析

社会身份是否影响对工商管理培养方式满意度,本文对此进行了交叉分析,具体内容见表 4 所示。从数据上看,已经从事工作的调查者,"不满意"和"很不满意"人数均大于仍是学生身份的调查者。但是"很满意"一栏中,两者数据相近,"满意"和"一般"中,从事工作的调查者数量均多于学生。总体说,从事工作的调查者对工商管理培养方式的满意度和不满意度都大于仍在学校的学生数量,说明已工作的毕业生有更明显的认知差异,对当前培养方式态度存在很大不同。但是,社会身份到底会不会影响满意度? 在 Pearson 卡方检验中,双侧 Sig. 为 0.544,说明社会身份的不同不会对培养方式的满意度评价构成显著影响。

表 4　社会身份与满意度交叉表

		满意度					合计
		不满意	很不满意	很满意	满意	一般	
社会身份	工作者	11	3	1	9	25	49
	学生	6	0	2	6	13	27
合计		17	3	3	15	38	76

4. 性别与满意度的交叉分析

近些年,因为经济发展和女性权利与男性权利日趋平等,很多高校出现"阴盛阳衰"的局面,很多工商管理专业都呈现男女性别比例失衡的现状。男女性别属性对满意度会不会造成影响? 通过分析,发现两者相差不大,见表 5 所示。卡方检验的 P 值为 0.416,也说明两者相关系数可能为零,相互之间未存在显著关系。高校此专业培养方式的满意度不会因为所招学生的性别差异,而获得更高满意度。

表5　性别与满意度交叉表

		满意度					合计
		不满意	很不满意	很满意	满意	一般	
性别	男	7	2	3	7	19	38
	女	10	1	0	8	19	38
合计		17	3	3	15	38	76

四、结论建议

根据以上分析,我们了解到学生对工商管理培养方式的满意度与其性别属性和现在的社会身份无关,无论男女,无论是社会工作者还是学生,对培养方式的满意度均不高,学校不能指望通过控制招生中的男女性别比例来改变本专业满意度。学生工作后,对培养方式的满意度也不会发生改变,高校也不能希冀学生出校后,而改变对本校本专业的看法。高校只能从本专业自身出发,改善各个体系,才能从根源上提高培养方式满意度,培养优秀人才。

结合分析结果和调查对象在最后开放题中提出的意见,本文归纳得出以下几点建议:

1.培养目标定位

明确人才培养目标,将工商管理专业定位为培养创新创业型复合型人才,一切相关工作围绕目标定位而展开。工商管理专业的设置目标就是培养适应我国经济社会发展需要的,德、智、体全面发展的,综合素质高的工商管理专门人才。努力培养应用型工商管理专业人才,提升大学生综合管理应用能力。创新是推动经济社会进步的力量源泉,将本专业人才培养作为载体,提高人才创新能力。

2.培养体制设定

现代社会对人才的要求由单一型向专业型、复合型转变。工商管理专业的特殊性决定了本专业人才的复合性。国家应提供经费补贴,鼓励院校为本专业学生设置"双导师"制度。排除相关的院校等级歧视,允许各个有条件的高校设置"双学位"制度。让学生能够根据自己的发展选择修读感兴趣的课程,高校应积极为培养合格的工商管理人才而努力,争取政策支持,加强政策落实,一切从学生需求和社会需求出发,培养满意的专业人才。在当前严峻的就业形势下,高校可以尝试设置"双证书"制度,将"双证书"制度纳入培养体系,全面提升学生职业能力和技能水平。

3.课程设置

课程设置应该遵循广而博,精而深的原则;总体上,实习实践课时比例要大于理论课时比例;增设自我认知心理课堂,提高学生对自我的认知度;在大三设置职业规划课,帮助学生拟定未来发展计划,进行有目的有针对的人才培养;用雄厚的师资力量,来提高教学质量,同时完善硬件基础设施,提供良好环境;丰富课本内容,改革教学方式,更多地采取案例、互动等现代化教学方式;课程设置要着重培养学生的综合素质。

4.实习实践

注重实践,实行理论与实践交叉教学,真正做到学以致用;注重实践,可以设置模拟公司管理运作的课程;有条件的学校,应该从大一开始,每年寒暑假组织学生去企业实习,增加学生对实体企业了解,提高学生社会生存能力;借鉴国外先进经验,加强理论与实践的结合。在进行实习实践过程中,学校最应该做的是制定实习方案,增加实习次数,校企联合不能仅仅成为教师和企业合作的途径,更应成为锻炼学生动手能力的重要方式。

5.教师素质

教师素质的高低影响教学质量,直至影响学生的素质。高校应定期对学生满意度进行测度,对教师教学方式进行调查,对教学质量进行考评,不断优化,不断改进,以培养优秀的工商管理专业人才。对教师任职资格进行规范,不仅教学方法要符合时代要求,专业知识深厚牢固,还应该要求其具有企业实践或任职经历,具备相关职业资格证书,能够在课堂上间接地对学生应用实践能力进行影响。

工商管理培养模式改革是一项系统工程,需要管理体制、教育体制等各项制度的不断完善,也需要政府、企业及社会每个团体和个人的支持。设置工商管理专业的各大高校,首先要深入了解市场对工商管理人才的需求,确定人才培养目标,以培养目标为中心进行人才培育,塑造更多优秀管理人才,推动中国教育和中国经济发展。

(作者单位　翟晓叶:湘潭大学商学院,谢凤华:浙江财经大学工商管理学院)

[参 考 文 献]

[1] 何东.地方高校工商管理学科服务地方经济探析——以西华大学管理学院为例[J].高等教育研究,2009,26(3):24-27.

[2] 丁颖,周春蕾.独立学院工商管理专业体验式教学模式探索与应用[J].现代经济,2009,8(9):148-149.

[3] 张成科,冯冈平.工商管理实践课程质量管理的模块化和层次化[J].理工高教研究,2009,28(5):84-87.

[4] 陈晖.基于高职院校工商企业管理专业人才素质结构的课程模式研究[J].职业时空,2009(12):91-93.

[5] 罗华,何建洪.基于需求的我国高校工商管理人才培养分析[J].兰州教育学报,2011,27(2):91-93.

[6] 曾璐,孙玺.中德应用型工商管理专业培养方案比较研究[J].经济师,2012(1):149-151.

[7] 李玉梅.中美大学工商管理本科课程比较研究[D].华中科技大学博士学位论文,2010(6):60-62.

[8] 王坤,蒋国平.工商管理专业人才培养满意度实证研究[J].中国管理信息化,2010,13(1):122-124.

[9] 陈树良.工商管理专业应用型人才培养的调查分析[J].辽宁工业大学学报:自然科学版,2011,31(6):402-404.

[10] 刘辉.应用型工商管理类人才培养模式创新研究与实践探索——以宝鸡文理学院工商管理人才培养实验区建设为例[J].宝鸡文理学院学报:社会科学版,2011,31(6):113-116.

在工商管理专业教育中推进
社会责任投资理念

刘　辉

[摘　要]　国外研究表明,众多注重社会责任的企业已获得较为突出的经营绩效,全球范围内社会责任投资规模迅速扩张,反映出全新的社会经济环境正在形成。通过科学的专业教育,让工商管理人才积极从事社会责任投资,是让个人价值与社会利益达到和谐统一的理想途径。

[关键词]　社会责任投资;工商管理专业;可持续增长

为了实行可持续发展战略,工商管理教育中需要推进社会责任投资的专业理念,并科学引导投资行为。社会责任投资(Socially Responsible Investing,简称 SRI)与通常投资不同之处在于,在选择投资目标时不仅考察其财务、业绩情况,同时关注其履行社会责任的情况,注重劳资关系、环境保护、社会道德、公共利益以及公司治理等方面,是一种更具绿色发展和可持续增长理念的投资方式。因此,通过科学的专业教育,让工商管理人才积极从事社会责任投资,是让个人价值、经济利益与社会利益达到和谐统一的理想途径。

一、全球社会责任投资兴起:从理念到行动

在许多国家中,企业的社会责任意识已经跨越法律方面的基本要求,进而逐步重视和强调在道德层面有更高要求的作为,企业社会责任中主动包含了人权原则、国际劳工标准和国际环保要求等内容。众多积极承担社会责任企业已经取得良好的经营实效,实质性地引导着企业的战略决策,社会责任正在从理论观念演变成企业的战略行动方向指导,并成为企业可持续增长的重要因素。在可持续发展理念的指导下,投资者们积极关注企业社会责任行为,开展投资评估并

果断地进行投资,形成社会责任投资的全新价值理念,使社会经济价值观和社会道德价值观得到理想的结合。

企业的社会责任导向已成为投资者决策的重要方面,承担社会责任的企业有更好的成长前景,投资者更愿意进行社会责任投资(I. Ioannoum,2010)。Constantin Belu 和 Cristiana Manescu(2013)在最新发表的论文中指出,企业可能通过社会责任行为建立竞争优势,这是投资者和管理者们最关心之处。2012年在美国奥斯汀的专题会议上,与会者指出了企业社会责任的 3 个新趋势,即实际可利用性、环境和社会友好性及共同创造分享价值性。显示企业社会责任在全球追求可持续增长的背景下,已从理想主义愿望逐步变成经济务实派的行动趋势。

近年来,在对世界不同地区 SRI 研究方面,有一些新的积极研究结论值得关注。Maretno Harjoto 和 Hoje Jo(2011)以罗素指数 2000(Russell 2000)、标准普尔指数(S&P 500)和多米尼 400 社会指数(Domini 400 social index)中的企业为样本,观察了从 1993—2004 年的数据发现,企业履行社会责任对经营绩效与公司价值有积极影响。多米尼 400 社会指数就是美国建立的一种社会责任投资指数,选定在社会责任绩效方面较有成就的 400 家公司作为投资对象,整体经营绩效突出,平均年收益率超过同期标准普尔 500 指数企业。在社会责任方面颇有争议的产业领域(如军火、石油、水泥、生物技术)内,Ye Cai、Hoje Jo 和 Carrie Pan(2012)专门研究了大量美国企业样本,通过对 1995 年至 2009 年历年数据来看,履行社会责任有利于提升企业价值。Neil Ford(2012)发现并指出,在非洲的企业越来越注重社会责任,外资企业努力使产品、服务与经营活动造福于当地社会,与当地政府形成良性互动。Susan Forbes 和 Malcolm McIntosh(2011)则研究了亚太地区企业,发现履行社会责任有利于企业可持续增长。在新兴市场国家中,巴西的 Eduardo Ortas 等(2012)分析了富有影响的巴西企业可持续发展指数(Brazilian Corporate Sustainability Index),发现在股市牛市阶段中 SRI 也可获得理想的回报,但在金融危机时期投资效果就差强人意。从投资市场反映的情况看,企业社会责任从整体上有可能带来较好的投资回报。

二、全球社会责任投资实践

值得我们关注的是,正是由于企业社会责任行为带来的良好财务表现,世界上许多投资者对企业责任行为表现出普遍的认同,并用实质性的投资行为表示对此的长期信心。从国际实践来看,宏观环境的变化对企业社会责任行为有着深刻的影响,企业推进社会责任是有利于提升财务绩效和长期发展的。在很多国家中,对企业社会责任的认知不仅体现着先进观念,也正在创造着实质性的理想财务收益,激励着企业向社会责任转型。公众投资在流向社会责任型企业,利益相关者在共同创造和分享着可持续的财务价值。

目前,在美国、英国、荷兰和瑞典等国家已拥有与 SRI 相关的金融产品,正在形成国际性的社会责任投资市场。美国的 SRI 从 2007 年到 2010 年间增长了 182%(Mei Sun 等,2011)。据欧洲可持续投资论坛(European Sustainable Investment Forum,EUROSIF)最近报告,欧洲的社会责任投资行业约有 5 万亿欧元规模,两年中增长了 87%。专家还建议欧盟积极推动对投资者的沟通引导,大力推介前景良好的社会责任投资。Eduardo Roca(2010)等还发现,各国 SRI 市场正在呈现相互影响的趋势,全球一体化态势正在形成,美国和英国的市场联系紧密,而加拿大和澳大利亚的市场就受到波及且影响明显。目前,欧美市场主导了全球社会责任投资,全球范围内规模迅速扩张的 SRI 反映出全新的社会经济宏观环境正在形成。

目前,世界上已有约 116 种 SRI 指数在近年创立,其中有面向全球市场的,如 FTSE KLD Sustainability Index indices(2008 年创立)、Dow Jones Sustainability Index series(1999 年创立),也有面向区域市场的,如日本的 Morningstar Socially Responsible Investment Index(2003 年创立)、巴西的 Bovespa Corporate Sustainability Index(2005 年创立)、中国香港 The HangSeng Corporate Sustainability Index(2010 年创立)等。这些投资指数的出现证明,在当今世界经济社会环境条件下,无论是在发达国家还是在发展中国家,包括金砖国家,企业社会责任行为已逐渐成为企业和社会共赢的行动模式。

三、正在兴起的我国企业社会责任投资

由于经济发展阶段性的原因,对企业社会责任的认识还有待进一步提升,相对应的社会责任投资在中国还处在起步阶段。工商管理人士质疑的核心问题是:中国现阶段进行社会责任投资是否时机成熟,注重社会责任的同时投资回报是否得到保证?

一批研究成果关注了企业履行社会责任对其财务绩效的影响。万寿义和刘正阳(2011)设计构建了企业社会责任成本信息评价体系。以 381 家沪深 300 指数上市公司为样本,从样本总体和分行业两个角度,研究了企业社会责任成本与公司价值的相关关系,结果发现各行业回归差异较大,应充分考虑不同行业社会

责任履行的差异。杨汉明、邓启稳（2011）以在披露社会责任信息的国内上市公司为研究对象,分析企业可持续增长、社会责任与企业绩效之间的相互关系,发现企业社会责任与可持续增长率之间相关但不显著。陈德萍（2012）利用2007—2010年的财务数据,对我国企业社会责任与财务绩效关系进行实证研究,发现我国企业履行社会责任能够对财务绩效的长期提高起到积极作用。企业通过承担社会责任来获得利益相关者的积极支持,企业社会绩效有助于企业积累更多的社会资本,最终提升企业的财务绩效。企业社会责任对财务绩效的这一作用机理过程的实现需要各方面条件的成熟(李丰团 2012)。

这些国内研究表明,我国社会环境的变化使企业社会责任与财务绩效的关系不断发生内在演化。企业所处的政治经济宏观环境正在不断变化,企业战略行为在不断调整中,企业社会责任与绩效之间越来越表现出积极的共赢关系,对经营管理活动带来深远的影响,也促使企业社会责任投资逐渐成为越来越多的投资者的战略性选择。

经过改革开放 30 多年的高速发展,我国社会责任问题日益突出,建立有力的社会责任推进体系日益重要。2007 年国内资本市场第一支社会责任型投资指数——泰达环保指数出现,其后相应的 SRI 基金也开始建立。到目前为止,深交所、上交所和中证指数公司者发布社会责任概念指数,其中上证责任指数已被基金公司作为投资标的指数。从我国工商实践来看,社会需要一大批有着清晰社会责任投资理念和较高投资水平的工商管理人才。

四、工商管理专业中的社会责任投资教育

为了更快地转变发展方式和实现可持续发展,我们需要在高等教育中加强对学生的社会责任投资培训教育。从我国高校工商管理专业的实际情况来看,与社会责任投资相关的内容教育在两个层面进行:一个层面是本科教育中的"管理学""企业管理"等课程中的企业社会责任内容,但目前其中对投资方面还基本没有涉及;二是在工商管理研究生课程中的"企业社会责任"或"企业伦理"等课程,相关内容还不够成熟。

根据全球发展趋势和国内现状山发,为提刀工商管理专业学生的企业社会责任投资理念与投资能力,需要加强专业教育引导,当前建议要从以下三点着手:

一是要在工商管理教育大纲中明确体现企业社会责任内容,在教学中要注意根据本专业的特点,从投资方面进行深入的引导。在全国工商管理硕士课程

中已开始要求有关于企业社会责任的课程,在本科生的课程中也有所涉及,但都还没有与企业战略行为和投资决策的内容有机地结合。

二是在工商管理专业教育中,要全面深入的介绍企业社会责任投资,指出这种投资不仅是践行承担社会责任的理念,更是在新的经济环境下开拓新型投资渠道的创举。改变承担社会责任就是单纯付出的观念,展示可以达到双赢可能,是可持续发展的必然方向。

三是优化课程组合设计,各高校可利用各自的相关学科专业优势,形成自身的企业社会责任投资教育体系,与企业社会责任、财务管理、投资决策等课程密切融合,培训学生的投资专业理论与技能。

（作者单位 浙江财经大学工商管理学院）

[参 考 文 献]

[1] IOANNOU I. Profiting from social responsibility [J]. Strategic Direction,2010,27(8): 39-40.

[2] The Editorial Board. 3 emerging CSR trends[J]. Public Relations Tactics,2012,19 (4):11.

[3] MARETNO HARJOTO, HOJE JO. Corporate Governance and CSR Nexus [J]. Journal of Business Ethics,2011, 100(1):45-67.

[4] YE CAI, HOJE JO, CARRIE PAN. Doing Well While Doing Bad? CSR in Controversial Industry Sectors[J]. Journal of Business Ethics, 2012,108(4):467-480.

[5] NEIL FORD. Putting the corporate into CSR[J]. New African, 2012,514:52-54.

[6] SUSAN FORBES, MALCONLM MCINTOSH. Towards CSR and the sustainable enterprise economy in the Asia Pacific region[J]. Sustainability Accounting, Management and Policy Journal, 2011,2(2):194-213.

[7] EDUARDO ORTAS, JOSÉ M. Moneva, Manuel Salvador. Does socially responsible investment equity indexes in emerging markets pay off? Evidence from Brazil [J]. Emerging Markets Review,2012,13(4):581-597.

[8] MEI SUN, KASTUYA NAGATA, HIROSHI ONODA. The investigation of the current status of socially responsible investment indices [J]. Journal of Economics and International Finance, 2011,3(13): 676-684.

[9] Promoting More Responsible Investment http://ec. europa. eu 2012-9-2.

[10] EDUARDO ROCA, VICTOR S H, WONG. Gurudeo Anand Tularam Are socially responsible investment markets worldwide integrated? [J]. Journal of Accounting Re-

search，2010,23(3):281-301.

[11] 万寿义,刘正阳.公司价值与企业社会责任成本研究——来自于沪深300指数上市公司的经验证据[C].中国会计学会2011学术年会论文集，2011.

[12] 杨汉明,邓启稳.国有企业社会责任与业绩研究——基于可持续增长视角[J].中南财经政法大学学报,2011(1):120-127.

[13] 陈德萍.企业社会责任与财务绩效的实证研究[J].统计与决策,2012(12):178-181.

[14] 李丰团.企业社会责任对财务绩效的作用机理及其实现条件[J].商业会计,2012(10):9-10.

刍议本科创业教学的任务、方法与策略

——一种人本教育理念的思考①

戴维奇

[摘　要]　创业对于经济和社会的意义重大,创业教学日益受到政府和教育界的重视,如何提高大学创业教学水平成为各界关注的议题。文章结合作者多年来的创业教学工作经验,围绕任务、方法和策略三方面议题,对本科创业教学进行了初步的探讨。文章对于创业教师设计创业教学内容以及选择创业教学方法,具有一定的参考和指导意义。

[关键词]　创业;创业管理;创业教学;人本理念

2012 年 8 月 20 日,教育部印发《普通本科学校创业教育教学基本要求(试行)》,要求各高校创造条件,面向全体学生单独开设"创业基础"必修课。有条件的高等学校可依据办学定位、人才培养规格和学科专业特点,开发、开设创业教育类选修课程(含实践课程)。可以预见的是,未来的创业教育将具有普遍化的趋势。在此背景下,如何强化教学设计,形成有特色的创业教学,将是摆在各位创业教师面前的一个重要问题。本文从人本主义的教育理念出发,结合多年来开展创业教学的实践、对学生的调研与访谈以及教育部颁布的《"创业基础"教学大纲(试行)》,提出创业教学的主要任务,归纳创业教学的主要方法,并阐述导论、创业者、创业机会、商业模式、商业计划书等创业核心内容的教学策略,借此抛砖引玉,激发讨论,以期共同将"创业管理"教学提升到一个新的高度。

---

①　戴维奇,刍议本科创业教学的任务、方法与策略——一种人本教育理念的思考,湖南省教育科学"十二五"规划课题:中国工商管理硕士培养模式特点、培养质量评估和培养策略研究(课题编号:XJK011BJG004)和湖南省学位与研究生教育教学改革研究项目:基于中外比较的中国工商管理硕士(MBA)培养质量提高的策略和评估指标体系研究(课题编号:JG2010B020)的资助。

一、本科创业教学的主要任务

人本主义教育理念要求在教育过程中始终关心人的发展。围绕这一核心原则，本科创业教育的主要任务可归结为以下三方面。

1.创业精神的灌输

对于大学生创业教育而言，首先一个重要任务是创业精神的灌输。尤其是那些将创业管理作为必修课的学生，其中有一大部分并不打算毕业后真正去创业。对于这些学生而言，创业过程和技巧的学习是第二位的，了解和学习创业精神才是其主要动机。

创业，一般被理解为创办新的企业或事业。但实际上，创业是一个具有广泛内涵的概念。从最宽泛的意义上讲，创业就是机会的识别和利用。显然，识别机会和利用机会并不一定以创办新的企业为归宿。很多情况下，如果我们发现了机会，并且利用这个机会为社会和个人创造了价值，那么这就是创业。从这个意义上讲，即便是一个公司的雇员，也同样可以创业。比如，可以找出工作当中需要改进的地方，然后提出和实施一个更好的解决方案，从而提高企业的绩效。这种行为在广义上也是创业。此类行为当然是各类组织乐见的。如果这种类型的雇员比较多，那么企业的所有者和管理者就"有福"了。我们不禁要问，雇员为何有这种行为？道理其实很简单，因为"创业精神"已经或多或少的内化于这些员工的内心了。对学生个人来讲，无论今后从事何种职业，创业精神都是需要的。创业精神代表着高瞻远瞩、未雨绸缪、永不满足、开拓进取、务实创新等内涵，代表着精益求精，把本职工作做得更好的"心智模式"。因而，无论学生今后成为经理人、普通雇员、公务员还是其他专业技术人员，创业精神都是其成长与发展的重要原动力。也正因为如此，创业精神的灌输与培育应当成为大学生创业教育的重要任务。如果大学的创业教育能够将创业精神根植于学生心中，让"创业"的心智模式扎根在学生的脑海里，那么可以说已经是功德无量了。

2.介绍创业流程

如果将创业理解为创办新企业，那么创业本质上就表现为一个过程。在修读创业课程的学生当中，有相当大一部分打算响应国家和社会的号召，毕业后自主创业。对于这部分学生来说，了解创业的基本流程或过程，成为其主要的学习动机。有些学生可能毕业后不准备立马创业，但在他们漫长的职业生涯里，出于各种各样的原因，他们也可能需要去创业，因而从长远来讲，了解创业的流程也是必要的。

从上述角度考虑,创业课程必须将介绍创业流程作为一个主要的教学任务。目前的创业管理教材,大多数都是沿着创业的过程展开的。罗伯特·A.巴隆和斯科特·A.谢恩两位学者直接将其教材的名字命名为《创业管理:基于过程的观点》。这些都表明,创业是一个流程,是一个人决定成为创业者,识别创业机会,发展商业模式,撰写"商业计划书",整合资源,搭建团队,获得融资、注册成立新企业以及对新创企业进行管理(包括新创企业的生存、成长、营销和管理等)的过程。当然,从调查和实际教学的情况来看,学生关注的重点在于注册成立新企业前的诸多环节。对于注册后的过程,即对新创企业的管理,学生的兴趣往往不大。这可能有两个方面的原因:第一,这部分内容涉及企业战略管理、组织管理和社会学方面的知识内容,相对比较抽象,理论性较强而实践性不足;第二,讲授这部分内容已经处于学期末,学生对这门课的新鲜感已过,同时复习考试的压力较大,因而难以在这些知识点上投入大量精力。因此,如果课时有限,创业教师应当将教学聚焦在注册成立新企业之前的创业过程。当然,若课时较多,则新创企业的管理也可涉及,但一定要使相关内容通俗易懂,加强实践性。

3. 讲解创业技巧

创业是一项需要技巧的工作,比如如何识别创业机会,如何形成创意,如何发展自己的商业模式,如何整合资源,如何搭建强有力的创业团队,如何寻找融资,如何认识天使投资人,如何做好创业计划书的演示,如何与投资人互动,等等。这些活动的顺利开展都需要带有缄默知识特征的"技巧"。如果一个创业者缺乏对于这些技巧的敏感性,则创业过程中可能将比那些有相关知识的人付出更大的代价。因此,创业教学的第三个重要任务就是讲解一些实用的创业技巧。有创业经验的教师可以通过总结自己的创业过程来现身说法。若没有创业经验,则教师要通过创业者传记和创业著作的广泛阅读,或者通过创业者的访谈,总结和归纳出一些可在课堂上讲解的创业经验与技巧。

二、本科创业教学的方法

为完成上述教学任务,创业教师需熟悉创业教学方法,并将不同的方法与不同的教学任务匹配起来。

1. 本科创业教学方法

从国内外大学创业教学实践来看,教学方法主要包括课堂讲授,创业实训,实地参观,团队项目,特邀讲授(Guest Speaker)和课外实践等。

(1)课堂讲授。课堂讲授无论如何都是最基本的教学方式。尤其是一些基本的创业概念和理论的教学,比如创业的本质、创业者的素质与能力、创业机会的概念以及创业资源的整合等,这些都是需要我们通过讲授来实现知识传递的。当然,创业教师在讲授创业理论时,要注重多媒体资料尤其是视频图像等资料的运用,从而更为形象生动地传递知识。比如,在讲授商业模式的作用时,可以播放一些商业模式上有创新意义的公司的视频资料,从而更加有力的阐明讲述商业模式的力量,激发学生学习商业模式相关知识的动机。

(2)创业实训。创业教育是一门实践性非常强的课程,仅仅传授一些创业理论知识与方法,无法让学生体验到创业实践的真实情况,对创业过程中涉及的各项事务、经营决策、风险控制等都很难有切身的体会。创业实训,尤其是基于互联网或者软件包的创业实训,是创业教学的重要手段之一。目前,市场上已经出现了很多有价值的创业实训教学软件,如"创业之星"。"创业之星"软件主要包括四大部分功能模块:创业测试、创业计划、创业准备、创业实践,涵盖从计划、准备到实施的创业全过程。运用该软件,学生可在虚拟的商业社会中完成企业从注册、创建到运营、管理等所有决策。运用此类软件进行创业实训教学,可以有效地将所学知识转化为实际的动手能力,提升学生的综合素质,增强学生的就业与创业能力。

(3)实地参观。参观创业园或者新创企业同样是创业教学的重要方法。通常,创业园当中有比较多的新创企业,因此创业园的参观与新创企业参观是完全可以结合在一起的。创业教师要积极与创业园沟通,尽可能建立长期的合作关系,组织学生定期访问参观。不包含路程上使用的时间,每次参观的时间大约需要两个小时。首先,可以请创业园的负责人介绍创业园的基本情况,尤其是可以重点介绍一些针对大学生的创业优惠政策,从而激发学生的兴趣。其次,可以定点走访1—2家新创企业,请创业者或者企业的负责人介绍企业的现状和创业的过程,并可安排一定的交流互动时间,让学生倾听"一线"创业者的所思所想。这样做不仅可以印证和深化课堂教学内容,而且可以让学生产生强烈的"接近实际"的感觉。

(4)团队项目。在创业教学过程中,要求学生自发组成小团队,布置团队任务和项目,也是创业教学的重要方法。这些团队任务量要视课时多少而定。在任务的选择上,可以沿着创业过程,要求学生寻找创业机会,形成创意,发展商业模式,展开可行性分析,最后以撰写和展示商业计划书为归宿。这样做,可以促使学生紧跟教学节奏,学以致用,提高学习的有效性。同时,可以增加创业教学的"实战性",让学生感到"创业管理"不是一门空洞的理论课程。为了提高最终各个小组创业计划书的质量,创业教师要进行"过程控制",即在各个节点上要多与各个小组沟通交流,掌握各个小组的进度,并且适时解答学生的疑惑,帮助其理顺思路。此外,在条件允许的情况下,还可以邀请投资人或创业者一起来参加最后创业计划书的演示与评论,可以模仿创业大赛的形式来组织。这样做可以给各个团队一定的压力,也有助于创业教师对各组的成果形成一个比较合理的评价。

(5)特邀讲授(Guest Speaker)。对于修读创业课程的本科生来说,校外企业家、名人以及政府官员等的讲座或授课是他们比较喜欢的形式。我们曾邀请创业园的负责人、企业的高级管理人员以及其他院校的创业教师作为我们的"guest speaker"来给我们的学生授课,每次学生的注意力都能相对集中。有一次,我们请本校一位毕业后自主创业的"师兄"给他的师弟师妹讲授创业的酸甜苦辣,教学效果特别好。学生不但听得认真,而且最后的互动讨论阶段迟迟不能结束。学生的问题早已超出创业的范畴,转到就业和为人处世等更为宽泛的内容上去了。最后,不得不"强行"结束了课程。所以,邀请合适的人选作为"guest speaker"进入创业课堂,是一种十分重要的教学方法,也是十分值得尝试的。

(6)课外实践。最后一种重要的创业教学形式就是课外实践了。这种教学形式对于那些真正想创业的学生特别有效。这些学生往往自己已经找到了一个机会,并且形成了一个创意,但对创业的过程缺乏了解,于是来修读创业课程。他们往往会跟随着我们的教学内容,完成创业的相关步骤,等到学期末,把自己的企业注册起来。当然,让学生参与新创企业的运作,或者在教师的带领下从事创业,也是重要的形式。这种形式有点像"师傅带徒弟",让徒弟在"干中学"的过程中潜移默化地学习如何掌控一个新创企业。这一教学方法对于学生学习具有缄默知识性质的"创业技巧"特别有效。

2.教学任务与方法的匹配

在明确创业教学重点任务和主要教学方法的基础上,我们将教学任务与适当的教学方法匹配起来,从而形成一个"创业教学任务—方法匹配模型",如图1所示。其中,从培育创业精神的角度,课堂讲授、实地参观、特邀讲授(Guest Speaker)和课外实践等都是比较有效的教学方法;从介绍创业过程的角度,课堂讲授、创业实训、团队项目和课外实践是最为直接的教学手段;从讲解创业技巧的角度,则往往要仰仗课堂讲授、实地参观、特邀讲授(Guest Speaker)和课外实践这几个教学方法。每一类教学任务都有三种以上的教学方法来对应,可以使教学形式多样化。如果从教学方法角度分析,则可发现,课堂讲授依然是重要的形式,对创业精神的灌输、创业过程的介绍和创业技巧的讲解都有积极意义。课外实践,也是一种重要的教学方法,其作用可能并不亚于课堂讲授。实地参观和特邀讲授(Guest Speaker)这两种教学方法对于培育创业精神以及讲解创业技巧较为有效。而创业实训和团队项目则主要可让学生熟悉创业的过程,了解各种创业教学方法的"效能",有助于我们游刃有余地针对不同创业教学任务选择相应的教学方法。

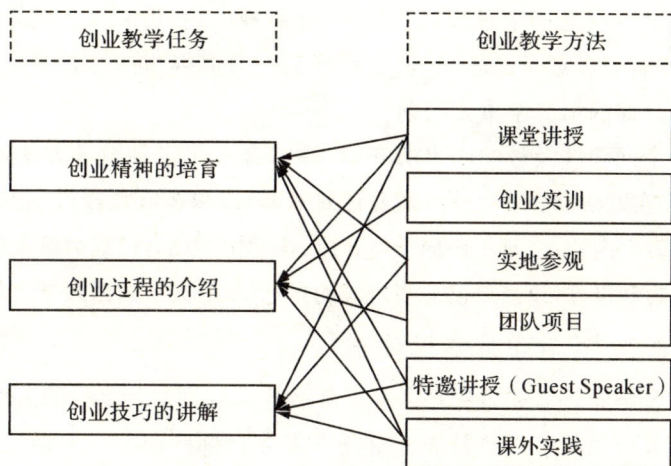

图 1 创业教学任务—方法匹配模型

三、本科创业教学的具体策略

为完成本科创业教学的三项任务,创业教学的具体内容应当涵盖创业导论、创业者、创业机会、商业模式、商业计划书、创业团队、创业资源整合、创业融资、新企业创设等基本知识点,并且要设计相应的教学策略。

1. "创业导论"教学策略探讨

我们认为,"创业导论"的重点在于阐述三个学生关心的问题:第一,这门课是讲什么的? 第二,为什么要修读这门课程,也就是对学生的实际意义是什么? 第三,这门课具体是怎么安排教学内容的? 如果能清晰的回答上述三个问题,激发学生的学习兴趣,让学生明确自己在后续课程中的角色,那么就达到了导论课的教学目标。

从教学内容的组织上,我们建议首先引入学生自己能亲身感受和经历的创业热潮,然后引出"创业"的概念,强调创业其实并不仅仅是创办新企业,只要发现了机会和利用了机会,并且创造了价值,都是创业。"创业"并不仅仅是一个动词,它更是一种精神状态,一种承担风险、开拓进取、不屈不挠的精神特质。在界定了创业概念后,引出课程的主干内容——除了创业过程和创业技巧的介绍,还有创业精神的培育。这样就回答了第一个问题。

在介绍修读创业管理的实际意义时,要向学生强调,创业管理的知识不仅对未来可能发生在自己身上的创业有用,而且对从事各种工作都是有积极的意义。因为创业不仅仅是一个过程,它也是一种精神内涵,后者对于做好本职工作,提升绩效,亦有积极意义。因此,创业管理是一门值得"花时间"的课程。由此,便回答了导论课的第二个重要问题。

第三个问题涉及教学内容的安排,要综合运用多种教学方法,如课堂讲授、参观访问、实践活动、团队任务(商业计划书撰写)和客座教授讲座等,提前设计丰富多彩的教学内容,并且一一向学生介绍,让学生明确自己在后续教学过程中即将经历的内容和事件,以及自己应当扮演的角色,尽最大努力激发学生的学习兴趣。

2."创业者"教学策略探讨

创业者与管理者或者经理人存在什么样的区别?什么样的人可以成为创业者?创业者应当具备哪些特质?对创业者存在哪些误解?上述问题都是"创业者"这一章节需要解决的问题。其中,什么样的人能成为创业者?或者说,创业者具有什么样的心理和性格特征?这一问题是学生相对比较关注的问题。因而,也是教学过程当中必须阐明的问题。在理论上,美国学者 Gartner(1989)实际上已经雄辩地阐述了其观点,认为创业者的心理和性格特征是千变万化的,并无一定之规。Gartner(1989)在其《"谁是创业者"是一个错误的问题》一文中,明确指出,创业者具有什么样的心理特征或者特质(trait)本身就是一个错误的问题,并且号召创业学者将研究重点转移到创业者的行为特征上。这就好像在领导理论的研究中,早期的研究者一直想总结概括出领导的特质,但每次都归于失败。因为研究者并不能在众多领导者那里整齐划一的归纳出领导者的若干特征。人们总是可以找出反例来否证某一特征的存在。事实上,形形色色的创业者也是千变万化的,并不能总结出若干特质。但学生的思维当中,往往会认为创业者是具有共同特质的。创业教师要向学生输入 Gartner(1989)的观点,往往会使学生感到"认知失调"。那么创业教师应当如何阐述这样的观点?我们认为比较好的做法是让学生自己去得出结论。为此,我们每次都会要求学生组成若干小组,每个小组选择某一行业的 5 名著名的创业者并阅读这些创业者的传记,最后概括出这 5 名创业者共同的特质。各个小组通过这个工作,会发现总结和概括共同的特质是非常困难的,因而最终接受教师输入的 Gartner(1989)的观点。这个活动的设计不仅让学生了解到创业者具有异质性,认识到不同特质的人其实都有可能成为创业者,创业者并不存在某些特定的"素质"要求,从而提高其创业的自信心。另一方面,这个活动还让学生了解了一些创业者的创业过程,创业教师若能在后续课程中进一步挖掘和引用这些创业者的故事,则有利于引起学生的共鸣,提高教学效果。

3."创业机会"教学策略探讨

创业是机会的识别和利用,因此"创业机会"这一章是创业教学的一个重点内容,创业教师可以给这一章分配相对较多的教学时间,同时也要引导学生去寻找和发现创业机会。在"创业机会"这一章中,关键内容是界定创业机会的概念、创业机会的来源、影响创业机会识别的个体因素、创业机会与创意的关系、评价创意的方法等。其中,最关键的是阐述创业机会的概念。我们的教学实践表明,若学生可以准确无误的理解创业机会的本质,则找到创业机会就不是一件难事。学生之所以觉得"机会难找",就是因为创业教师或者课程没有准确的解释创业机会的概念。所以,创业教师要花大力气阐述创业机会的概念。在我们的教学过程中,我们从两个角度勾勒创业机会的本质,一是时间和空间上的一个有利新事物形成和发展的情境;二是未被解决或者未被很好解决的问题。由此,我们进一步依据创业机会的本质引出寻找创业机会的两种方法。从"情境"论出发,寻找创业机会的关键在于分析环境的变动趋势,可以从 PEST 四个层面展开分析,从而把握"有利情境"。从"问题"论出发,寻找创业机会就是寻找我们身边存在的"问题"(机会),并且为这些问题提供解决方案(创意)。我们的社会和生活总是不完善的,因此机会总是存在的,而且它们就在我们身边。通过这样的讲解,学生可以认识到,创业机会的寻找并不一定是一个"灵光乍现"的过程,它可以是一个系统分析的产物。

4."商业模式"教学策略探讨

"商业模式"是一个新兴的热门话题,在传统的创业管理教学当中,这一内容并未被涉及。但随着商业模式热潮的兴起,特别是商业模式在构造新创企业竞争优势方面的重要意义日益体现,在创业教育中整合商业模式这一内容已十分必要。这一部分的教学内容可包括商业模式作用、商业模式的概念、商业模式的设计方法和商业模式创新方法等。创业教师可以调用几个新创企业商业模式创新的案例作为课程的开头,从而阐述创新的商业模式对于新创企业赢得竞争优势所起到的积极作用,激发学生的学习兴趣。紧跟着若干案例,创业教师可以自然而然地引出商业模式的定义,强调商业模式是一个涵盖企业方方面面的"系统",接着进一步勾勒"系统"内部各个要素,从而为商业模式的分析和设计奠定基础。在此基础上,创业教师可以引导学生运用"解构"的方法,分析典型企业商业模式的各个要素以及要素间的关联方法,从而使学生掌握如何通过各个要素的设计和关联形成企业整体的商业模式。最后,可以引入一些案例,介绍商业模式创新的方法,从而进一步让学生领会商业模式设计和创新的过程。

5."商业计划书"教学策略探讨。

"商业计划书"的写作可以说是贯穿于整个创业课程的核心内容,很多创业教师把每个小组撰写的"商业计划书"作为课堂教学的主要成果,同时也是考核学生和团队的重要依据。为了让学生更快更好地上手撰写自己的计划书,"商业计划书"这一章节需要比较细致的展开。这一章节的核心内容是商业计划书的作用、内容框架、具体内容写作方法、撰写当中常见错误等。在教学过程中,我们体会到,这部分内容的关键在于三点:(1)阐明"商业计划书"的作用和意义;(2)介绍"商业计划书"的架构;(3)指出"商业计划书"撰写过程中的主要错误。创业教师首先要让学生明确撰写"商业计划书"的作用:它不但可以作为争取外部资源的重要依据,是"电梯三分钟营销"的依据,而且也是理顺创业思路的一个重要途径。"商业计划书"不仅是给别人看的,也是给自己看的,是指导自己创业实践的重要指南。通过作用和意义的阐述,学生就会明确撰写"商业计划书"意义,从而在行动上重视"商业计划书"的写作过程。在此基础上,创业教师应详细介绍一个完整的商业计划书所涵盖的内容,这里的关键是要让学生理解为什么这些内容都是必需的,或者说每一部分内容在整个框架当中的作用。为此,我们要明确指出商业计划书的最主要目的是说服投资人。为此,商业计划书的最核心或最终的论点是:创业项目是"好"的。为了论证这一核心论点,"商业计划书"必须用分论点来支撑。这些分论点是:项目本身是"好的";项目团队是优秀的;项目的财务前景是乐观的。然后,为了论证这三个分论点,"商业计划书"要进一步安排相应的内容章节,提供论证材料。例如,要论证财务前景是乐观的,"商业计划书"必须包括"财务预测"和"融资需求"等章节。这两个章节的核心作用就是为论证第三个分论点服务的。以此类推,学生就可以明白为什么一个完整的"商业计划书"需要这么多的内容,而且这些内容都是用于论证某个观点因而是有用的。这样,学生就可以掌握"商业计划书"的整体架构了。最后,要介绍一些撰写"商业计划书"过程中常见的错误。这方面,最好结合以往学生所写的内容,通过

"实例"的展示,给学生留下更为深刻的印象。

6."创业团队"教学策略探讨

如何组建创业团队?创业团队的建设要注意哪些问题?这些也是学生关注的问题。对于没有任何创业经验的学生来讲,这部分内容较难引起共鸣,因而教学的难度相对比较大。从教学方法来讲,创业教师要着重讲述自己创业经历过程中有关创业团队的"故事",并透过这些故事来引发学生的思考,强调创业团队组建和管理的注意事项。理想情况下,可以邀请校外的企业家或者创业者来给学生做讲座,讲解创业团队的组建、维系与管理之道。在讲述创业团队时,尤其要结合介绍组建创业团队的两种逻辑,即理性逻辑和感性逻辑。理性逻辑强调寻找与自己不同的人,从而形成能力互补的创业团队;而感性逻辑则强调寻找与自己一致的人,从而形成志同道合的创业团队。创业教师要引导学生讨论两种"组队"逻辑的优缺点,并且要强调"权变观点",引出两种逻辑的运用场合。在介绍理性逻辑时,可以结合携程"第一创业团队"的案例,而在介绍感性逻辑时,可以应用微软、雅虎和苹果等创始人的案例。总之,要尽可能通过案例和故事来阐述理论要点,从而做到浅显易懂。此外,创业教师可以采集一些传记和案例,介绍给学生,让学生在课后进行补充性的阅读和理解,加深对所学原理的理解。

7."创业资源整合"教学策略探讨

在形成创意、开发商业模式并且撰写商业计划书之后,创业者的重要任务是整合资源,从而启动自己的事业。为此,"创业资源整合"也是创业教学过程中的必备内容。这部分内容的重点在于阐述新创企业整合资源的困难及其应对策略,包括高效利用自有资源和创造性的整合外部资源。要讲解新创企业整合资源的困难,主要可以用到 Freeman, Carroll & Hannan(1983)和 Aldrich & Auster(1986)提出的两个重要概念,即新企业的缺陷和小企业的缺陷。创业教师要结合一些案例尤其是大学生创业的案例,辅以说明。而高效利用自有资源和创造性整合外部资源的策略,由于学生几乎没有接触过,最好用案例加以说明,尤其是可以增加一些视屏来更为形象的诠释这些策略。如果能邀请校外创业者或者创业的学生来给出"现身说法",那就更为有效。

8."创业融资"教学策略探讨

创业融资是创业者必须面对的事务,这一部分的教学内容主要包括创业融资的作用、融资渠道、影响融资渠道选择的因素、融资方式以及创业融资的技巧等。我们认为,对于本科生来说,重点内容应当是融资渠道的类型、融资方式和融资的技巧等。从渠道的类型上,创业教师除了一一介绍各种渠道外,关键是要强调融资渠道的选择受到创业阶段的影响,在孕育期、起步期、成长期和发展期。创业者可以选择的融资渠道实际上是有约束的,在具体介绍融资渠道时,还可以安排一些影视节目作为教学的补充,比如可运用美国电影《冒险之事》来介绍风险投资公司及其运作方式。在融资方式上,创业教师在简要介绍债务融资和权益融资的基本知识后,可以设计一个案例,请学生来进行案例讨论和决策,以便加深对于这两种基本融资方式的理解。最后,融资技巧的介绍,主要是介绍一些实际的做法,比如如何去联系天使投资人、如何与风险投资公司接触和沟通、如何向投资人展示与汇报创业设想等。

9."新企业创设"教学策略探讨

在创业教学的最后阶段,可以向学生介绍新创企业的设立过程。这部分内容主要包括介绍创设新创企业的相关法律法规,如《合伙企业法》《公司法》《企业登记注册条例》等,还包括登记注册的主要步骤,包括核名、验资、工商登记、申领组织代码、银行开户以及税务登记等步骤。创业教师最好能比较熟悉上述步骤,并且能够讲述一些技巧性的内容。最后,可以请学生登录当地工商局的网站,下载工商登记相关的表格,模拟填写。有条件的话,可以运用创业模拟软件或网上企业登记注册程序,让学生模拟整个注册登记的过程,从而加深印象,体现创业教学的实践性。

四、结束语

本文从人本教育理念出发,探讨了本科创业教学的任务、方法和策略。具体而言,本文概括了创业教学的三大任务,即灌输创业精神、讲授创业过程和培养创业技巧,然后指出了创业教学的六种主要方法,并将各种方法与教学任务进行了匹配,最后围绕创业教学的主干内容,对各个知识点的教学策略进行了探讨。本文对于创业教师设计创业教学内容以及选择创业教学方法,具有一定的参考和指导意义。

(作者单位　浙江财经大学工商管理学院)

[参 考 文 献]

[1] Shane, S., Venkataraman, S. The promise of entrepreneurship as a field of research[J]. Academy of management review, 2000,25(1):217-226.

[2] Baron，R. A.，Shane，S. A. 创业管理：基于过程的观点[M]. 北京：机械工业出版
    社，2005.

[3] Gartner，W. B. "Who is an entrepreneur?" is the wrong question[J]. Entrepreneurship：
    Theory & Practice，1989，13(4)：47-67.

[4] 朱瑛石，马蕾. 第一团队：携程与如家[M]. 北京：中信出版社，1998.

[5] Freeman，J.，Carroll，G. R.，Hannan，M. T. The liability of newness：Age dependence
    in organizational death rates[J]. American sociological review，1983，48(5)：692-710.

[6] Aldrich，H.，Auster，E. R. Even dwarfs started small：Liabilities of age and size and
    their strategic implications[J]. Research in Organizational Behavior，1986(8)：165-198.

地方财经类院校研究性教学模式的探索与实践^①

鲍海君

[摘　要]　根据维果茨基关于教学与发展的理论,从"最近发展区"视角诠释了大学教学,认为大学教学不仅应体现学习科学真理的认识过程,而且应体现发现科学真理的认识过程,从而培养学生独立工作和自主探索科学的能力。浙江财经大学工商管理学院研究性教学与学习的实践表明,将研究性教学与学习融入课堂教学,可使学生的"最近发展区"不断拓展,从而有助于提高学习知识的效率,培养探求精神和自主研究的能力。

[关键词]　最近发展区;研究性教学;地方财经类院校

一、"最近发展区"视角的大学教学诠释

苏联卓越的儿童心理学家维果茨基曾论述了儿童教学与发展的关系,认为教学要走在发展的前面,发展过程并不是与教学过程同步的,发展过程跟在建立"最近发展区"的教学过程的后面。教学的最重要的特征便是教学创造着"最近发展区"这一事实。他所提出的"最近发展区"是指在有指导的情况下借成人的帮助所达到的解决问题的水平与在独立活动中所达到的解决问题的水平之间的差异,这种差异便是"最近发展区"。

维果茨基关于儿童教学和发展关系的论断对于大学教学也有一定的启发。从维果茨基理论看,大学教学在不断创造着"最近发展区",今天的"教"在于促成明天的"不需要教",从而培养学生独立工作和自主探索科学的能力。

①　鲍海君,地方财经类院校研究性教学模式的探索与实践,浙江财经大学 2013 年研究生教育创新研究项目"地方财经类高校研究生研究性学习机制研究"资助课题。

我们可以用图形来阐述大学教学创造的"最近发展区"。图1描述的是大学新生通过接受大学教育(从A1阶段到A3阶段),在教师指导下解决问题的能力与独立工作解决问题的能力得到逐步提高,根据维果茨基理论,这里的"最近发展区"是指各个阶段学生在教师指导下解决问题能力与独立工作解决问题能力之间的差异,但更重要的"最近发展区"是前后阶段学生在教师指导下解决问题能力的差异以及前后阶段学生独立工作解决问题能力的差异。图2描述的是大学新生通过接受大学教育(从B1阶段到B3阶段),接受已有知识的能力与探索未知的能力得到逐步提高,这里的"最近发展区"既指接受已有知识的能力从B1阶段到B3阶段在不断发展,又指探索未知的能力在逐步拓展,其中以探索未知能力的发展为重点。

由此看来,大学教学由接受性学习和研究性学习所组成,通过大学各个阶段的教学与学习,"最近发展区"不断拓展,学生接受已有知识的能力与探索未知的能力得到逐步提高,在教师指导下解决问题的能力与独立工作解决问题的能力也得到逐步提高。当大学教学结束时,学生离开教师的指导,自己能独立完成探索研究知识的目的,也就是达到自主研究、自主发现,即自主独立发现科学真理的认识能力。

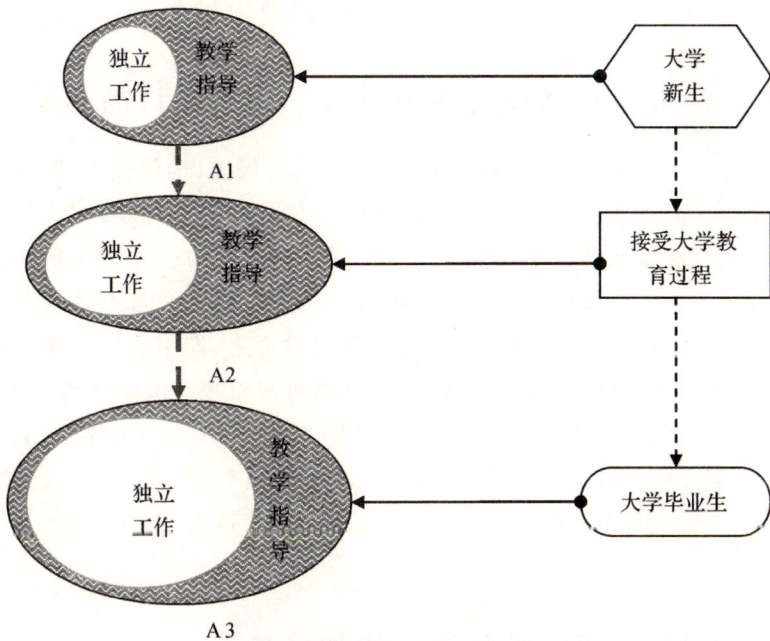

图1 大学教学与独立工作能力的发展

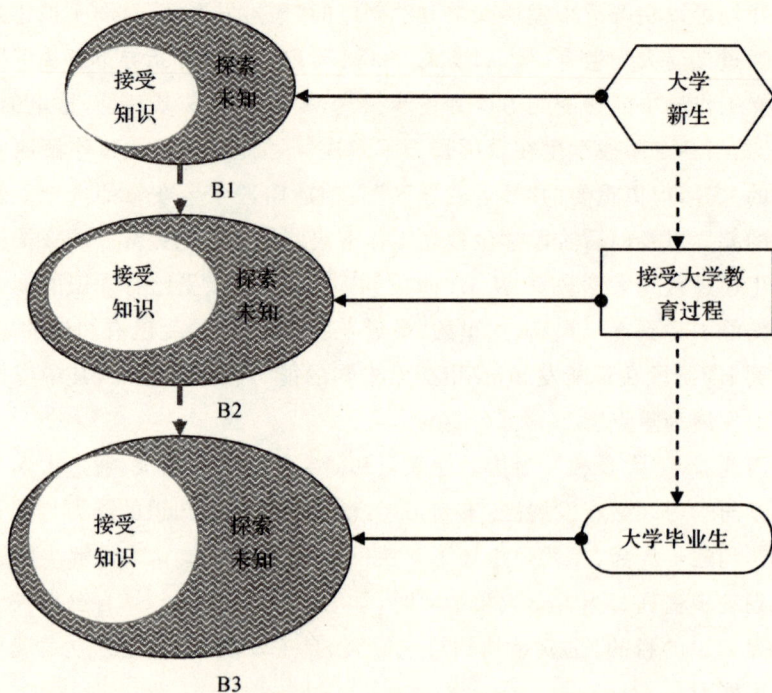

图 2　大学教学与探索未知能力的发展

二、地方财经类院校研究性教学模式探讨的必要性

21世纪以来，财经类院校在专业设置、招生规模、学位授予、师资队伍等方面都得到了高速发展，折射出社会对财经类专业人才有大的需求。同时也说明财经类院校承载着培养复合型、应用型经济管理人才的重任。但当前，地方财经类院校教学往往停滞在学习科学真理的认识过程上，即知识传授性教学和接受性学习，而没有跃迁到发现科学真理的认识过程上，即引导性教学和研究性学习，从而使得大学教学重点不够突出，产生教师只重视知识传授，学生轻视教学，引导性教学和研究性学习非常薄弱，学生毕业后出现独立工作能力弱，与社会需求脱节、就业难等现象。因此，引导性教学和研究性学习是今后大学教学的重点，大学教学过程不仅应体现学习科学真理的认识过程，更应体现发现科学真理的认识过程。

三、国内外研究性学习现状与趋势

研究性学习是近年来世界教育界研究的热点问题。20世纪90年代以来，世界各国教育改革的步伐不断加快，纷纷出台各种举措，其中都把改变学生的学习方式作为重要的切入点。

美国是较早地开展研究性学习的国家之一，基于问题的学习与基于项目的学习是研究性学习的主要方式。法国的"研究性学习"课程首先于1995—1996学年在初中二年级开始实验，称"多样化途径"。与此同时，法国也开始在大学预备班开设"适度发挥学生创造力"课程。目前，研究性学习正在法国全面推广。研究性学习在日本被称为结合性学习，始于20世纪50年代，其主要目的是为了培养学生的生存能力，如独立发现问题，独立思考、判断、解决问题能力，自律能力，与他人协调合作能力和旺盛的生命力等。韩国的研究性学习将学生的学习内容分为知识和研究活动两个层次，其主要目标是培养学生对周围事物、自然现象的兴趣、好奇心和科学地解决生活中产生的各种问题的态度与能力。

总之，研究性学习作为一种教学与学习方式受到各国教育理论界和实践工作者的重视。

在我国，自20世纪80年代以来，开展创造教育所强调的发散性思维、联系生活实际、手脑结合等，都与研究性学习有着密切关系。1999年初，上海教育科学研究院普教所正式提出研究性学习这一概念，并受到了广泛的关注。2000年1月31日，教育部颁发了《全国普通高级中学课程计划（试验修订稿）》，新设综合实践活动课，其核心是研究性学习，其后研究性学习在我国中小学得到了初步的实践。

目前，我国大学教学基本上还是实行"书本、教师、课堂"三中心的传统教学模式。该模式是以教师为主体，学生为客体，教师是权威，是知识的灌输者，学生是服从者，是被动接受知识的容器，严重阻碍了学生的主动发展；传统教学只重知识灌输，不重学习能力的培养。社会的迅速发展，知识的快速膨胀，使教师不可能传授给学生所有知识。因此，作为研究"高深学问"的高等教育，大学教学应改变教学思想和模式，将重心放到培养学生的学习能力上，将知识传授与能力培养相结合，重点是培养探索未知知识的能力和独立自主开展工作的能力的创新人才。因此，研究性学习在大学阶段尤为重要，但我国大学阶段的研究性学习尚处于起步阶段，且基本上集中于理工科，人文社会科学则较少。

四、浙江财经大学工商管理学院研究性学习方法的探索与实践

在大学教学中实施研究性学习与中小学不同，也与研究生阶段不同。中小

学主要是开设研究性课程,是活动课的一种形式;研究生主要在导师的指导下开展科学研究。大学生思维活跃,又具有一定的知识和能力基础,但他们往往脱离实际,大学教学既要保护他们敢于创新的积极性,又要进行正确的引导。

浙江财经大学工商管理学院在大学教学中尝试性地开展研究性学习,将研究性学习融入课堂教学,以提高学习知识的效率,培养探求精神和从事实际科研的能力。

1.转变课堂教学理念,构建研究性学习模式

在课堂教学中,教师要充分认识到自己不是问题的讲解者,而是问题意识的培养者。在教学过程中,教师应围绕创新能力来培养这一目标,给学生提供一种科学的引导,采取引导教学方式,就是教师有目的、有意识地创设情境或提出问题,启发引导学生积极主动地探索知识,发挥学生的主体能动性,使学生在轻松自如的学习过程中获得知识的教学方法。它可以让学生充分地思考、充分地讨论、充分地发表见解,全面发挥学生自身的潜能,给学生提供自我发展的自由空间,从而培养他们自觉探索知识的能力。同时又注重教师的指导作用,突出教师对探索目标、探索途径等方面的调节和控制,让学生自觉不自觉地进入到自己发现问题和提出问题的实践中去,进而能够举一反三,触类旁通。

工商管理学院组织教师探讨研究性学习的课堂教学模式,具体包括教师引导性教学策略、案例库建设、体验式学习方法等。在对研究性教学试点课程详细剖析和教学试验的基础上,提出课堂教学研究性学习机制,为其他课程教学提供借鉴。

2.建立教学—科研统一体的教师团队,提高研究性学习的层次

实行研究性学习,不但要求教师转变教学理念,而且要求教师自身开展高层次理论研究、实践研究,实际上对教师提出了更高的要求。无论是高层次理论研究还是实践研究,都需要多学科或跨学科的知识和技能。单个老师的知识结构和能力水平毕竟是有限的,所以需要教师建立紧密地合作,形成一个教学科研团队,提高研究性学习的层次。随着社会分工越来越细化,个人单打独斗的时代已经结束,团队合作成为时代的选择。工商管理学院积极探索并逐步形成了以学科带头人为核心,以科研基地、重大科研项目、精品课程等为载体,结构合理、团结协作的教学科研团队。通过团队合作,形成了 $1+1>2$ 的效果,科研能力强与教学能力强的教师得到了较好的结合,从而奠定了工商管理学院研究性学习的基础。

3.深化校企合作，开辟研究性学习的第二课堂

尽管课堂上的研究性学习能培养学生的问题意识，并在一定程度上能提高解决问题的能力，但课堂教学与学习所获得的知识和能力毕竟是间接的，实际工作中的职业性、关键性、技巧性甚至细节性的问题还无法培养，学生的实际工作能力还有待加强。为了使学生毕业后能够很好很快地进入工作状态，需要在现有的基础上深化校企合作，开辟研究性学习的第二课堂。

工商管理学院以战略合作伙伴（浙江有机硅有限公司、千里马有限公司、八达物流、杭州焦点公司、温州源大集团等）为依托，探讨第二课堂研究性学习机制，具体包括学生校外副导师筛选配备、企业实体项目运作、学生参与项目实践、项目咨询研讨等。在此基础上，提出学院学生第二课堂研究性学习机制和"产、学、研一体化培养模式"。

4.以各类基金项目为载体，提升自主研究和创新能力

通过第一课堂和第二课堂的研究性学习，学生初步具备了问题意识和解决实际问题的能力，毕业后能够很好很快地进入工作状态。但地方院校本科生培养还承担着为具有博士生、硕士生招生资格的院校输送优秀人才的重任，因此还必须培养、提升学生自主研究和创新能力。

如何调动学生的学习积极性，充分挖掘学生的内在潜力，是提高教学效果的重要环节。教师通过科研项目、课题引导学生参加科研活动，有利于扩大学生的知识面，建立合理的知识结构，满足学生高层次的心理需要，增强学生敢于攻坚、勇于突破的信心，培养创新精神和实践能力。工商管理学院不断探索提升学生自主研究和创新能力的研究性学习机制，具体包括参与导师基金课题研究模式、学术沙龙、外出参加专业研讨会、各类大学生（含研究生）课题申报与研究等模式。通过自身参与会议，捕捉研究领域的创新点，吸取专家在各方面的学术精华，提升学生自主研究能力；参与导师的课题研究，提高其科研研究能力；导师定期与学生交流，要求其在一定期间内对某项领域做深入研究，主要是在现有学者对该领域已经做出研究的基础上找出突破点，进行论文写作，从而增加并提前科学研究的时间，使学生的学习与研究融合到教学全过程。

工商管理学院在大学教学中开展了研究性学习的探索与实践，取得了较好的效果。但研究性学习还在摸索中，在今后的教学中，工商管理学院拟进一步开展多种形式的科研活动，充分发挥教学与科研的互促效能，调动教师与学生的科研积极性，同时还将增设一些研究性的选修课和专题讲座，以求得整体推进教学质量的优化效果。

四、结语

推进研究性学习,给教师和学生带来的挑战都是巨大的。教师要熟悉研究性学习的流程、内容,要深刻地转变自己的教学理念,改变自己的教育教学行为,在教学过程中始终贯彻能力培养而非知识灌输。对学生而言,研究性学习的目标是实践创新,而非传统的认识记忆。因此,学生要改变以往的学习方法,在大学学习中确立"实践创新"的目标。

除了改变理念,推进研究性学习还需要师生积极主动的行为。研究性学习要求学生在教师的指导下,从自然、社会和生活中选择和确定问题进行研究,并在研究过程中主动地获取知识、应用知识、解决问题。对教师来说,在研究性学习中,学生希望研究的很多问题可能超出老师的专业领域,同时学生学习内容的开放性使学生的认识领域大为拓展,这些都需要教师不断学习,提升自身的研究能力和教学能力。

此外,在研究性学习中,围绕课题研究,涉及的知识面十分广泛,可能包括计算机知识、数据处理、论文撰写等各方面的知识。因此,教师几乎很难独自一人很好地完成对学生课题所有的指导工作,学生也需要合作进行研究。

尽管研究性学习给师生带来的挑战非常大,但它是大学教学的一个重要组成部分,给师生带来的益处也是巨大的。浙江财经大学工商管理学院的实践表明,通过大学各个阶段的引导性教学和研究性学习,学生"最近发展区"不断拓展,接受已有知识的能力与探索未知的能力得到逐步提高,独立工作解决问题的能力也不断提高,毕业生受到了用人单位的好评。

(作者单位　浙江财经大学工商管理学院)

[参 考 文 献]

[1] 张建林. 大学本科教学过程完整性与研究性学习[J]. 高等教育研究,2005,26(2):73-77.

[2] 王爱芬. 国外及我国开展研究性学习的综述[J]. 教育理论与实践,2005,25(4):48-51.

[3] 埃明达. 美法韩日:如何实施研究性学习[J]. 教育文汇,2004(4):27-28.

[4] Klein, S. B. Learning. Principle and Applications[J]. McGraw, HillBookCo., USA. 1996:97-103.

[5] 霍益萍. "研究性学习"在法国[J]. 教育发展研究,2000(10):21-23.

[6] 聂清香,洪正平. 研究性学习与大学教学[J]. 山东师范大学学报:人文社会科学版,2003, 48(6):127-130.

基于区域创新的高校研究生协同培养机制研究①

刘　刚

［摘　要］ 基于区域创新高校研究生的协同培养，一方面有利于高校研究生的科研素质培养以及把握学术和科技前沿，另一方面有利于科研过程和市场结合起来，使得科研成果市场化和价值化。本文基于区域创新高校研究生协同培养工作开展研究，探讨基于区域创新协同培养高校研究生的培养目标、协同培养保障、协同培养方式、协同培养过程实施等方面内容。

［关键词］ 区域创新；研究生；教育；协同培养

党的十八大报告提出实施"创新驱动发展战略"，要求提高原始创新、集成创新和引进消化吸收再创新的能力，更加注重协同创新。筹划建立的"高校协同创新中心"将在人才培养、学科建设和产学研三位一体上创新突破。随着国家"2011 计划"的推进，为了进一步丰富校园学术文化氛围，加强高校研究生科研团队建设，提高高校研究生的科研水平，推进高校研究生"人人有科研归属"工作，打造特色高校研究生培养的模式，走内涵式发展道路，进一步培养高校研究生的创新能力，依托产学研和区域协同创新中心联合培养工科高校研究生，有着重要的现实意义。

一、高校研究生协同培养的前期探索

目前国内学者对于高校研究生协同创新培养进行了一系列的研究，如别敦荣，胡颖认为协同创新是一种新的大学办学理念，大学基于集成、合作、融合与共享的价值准则，谋求创新；王迎军认为高校协同创新人才培养要以产学研结合为

---

① 刘刚，基于区域创新的高校研究生协同培养机制研究。课题名称：基于区域创新的高校工科研究生协同培养机制研究，课题来源：浙江工业大学研究生教学改革项目，课题编号：2012226。

突破口,强化协同创新教育理念,以更新观念、创新机制、打造平台、营造氛围"四轮"驱动;李忠云认为推进高校协同创新,亟须教育部及政府相关部门在项目、平台、经费、组织、评价等方面予以建立、健全和完善;李祖超,梁春晓从高校创新主体视角入手,剖析协同创新运行机制;陈颖认为通过跨专业协同、校企协同、本研协同、师生协同、文理协同等方式,培养拔尖创新人才;金建国通过以项目为载体多学科协同培养学生创新能力等。总的来说,目前文献研究有以下几点共识:第一,创新型人才培养是国家创新系统建设的基础和核心;第二,高校研究生协同培养目标是创新型人才培育,重在创新能力提升;第三,协同创新中心或协同创新联盟是研究生联合培养的有效平台;第四,高校内部协同创新形式:学科、教学、科研、管理、师生等的全面协同;第五,高校外部协同创新形式:校校协同培养、校所协同培养、校企协同培养、校地(区域)协同培养、国际合作协同培养。

二、高校研究生协同培养的保障

1. 思想观念协同

要解放思想,树立协同创新观念。目前高校协同创新文化的氛围还不浓厚,各学科、专业或习惯闭门造车,不敢、不会协同,或虽然有协同创新计划,但实施中仍各自为政、貌合神离,缺乏实质性的多学科融合,使协同创新流于形式、浮于表面。因此,高校要将协同创新理念深入到人才培养、科学研究和社会服务的实践之中,突出"创新"在办学理念中的核心地位,强调"协同"作为办学思路的重要内容,依托优势学科群,与科研院所、行业企业、政府部门及国际社会等深度合作,建立"开放、集成、高效"的协同创新共同体,主动为解决国家重大需求和重大科学问题、提升国家创新能力和国家创新体系建设作贡献。第一,各学科不能封闭孤立,要以协同创新理念谋求科研的协同式跨越发展;第二,不能因循守旧,要以协同创新理念不拘一格使用富有创新活力的青年人;第三,不能有单一性的学科思维,要以协同创新的宏观视野,解决社会经济发展的迫切需求;第四,不能局限于教育系统内部寻求科研资源,要以协同创新的理念,在本区域乃至全社会、全世界配置科研资源;第五,不能照搬传统的科研考核方式,应以协同创新理念,把社会福祉的边际增加和经济总量的边际增长作为科研考核的根本原则。

2. 组织管理协同

要求同存异,理顺组织协同管理。协同创新实施主体,在校外属于不同单位,彼此组织和人事关系独立,如国家投入巨资建立的重点实验室只有自己学校能用,校外单位就不能用;在校内属于不同学科,管理步调难以一致,如交叉学科的研究群体调动不了其他学科的教师参与。这些问题都造成了许多科研人员有协同创新之心、无协同创新之实的局面。协同创新强调创新资源和要素有效汇聚,通过突破创新主体间的壁垒,充分释放彼此间"人才、资本、信息、技术"等创新要素活力而实现深度合作。因此要积极开展组织管理结构创新,建立与协同创新相匹配的开放式组织结构。以科学的现代组织管理理论为基础,打破壁垒,重新配置资源,使得资源在组织中无障碍流通。可按照循序渐进,先易后难、由近及远的原则,有条不紊地进行组织管理协同。

3. 利益分配协同

要公平共享,合理分配利益。研究成果效益的归属与分配,是制约协同创新的主要矛盾。创新本身就是高风险,在协同创新的过程中每个协同主体所承担的风险不同,应适当增加承担风险大的一方在利益分配中的比重,但实际上并未充分考虑各主体所面临的风险,缺乏合理的利益分配机制,使得协同创新利益分配中,要么简单化地平均分配,要么归功负责组织协调的最高领导,要么仅按投入比例分配,而忽略了创造性贡献等重要因素。这些不合理的利益分配办法,严重挫伤了协同创新各方的积极性。因此,协同创新要推行"沿创新链各个节点贡献的比例分配利益"的原则,调动参与人员的积极性。第一,建立风险互担机制。参与各方应在合作前建立风险分担机制,明确目标任务、各方责任与义务,制定考核指标,分层次、分阶段分解风险责任。第二,建立利益分配标准。在衡量风险时应综合考虑各方的投入强度与实际创新贡献,设计合理的利益分配方案。要做到鼓励合作、支持创新,考虑到科研成果的创新性和效益的延迟性,要大胆承认学者的个人贡献。第三,政府和社会服务机构也应积极为各方提供相应的保障服务和政策支持。

4. 评价标准协同

要统筹兼顾,完善评价标准。目前高校教师学术水平评价标准普遍存在"重论文、轻应用",仅局限于学术论文和科研成果的级别与数量,轻视科研成果的经济与社会效益。教师跟随标准这根"指挥棒"埋头于专长的领域做研究、写论文,很少主动进行跨学科研究或了解企业的技术需求。这种评价标准导向缺乏在产学研之间利益驱动的自愿协同创新机制,调动不了教师的热情和创造性,不利于开展跨学科协同创新。因此,要统筹兼顾,完善评价标准。第一,要建立以创新质量为导向的考核评价机制,营造鼓励创新、宽容失败的学术氛围,倡导求真务实、团结合作、协同攻关的良好风尚,形成有利于协同创新的文化环境等。第二,在规划和科研管理上,要提前谋划、精心设计协同创新项目并随时准备申报工作。第三,在资源共享平台上,搭建高校各院系、各学科享有共同的生存和发展空间,分享共同的教育资源,形成良性竞争。第四,在队伍建设上,要加快探索与国际接轨的、以任务为驱动的人员聘用和分配制度,增强对国内外优秀人才的吸引力和凝聚力。第五,在学科建设上,要强化以优势学科和特色学科为导向的资源配置方式,努力形成协同创新与学科发展双赢的良好局面。

三、高校研究生协同培养的方式

1. 导师负责,团队培养模式

在传统"一对一"的师徒传承关系中,限于研究生导师的知识结构、思维方式、研究方法和课题领域等,往往会阻碍学生的视野和思路。在协同环境下由单一导师指导过渡到导师负责下的团队培养模式。导师团队由校内导师、项目导师、企业导师、生活导师等构成,导师根据自身的专业技术背景对学生的指导方式不同,所负责的培养阶段也不相同,彼此相互协作,共同培养。同时,导师团队依据研究生生源不同的特点,结合学生个人兴趣和长远发展规划,确定高校研究生个体的培养计划、培养方案、论文选题、科研指导分工等。这种培养模式可以扬长避短,充分发挥每个导师和高校研究生的优势力量,加强学科交叉研究,丰富学生知识结构,拓展学生思维,优化学生发展方向。

2. 项目驱动,多学科协同培养模式

当今科学发展的特点是学科间越来越趋于综合性、渗透性、交叉性。自然科学、社会科学和工程技术相互衔接越来越紧密,如犬牙交错、互融互通,编织成愈来愈密集而复杂的网状结构,而新的科学发现和技术发明则往往就产生于这些网格的节点上。目前我国高校教学过程大多还局限于课堂教学,学生对知识的掌握大多停留在书本知识的记忆上,学生动手能力不强,从而影响了学生综合素质的发展。要解决这一问题其途径之一就是让学生参加教学过程,在做的过程中体会理论、享受过程、增长才干。这样不仅加强学生动手能力,加深知识理解,激发创新意识。所谓项目驱动,就是以实际项目为载体,带动和组织不同学科共同完成、实现培养目标的教学模式。多学科协同模式的优势是,它能有效解决综合性、相互渗透性、多学科交叉性、综合边缘化的问题。

3. 立足实践,多单位协同培养模式

协同创新要求通过大力推进产学研协同创新,推进高等学校同科研机构、行

业企业、地方政府开展深度合作,建立战略联盟或协同创新中心。联盟或中心内成员拥有共同目标、内在动力,可直接沟通,依靠现代信息技术构建资源平台,促进资源共享,进行多方位交流、多样化协作。联盟或中心与学校协同拟订培养目标、教学内容、课程结构,实践环节等,使研究生培养持续、有效、健康的发展,与社会需求相适应。

4.拓宽视野,国际合作协同培养

高水平创新人才必须拥有广阔的科研视野,研究生只有站在国际学术前沿,了解国际最新知识和学科发展动态,才能够进行创新。国际合作协同培养可以提高研究生的学术起点,提高研究生科研水平和竞争力,改善研究生培养的学术环境,并提高学校在研究生培养上的声誉。因此,在研究生培养过程中,要突破国别单一培养,实现国际合作协同培养伴的全球化。学校要采取各种措施,要不断加强研究生教育的国际学术交流与人才培养的合作,顺应现代教育发展的国际化趋势,大力拓宽国际合作渠道,提高国际合作交流的层次和水平。

四、总结

本文系统总结了目前我国研究生协同培养的现状,分析了研究生协同培养的几个关键问题,并提出解决对策。但是,"协同创新"型人才的培养是一个系统与复杂的过程,仍有许多问题亟待解决。因此,高等院校应积极探索,总结经验,挖掘自己的内在潜力,承担起时代赋予的历史使命,为国家和社会培养更多的"协同创新"型人才。

(作者单位 浙江工业大学研究生院)

[参 考 文 献]

[1] 胡锦涛.在庆祝清华大学建校 100 周年大会上的讲话[N].中国教育报,2011-04-25:(1).
[2] 别敦荣,胡颖.论大学协同创新理念[J].中国高教研究,2012(10):4.
[3] 王迎军.以构建协同创新机制为契机推进人才培养模式改革[J].中国高等教育,2012(21):34.
[4] 李忠云.高校协同创新的困境、路径及政策建议[J].中国高等教育,2011(17):13.
[5] 李祖超,梁春晓.协同创新运行机制探析——基于高校创新主体的视角[J].中国高教研究,2012(7):81-84.
[6] 陈颖,全面协同培养拔尖创新人才[J].中国大学教学,2012(4):29-30.
[7] 朱颢东,李红婵.探索高等院校"协同创新"型人才的培养途径[J].中国电力教育,2013

(1):18-19.

[8] 蹇洁,席海峰.构建协同创新的专业学位研究生培养体系[J].教科导刊,2012(10):
164-165.

基于人本管理的农林经济管理专业
教学评价体系构建研究

游和远

[摘　要]　教学是一个复杂的过程,科学评价教学对于管理和优化教学工作有着重要意义。本文以财经类院校的农林经济管理专业为例,基于人本管理,分析了人本管理的农林经济管理专业教学内涵以及评价指标体系的构建原则,再在构建原则的指导下从以教师为本、以学生为本和以幸福为导向三个方面引入包括新增海外经历教师人数在内的 12 个指标。本教学评价指标体系的构建将服务于新时期农林经济管理专业的建设,有效提高教师的职业满足感与学生满意度。

[关键词]　农林经济管理专业;教学评价;人本管理;指标体系

农林经济管理专业是新中国成立后我国高等教育发展中较早设置的专业。在过去的几十年中,农林经济管理专业为国家的农林业管理部门和农村经济领域输送了大量的掌握专业知识的人才。目前我国的农林经济管理专业主要分布于综合性院校、财经类院校以及传统的农林大学,如何依托各自学校的特色构建农林经济管理专业的教学体系,同时又保持农林经济管理专业的传统教学要求,满足学生学习的需要,就成为各个学校专业发展中面对的一个重要问题。这对于农林经济管理专业院校的可持续发展至关重要,同时对于在该专业学习的学生就业发展也有紧密联系。因此本文将基于人本管理,以浙江财经大学的农林经济管理专业为背景,以专业教学为切入点,分析符合人本管理的农林经济管理专业教学内涵,并构建一套评价指标体系,从而希望能够寻找到一条可以评价并不断协调学院—教师—学生之间教学关系的方法,服务于专业建设。

一、基于人本管理的农林经济管理专业教学内涵

农林经济管理专业教学以人为出发点与归宿。教学工作不应简单地理解为

教师对学生的简单知识传授,从而把教师当作教学的工具,学生当作学习的工具。以人为本的教学工作中各个环节应体现以人为本,处处体现人文关怀,充分调动教学中教师与学生的积极性和参与热情,教学过程不仅是一个认知过程而且是师生情感交流的过程,从而以实现教学参与者的价值为整个教学的终极目标。

农林经济管理专业教学参与者在教学中的地位是平等的。学院对教师的管理应该更多选择员工的自我管理,而非运用行政命令的手段引发强制性的服从,避免造成制度管人、行政束人的气氛,教师在教学工作中成为被管理者;而教师对课堂与学生的管理中,应该充分尊重学生的感情,发挥学生在教学中的主动性角色,肯定鼓励学生参与到教学中,从而通过人本管理的运用形成和谐愉快的教学环境。

农林经济管理专业教学应追求快乐。快乐源生于人自身的身心物质机能,这种物质机能与官能是一种客观存在,而满足快乐的对象同样是客观的。因此在专业教学中,在强调专业知识的教授时,同时也要关注教师与学生的体验。而要满足这样的快乐,在教学工作中需要在物质和情感上对教师与学生有更多的倾斜,从而使得教师与学生处在一种幸福的状态。

注重教师学生的长远发展。人本管理的教学工作中,在充分发挥教师教学能力的同时,更需要关注教师的全面和终身发展,鼓励教师的终身学习,不断发展自身以适应不断变化的教学要求,例如当前的农林经济管理专业教师培养中应鼓励教师出国进修,强调教师的专业素养与财经院校的优势学科相融合。对学生的长远发展关注应该完善他们的人格,培养其自我学习的能力,挖掘学生人际沟通、心理承受等毕业后走上工作岗位所需的能力。

二、农林经济管理专业教学评价体系构建原则

科学性原则。农林经济管理专业教学评价体系的结构、指标选择必须以高等教育的科学规律为依据,结合基于人本管理的农林经济管理专业内涵,选择客观可靠的指标,从而获取可信的评价结果。科学性原则应该贯穿于指标的选择,指标数据的收集以及指标的运用,等等。

可操作性原则。农林经济管理专业教学评价体系在符合科学性原则的基础上,同时也要注意到可操作性的重要性。在评价指标体系的构建中,指标的概念应该清晰,数据的来源应该明确,数据的计算方法应该简单可行。可操作性原则同时应该结合当前教学管理的水平,若一些指标的设计尽管具有很明显的前瞻性,但无法在当前的教学管理中进行针对指标的改建,应该暂时放弃。

方向性原则。农林经济管理专业教学评价体系的设计不能偏离评价目标和

教育目标。在本研究中,方向性的原则主要表现在财经院校的依托作用以及人本管理理念的指导性作用。

敏感性原则。农林经济管理专业教学评价体的构造中,要突出各个指标的敏感性,避免指标过多且互相交叉的问题,以求用恰当数量的指标最大限度地获取农林经济管理专业教学的实际情况,从而提高指标反映和解决问题的能力。

三、基于人本管理的农林经济管理专业教学评价体系

结合人本管理的农林经济管理专业教学内涵以及评价指标体系的构建原则,构建的指标体系将覆盖教学目标、教学过程以及教学效果,从而用以分析基于人本管理的农林经济管理专业的教学目标设置,执行的过程以及执行后的教学效果。因此本研究中,将选择以教师为本、以学生为本和以幸福为导向为3个一级指标,设计二级指标。

以教师为本的一级指标下,农林经济管理专业教学评价将关注教师获得进修的机会,因此引入新增海外经历教师人数指标;为了突出财经类院校中农林经济管理专业学生就业领域与财经类有关的比重较高,引入财经类课程比重指标;为突出教师在教学设计的主体地位,引入教师教材编写数指标;受现在行政化的倾向,教师教学容易受到行政的干预,引入教师对教学管理工作满意度指标。

以学生为本的一级指标下,农林经济管理专业教学评价将首先关注教学中学生的主动性、积极性、实效性,分析学生在学习中是否主动学习,是否配合教师的教学工作,因此引入学生对教学互动满意度指标;顺利通过教学考核获得学位对于学生至关重要,引入因学分不够无法按时毕业学生数;考虑到学生未来职业发展是对专业教学工作的一个重要评价,引入学生就业率以及学生就业职位满意度两个指标。

在以幸福为导向的一级指标下,农林经济管理专业教学评价将重点考虑学生对教学的满意度,因此引入教师人均学、评、教分数指标;考虑到学生对农林经济管理专业存在一些困惑,直接影响了学生对专业以及教学的认可程度,因此针对高年级学生引入学生对农林经济管理专业优劣感指标;教师的幸福感是整个教学工作的满意程度,结合教师的职业发展与物质需要,引入教学型与教学科研型岗位比重以及教学收入占教师总收入比重两个指标。

综合上面的分析,基于人本管理的农林经济管理专业教学评价指标体系如表1所示。

表 1　基于人本管理的农林经济管理专业教学评价指标体系

	一级指标	二级指标
农林经济管理专业教学评价体系	以教师为本	新增海外经历教师人数 财经类课程比重 教师教材编写数 教师对教学管理工作满意度
	以学生为本	学生对教学互动满意度 因学分不够无法按时毕业学生数 农经专业学生就业率 学生就业职位满意度
	以幸福为导向	教师人均学评教分数 高年级学生引入学生对农林经济管理专业优劣感 教学型与教学科研型岗位比重 教学收入占教师总收入比重

四、结论

本文基于人本管理,分析了人本管理的农林经济管理专业教学内涵以及评价指标体系的构建原则,再在构建原则的指导下从以教师为本、以学生为本和以幸福为导向三个方面引入包括新增海外经历教师人数在内的 12 个指标。

（作者单位　浙江财经大学工商管理学院）

[参 考 文 献]

[1] 洪名勇. 地方综合性大学农林经济管理品牌专业建设构想[J]. 高等农业教育,2008(7)：57-61.

[2] 马晓旭. 农林经济管理专业创新型人才培养模式构建[J]. 农业教育研究,2009(1)：39-41.

[3] 何蒲明. 农村建设背景下的农林经济管理专业课程体系改革探讨[J]. 高等农业教育,2011(3)：53-55.

[4] 姚作为. 人本管理研究述评[J]. 科学学与科学技术管理,2013(12)：68-73.

[5] 张今声. 论人本管理[J]. 江西财经大学学报,2000(1)：3-7.

[6] 陈惠雄,刘国珍. 快乐指数研究概述[J]. 财经论丛,2005(3)：29-36.

[7] 陈惠雄,吴丽民. 国民快乐指数调查量表设计的理论机理、结构与测量学特性分析[J]. 经济问题探索,2006(5)：1-7.

[8] 刘华. 发展性课堂教学评价指标体系:构建思路及示例[J]. 全球教育展望,2013(2)：48-56.

经管类大学生创业意向调查与创业路径设计

——以浙江财经大学为例[①]

尤利群

[摘　要]　本文以浙江财经大学为例,对经管类专业在校学生进行创业意向调查,分析经管类毕业生创业的优势与劣势,探索有效的创业的路径。

[关键词]　经管类大学生;创业意向;创业路径

鼓励大学生自主创业,已成为国家公共政策越来越重视的一个方面。本文以浙江财经大学为例,在对大学生创业意向深入调查的基础上,研究经管类毕业生创业的优势与劣势,探索创业路径,为经管类大学生创业教育的开展和成功创业提供参考。

一、经管类专业学生创业意向调查

由于创业倾向决定是否产生创业行为,因此大学生的创业意愿与创业构想对是否实现成功创业是至关重要的。本次调查于 2012 年 10 月开展,以浙财大经营类 2009 级在校生为对象,采用随机抽样问卷调查的方法,主要针对创业概念、创业兴趣、创业困境和创业打算等方面做了调查,实际发放问卷 1500 份,有效问卷 1130 份,有效回收率为 75.33％。其调查结果为:

1.对创业概念的理解

"创业"一词对所有的人学生来说都不陌生,但对创业的埋解却有所不同,有 68.1％的学生选择"开创一份事业都可以叫创业";有 19.7％的同学选择"办一

①　尤利群,经管类大学生创业意向调查与创业路径设计——以浙江财经大学为例,浙江财经大学创新创业人才队伍建设与党建研究课题的资助,2012DJYJ002。

个企业(公司)";还有 12.1%的同学选择"其他",认为自己独立生存如开一个网店也是创业。说明大部分同学对创业的见解较广义,而不仅仅局限于开办一家企业。

2. 创业的兴趣

有 19.5%的同学选择"对创业很有兴趣";有 57.2%的同学选择"有兴趣";有 17.8%的同学选择"不太感兴趣";只有 5.5%的同学选择"没有兴趣"。其中工商管理、市场营销、国际贸易等专业的同学创业的兴趣偏大一些,财政、会计与金融专业的学生创业兴趣相对小些。总体上,同学的创业兴趣是比较大的。

3. 认为创业过程可能遇到的最大障碍

有 32.3%的同学选择"资金不足,无好的创业方向";有 41.5%的同学选择"经验不够,缺乏社会关系";10.3%的同学选择"能力有限,要考虑继续深造";有 13.3%的同学选择"风险难测,心理压力太大";只有 2.6%的同学选择"其他",如专业问题、家庭问题等等。由此可见,大学生创业过程中存在的障碍很多,特别是资金、项目与经验。

4. 大学生创业必备的条件

该问题可多项选择,其中有 37.7%的同学选择"个人或团队研究成果或专利";有 48.7%的同学选择"个人强烈的价值观志向";有 43.4%的同学选择"大学生科技创业基金支持";有 30.5%的同学选择"学校提供的各类创业培育和服务";有 46.4%的同学选择"得到社会化专业化的管理和服务";有 5.8%的同学选择"其他"。

5. 希望获得哪些创业培训

该问题可多项选择,其中有 43.1%的同学选择"专业技术知识";有 60.5%的同学选择"经营管理知识";有 62.8%的同学选择"沟通及交际能力";有 46.7%的同学选择"组织协调能力";有 41.2%的同学选择"创业管理"。这说明大部分同学希望获得更多相关知识的培训,特别是沟通及交际能力。

6. 对大学生创业的看法

有 47.9%的同学选择"认同,是实现理想的一个途径";有 45.8%的同学选择"应该会是一个不错的选择";有 4.1%的同学选择"反对,大学生应该以学习为主";只有 2.2%的同学选择"其他"。

7. 是否有进行自主创业的打算

有 10.0%的同学选择"近期有计划创业";有 52.7%的同学选择"目前没有,

将来很有可能有";有 21.2％的同学选择"目前没有,将来可能性一般";有 16.1％的同学选择"一直不会有"。说明从兴趣转化为直接的创业行为还有一个过程,虽然大部分同学对创业有兴趣,但对开展自主创业仍缺乏心理准备。

调查发现,经管类大学生由于专业原因,对创业较关注,大部分同学也有较正确的认识,但也渴望得到更多的教育、支持与帮助。因此,在大学创业教育中,如何帮助大学生深入地了解创业的各个环节,分析清楚自身创业的条件,提供必要的优惠政策与支持是十分必要的。

二、经管类大学创业的优劣势分析

优势(S):第一,市场敏锐性强,具备经济与管理类知识和能力强。在大学期间,经管类大学生一般学习过"经济学""市场调查与分析""管理学""战略管理""市场营销学""金融学""会计学""税务管理""财务管理""投资学""企业资源计划""生产运作管理""商务谈判""法学"等课程,不仅系统掌握了创业必备的知识,而且在课程学习中受过很多创业相关技能的训练,这对创业很有帮助。第二,参与的社会活动较多,具有较强的组织、协调与沟通能力,有一定的商务谈判、人际交往和市场开拓能力。在大学生成长过程中,大学生参与社会活动的机会较少,对社会运行模式了解不深入,这是导致大学生产生创业心理障碍与创业失败的重要原因。相比其他专业的大学而言,经管类大学生在校期间开展的社团活动,与创业活动比较接近,如浙财大举办的"挑战杯"创业大赛、"赛伯乐杯"创业大赛、"电子商务竞赛"、"校园版创智赢家"、"ERP 创业大赛"、"鸿雁杯管理大赛"、"华西杯模拟股市大赛"、"新华杯模拟期货大赛"等活动与创业关联度高,能使学生得到很好的创业模拟训练。第三,行业选择的机动性较强。由于经管类大学生创业的立足点大多是管理与市场开拓,因此可以有较广泛的行业选择面。第四,创业热情高,能策划与设计出一些具有市场潜力、可行性强的创业项目。

劣势(W):第一,创业资金短缺。大学毕业生刚走向社会,没有太多的资金积累,创业资金来源主要依靠家人资助,亲戚朋友借入,银行的小额贷款,学校与政策的奖励金和少量风险基金投入。资金的缺乏使其创业项目选择与创业模式设计受到很大的限制,特别是依赖借入资金的项目,对创业学生构成的心理压力较大,使他们过于注重项目风险,感觉放不开,导致目光短浅,容易丢失发展机会。第二,经验不足。虽然经管类大学生已学习了不少创业相关知识,但各方面知识的融会贯通与熟练运用能力不足,表现为学时很懂,用时想不起来;理论有余,实操能力不足;知识点多,系统性不足。特别是人际交往和市场运作经验显得更为不足,与社会交往过程显得底气不足,具有一定的心理障碍,使其不能获得更多的社会支持与帮助,在许多商务谈判中处于劣势。第三,理工知识缺乏,项目选择受限制。虽然经管类大学生可借鉴其商务管理知识在多种行业中创业,但相比理工类大学生而言,由于缺乏自创性技术项目依赖,让许多同学在项目选择上感觉无从下手。创业项目选择上,偏向服务性和商务性项目,以第三产业项目居多。特别是像浙财大这类理工专业不多的高校,学生与理工专业同学联合创业的机会更少,项目选择的局限性更大。虽然有个别选择制造业创业的,但都是由于有家族企业的背景。第四,创业心理准备不足。对大学生创业失败的主要原因:创业仅凭心血来潮,没有坚定的创业梦想,对市场没有进行科学的调查研究,对项目可行性认证不足,对创业的风险估计不足,合作者之间沟通不足,前期市场预测过于乐观,承受风险和失败的能力比较弱。这些失败的原因多数是同学在创业前没有充分准备特别是心理准备所致。

三、经管类大学生创业路径的设计

总结经管类大学生成功创业的经验,笔者结合多年的"创业理论与实践"课程教学和创业竞赛指导经验设计出一个经管类大学生创业的基本路径。

1.培养创业兴趣

许多成功创业者的经验表明,创业兴趣、创业梦想与创业信心是成功创业的始点,也是关键。浙财大通过开设创业专题选修课,邀请社会成功企业家和校友创业者开设创业讲座与座谈会,开展创业类模拟竞赛,进行创业实习基地实习和在日常的课程教学中渗透创业教学等方式引发学生创业兴趣,并通过专业指导教师指导,引发学生将创业兴趣转化为一种持续的职业发展规划。

2.寻找创业项目与机会

创业项目的策划与发掘是经管类大学生创业的一项难点。笔者在指导学生选择创业项目中,发现大部分经管类学生选择服务类、商务类项目,创新性不足,缺乏新意与市场推广价值。如何发掘具有新意与市场推广价值的项目?浙财大的做法:一是加强创业教育和创业活动在大学教学和学习过程中的持续性和系统性。从大一的"职业生涯规划"课程到大二的"管理学""市场营销学""市场调查与分析"到大三的"战略管理""产业经济学""创业理论与实务""项目管理"等课程都涉及学生兴趣产业与发展方向的选择、锁定与长期跟踪,经过多年的信息跟踪,能对产业内的市场需求与商业机会有更为深刻的认识,再通过创业的竞赛将创业项目系统化并经过一定的模拟练习与检验,使项目更切实可行。二是加强与理工专业同学的合作,加强与家族企业、实习基地的项目合作,寻找项目发展平台,减少项目风险。三是引导部分同学将项目开发的注意力集中于市场新需求与市场细分化后的"蓝海"项目上,通过深入调查,发掘市场空白,通过强化服务功能,追求市场切入点,从小到大。在可能的情况下,大学学习期间尝试性地提供专项服务,在过程中完善项目构思。

3. 科学评估与系统培训

识别创业机会只是创业活动的起点,如果要理性创业,还必须进行创业机会评价,根据评价结果做出合理的决策。另外,对创业理论与能力系统培训和对创业政策的全面了解,是提高创业成功率的关键。具有创业兴趣,拥有创业项目不等于创业能顺利实施。创业是一项系统工程,创业者需要有良好的经营头脑,有系统的创业知识,有较强的经营能力,充分了解行业规范及创业政策。为此,浙财大对具有较明确创业意向的同学,帮助其进行"项目评估""归零"与"系统培训"。也就是从头开始系统梳理创业知识、创业能力与创业项目的可行性,围绕创业项目分析所必要掌握的行业信息、市场信息和自我条件,分析是否有明确的目标定位,是否了解顾客的需求,是否有足够的发展空间,是否掌握竞争者信息,是否具有战略思路,是否能收支平稳,是否能掌握运营的难点,是否有合理的赢利模式,是否能规避竞争者的模仿与压力,是否能得到消费者的认可,是否能获得经营的许可,等等,并帮助其补充必要的知识和能力。

4. 建立一个优秀的团队

经管类学生创业时在团队的角色基本定位于管理人员,因此创业团队的建立很大程度上取决于创立企业的类型。志同道合、各有所长是组织团队的关键。经管类创业者要充分发挥自己的管理才能,起好领导、协调、组织作用,使团队成员紧密合作,将团队的力量发挥到极致。

5. 寻找融资渠道

创业融资难是一个客观事实,不过随着我国经济的发展,个人财富的增加,国家对大学生创业扶持力度的增强,投资机构对大学生创业关注面的扩大,融资渠道也在增加。

6. 做好创业管理

经管类毕业生在创业之初就应该了解企业发展与成长的一般规律,有效地改善企业经营绩效,促进企业的持续发展。如在发展战略上,要树立企业的发展愿景,根据新情况不断修正和完善战略方案;在营销策略上,要以顾客价值为核心;在组织设计上,可采用更灵活、有弹性的组织结构;在人力资源管理方式上,应更多注重团队式管理,人性化管理;在企业文化建设上,应注重发挥创业领导者的精神与品德示范作用,带动所有员工积极进取、奋发向上;在日常管理上,应当重视对细节的把控,加强计划与控制。

　　总之,经管类大学毕业生创业应对自己有一个清楚的认识,扬长避短。一方面要利用自身优势,抓住机会,谋求发展;另一方面也要看到自身的不足,合理规避风险,迎接挑战。当然提高创业成功率,不仅需要合理的创业路径,自身的努力,还需要得到高校、政府、社会的支持与帮助。

　　　　　　　　　　　　　　(作者单位　浙江财经大学工商管理学院)

课程教学改革篇

以生为本,构建经管类实训课程课堂教学新范式

——以"营销实训"课程为例

陈水芬

[摘 要] 经管类实训课程旨在通过实训练习,深化学生对相关理论知识的理解,提高学生分析问题与解决问题的能力。但目前经管类实训课程的课堂教学模式还是沿用原来的实训方式,不能突出学生这个实训的主体,不能激发学生的学习积极性。本文通过"营销实训"本科课程教学中尝试采用以生为本的新理念,在经管类实训课程进行了有益的探索,为企业营销提供创新人才奠定基础。

[关键词] 以生为本;营销实训;课堂教学

"以生为本"的教学理念与原有的"以教师为中心"的理念不同,在该理念下,要求教师从教学目标、教学过程、教学手段与方法、教学评价等各个环节的设计中真正"以学生为中心",考虑课程性质与学生特点,构建课堂教学的模式。

对于经管类实训课程,大多是学生在掌握了一定理论知识的基础上,通过实训课程,最终提高分析问题与解决问题的能力。这就要求改变传统"灌输式"的教学模式,"以生为本",避免学生被动地跟着教师的教学节奏走,缺乏自我驱动力和创新性的现象。

一、目前经管类实训课程课堂教学模式不能体现"以生为本"的理念

目前很多经管类本科院校开设了实训类课程,其课堂教学大多采用以下方式进行。

1.调研性案例讨论和分析性案例讨论

这两种形式的案例讨论都需要紧密联系实际,除了在媒体搜集二手信息外,还需要掌握企业的一手资料,因此都会直接接触企业和社会。一般以小组为单位,旨在通过案例准备和小组讨论中培养学生的团队精神、合作意识和分工合作完成任务的技巧。这种方式的活动需要精心策划,很多时候由于学生"搭便车"和教师准备不足、讨论组织不力等原因,并不能取得预期的效果。

2.参观活动

参观活动根据课程内容的需要进行安排,包括实地参观、专题考察等。每个课堂视课时的多少安排一次到两次。如讲授渠道运作内容时,将学生带到零售超市考察各个典型企业的卖场布置思路和做法。这种方式简便易行,效果好。通过近距离观察,体会相关的原理及其对中国实情的适应性,启发学生独立思维;在个人或小组考察报告的课堂展示和交流中,学生得以加深对所学知识的理解,增强其理论运用于实践的意识,培养和提高分析问题、判断问题的能力。但由于大多学生对参观目的欠明确,参观过程往往流于形式与表面化。

3.软件模拟活动

在利用计算机进行仿真的环境中进行企业实际运作及竞争模拟,让学生不仅对所学本专业知识和相关专业知识如项目投资、财务管理、人力资源管理等的综合运用进行检验,也让学生感受到各种能力培养的重要性。软件模拟一般安排在教学内容基本讲授完毕后,便于对所学知识进行归纳提升。但计算机软件实训,跟真实环境相差很大,很多时候也只是"纸上谈兵"。

4.讲座

聘请国内著名的大学教授、企业营销专家以及本院在一些研究领域有一定造诣的教师开设讲座,或邀请已毕业并在事业上取得较为成功的校友回校讲课,与学生面对面交流。通过开设相关内容的专题讲座,旨在提高学生的科研能力。但由于演讲人的水平、演讲的内容等原因,学生常常不能与所学融会贯通。

这些实训形式在一定程度上调动了学生的学习积极性,提高了学生实践能力。但是,这些方法还是以教师为中心,缺乏完整体系的实训方案,学生不能完成所学知识的构建,达到实训目标。

二、"以生为本"的实训类课程课堂教学新范式构建

"以生为本"就是在教学中真正以学生为中心,在实训目的、实训内容、实训

手段、实训评价、激励措施等方面进行精心设计。下面以"营销实训"为例，探讨基于任务驱动的实训类课程课堂教学新范式。

1.实训的目的以及设计思路

（1）"营销实训"实训的目的。实训课程是"市场营销"课的必要组成部分。通过实训课教学，可以使学生熟悉市场营销学理论系统和现实的市场环境，树立现代市场营销观念和创新意识，懂得市场调研和营销策划的方法，初步掌握各种营销策略及其综合运用，从动态中把握市场营销学的综合运用。

通过实训课，加深对市场营销理念的认识和理解，强化营销理论知识的记忆；培养学生的思维能力、沟通能力、动手操作能力和解决实际问题的能力；快速适应营销调研、策划、市场推广、产品销售等工作岗位。

（2）实训课程设计的理念和思路。该实训课程的设计思路是：在教学班内，学生分组组成团队，创建模拟公司，然后各个团队通过市场调研，分析模拟公司所处环境状况、顾客行为和竞争现状，选择目标顾客，进行市场定位，最后制定营销组合策略。全体学生动手参与设计、组织与实施，在这个过程中，既锻炼了学生的专业应用操作能力，又深化了营销理论知识，完成了对市场营销知识的构建。

2.教学内容的设计

（1）采用任务驱动教学方法。任务驱动教学模式倡导以"学"为中心的教学理念，就是将所要学习的新知识隐含在一个或几个任务之中，学生在教师的帮助下，紧紧围绕共同的任务活动中心，在强烈的问题动机驱动以及一定的激励措施下，通过学习资源的积极主动应用，进行自主探索和相互协作的学习，最终通过任务的完成而实现对所学知识的意义构建。

（2）具体任务设计。具体任务的设计非常关键，关系到学生对该知识体系的构建与学习的兴趣。营销实训课程按照课程教学大纲和教学目标，模拟企业的市场营销活动过程，将该课程的框架概括为 PEST＋STP＋4PS，设计成 10 个教学模块，这 10 个模块相对独立又彼此关联。对学生来讲，整个课程的框架就是一个完整的创业过程。因此，我们以创业策划为主线，把这门课程当作一个完整的创业策划方案来进行教学，同时又把整个课程内容也串起来了。再融合协作式、体验式教学，学生组建团队，注册模拟公司，对相应模块的内容进行实训，培养了学生创业与创新意识，提高了解决企业营销实际问题的能力。

①模拟公司经营，模拟企业营销活动。运用浙江省新世纪教改课题"高校协作式学习模式构建与应用研究"的研究成果，将"项目教学法"融入教学中，采用"PEST＋STP＋4PS"项目展开即模拟企业市场营销活动过程，深入展开市场营

销问题的研究,在内容上强调理论与实践紧密结合,让学生既系统了解企业营销活动的整个过程,又掌握每一部分的营销方法与策略。

②根据高校学生的特点,在现有教学内容的基础上,进一步提高布置团队作业,以培养分析应用能力和创新能力。如企业制定市场营销策略之前,先要进行环境分析。为此,我们在布置相应作业时,让学生进行SWOT分析,学生先了解什么是SWOT分析,然后从环境的变化中,分析给企业带来的机会与威胁,并进行优劣势分析;还有竞争分析中的迈克尔·波特的五力竞争模型等。

③项目设计:目标明确,任务可分解,前后作业有联系,有利于团队合作。营销能力对大学生来说是终身受益的能力,对大学生的从业能力、创新能力、创业能力的培养及未来的发展起着十分重要的作用。在教学中始终以"学生为中心",每一部分教学任务明确,学生要做的团队作业任务可以逐步分解,有利于学生合作完成,不仅在每一部分教学后都布置提高市场营销能力的实训练习题,题目的设计以团队的形式进行,而且一直贯穿整个教学过程,使每一部分的练习既有对当前教学内容的练习,又前后相关,如学生结合模拟公司的产品通过市场分析,选择目标顾客,然后制定4PS组合策略。

3. 教学手段

(1)融多种教学方法,模拟创业过程。在课堂教学中,除使用多媒体教学、案例教学方法外,我们将模拟创业式教学作为主线,有效融合协作式学习、体验式学习、项目教学等多种新型教学方式,激发学生学习的兴趣和积极性,培养学生创业与创新意识。

(2)请实业人士为学生进行讲座,将理论与企业实践紧密结合。请企业实业人士,尤其是创业成功或者是在企业发展良好的学长学姐给学生做一些讲座或当最终学生创业计划书的评委,并且这些人组成了相对稳定的演讲团队,让学生对市场营销理论有更深刻的理解,对创业创新有更新的认识,学长们自身良好的发展为学生树立了榜样。

(3)评价小结。每次团队完成一个任务后,都由组内成员对模拟公司项目进行PPT汇报,然后由其他小组进行评价,最后由老师从专业知识、文案策划、PPT制作、演讲水平等角度进行点评。由于各个模拟公司所选择的产品和顾客不同,但任务相同,激发了学生学习的积极性,各个团队积极讨论,沟通和协作能力极大的提高,最后老师的点评也极大地提高了各个组的专业水平和表达能力。

4. 激励措施

任务驱动的教学模式,往往以小组团队的形式进行,但这样的形式很容易产

生"搭便车"的现象,如果不加以防范,最终不能达到实训教学目标。"营销实训"课程采取以下激励措施:

(1)团队组建,增强趣味性与激励性。

①自由搭配,人数为单数,单数有利于学生一起讨论,防止学生两两成对。

②每次作业由教师指定组长,组长轮流当,避免了组长每次很辛苦,而其他成员得不到锻炼,也在一定程度上减轻了"搭便车"现象。如小组成员一般由5人组成,编成1至5号,每次团队作业由教师指定由几号同学负责组织小组成员完成。

③组建模拟公司,担任企业相应职务。让学生模拟企业的营销行为,建立团队,从公司注册、环境分析、竞争和顾客分析、目标顾客选择、产品、价格、渠道、促销等策略的制定,增强学习的趣味性。

(2)改变团队作业形式及其批改方式,激发学生学习热情。

①布置作业时明确各同学的职责。作业一般由一名同学负责组织讨论,完成实训报告,一名同学做成PPT上课汇报,一位同学在教师作业点评后修改,一位同学总结本次作业经验与教训。每个人的任务围绕着总任务开展,相互关联,这样促使小组成员互相合作。

②作业以回帖形式上交。在网络平台营销互动网上,作业以回帖的形式出现,这样学生之间可以互相比较和交流,教师公开打分,既显示了教师批改的相对公平性,又能发挥学生的积极性,避免学生因各种原因随便交一个作业应付。

③优秀作业置顶。对一次作业中,特别优秀的作业置顶,能激发学生通力团队合作争当优秀作业的积极性。

5.优秀教材的引领

教材是引领学生完成实训的范本和规范,但目前几乎所见到针对本科教学的营销实训类教材,通常有四种形式:一类是本科高校市场营销学理论的配套实训教材,以理论为框架,配以案例分析以及实训练习题。二类是任务引领型的,把营销实践活动分为几个模块,每个模块下分解一些营销任务,如《市场营销实训——核心能力拓展项目教程》,李湘滇(2011)。一般这类书籍每章有实训要点、实训重点、实训难点,章末有实训小结。各章包含若干小节,每节有实训目标、实训内容、实训流程和实训范例。对这两类教材而言,学生只是对各部分的知识在给定的背景下有了一定单独的操作能力,而企业的营销活动是相互关联的,这样的实训不能让学生从整体上把握营销实践活动,针对环境变化灵活制定营销策略。并且案例分析、习题练习等方式在理论教学中也有,在实训教学中重复运用,不能激发学生学习积极性和兴趣。三类是策划文案类的,突出市场营销的策划能力,该类书虽对学生策划能力培养有一定的提高,但企业营销活动不只是策划活动。四类是行业实训的,专门针对某个行业的特点进行营销实训,如药品、汽车、房地产、旅游等实训。该类书结合行业和产品的特点,设计了一些有针对性的营销实训活动,操作性和针对性很强。但由于是结合某一行业的,难免有偏颇之处,不适宜作一般院校营销专业的教材。

为此,我们在实践的基础上,申报了浙江财经大学现代教育中心资助教材,该教材的特色与创新:

(1)该教材编排新颖,实训内容环环紧扣,实训项目引导学生自我发现问题解决问题的能力,适合本科教学培养目标。本教材以任务驱动型教学为指导思想,运用"模拟公司教学法"的实践成果,以市场营销理论为基础,让学生组建模拟公司,模拟企业的营销实践活动。整个实训过程,从组建团队开始,进行市场分析,到制定各种营销策略,各个实训项目既相互独立,又互相关联。通过实训,掌握市场营销的基本技能和方法,深化营销理论,提高学生分析问题与解决问题的能力。

(2)与其他任务驱动型、项目教学法的教材不同,该教材强化各任务之间的衔接,并且针对本科学生的特点,在实训组织方式上进行创新,让学生在一定营销理论框架下,自己去发现问题、分析问题与解决问题,极大激发了学生学习的积极性。学生以模拟公司为起点,分析模拟公司面临的市场环境,选择目标顾客,进行市场定位,最后制定营销组合策略。每个项目又细化为若干个工作任务,内容涵盖企业营销活动的全过程。在实训任务和实训步骤的引领下,学生逐步构建了企业营销活动知识框架。

(3)与创业教育相结合,有助于培养学生创业与创新意识,按照该教材的实训思路,学生从组建团队、选择产品、进行市场调查和分析、进行STP战略制定、最后制定4PS策略,环环相扣,学生在学期结束时,相当于完成了一份创业计划书(市场营销部分),有利于培养学生的创新与创业意识,也有利于学生参加营销大赛,申报大学生新苗、孵化等项目。

以学生为主体,让学生在新颖实训方式下,通过整体实训,达到本科教学的目标;以教师为主导,授人以渔;以项目为载体,将技能与知识充分结合。这样的实训教材有助于学生掌握理论和方法,有助于培养学生的分析、解决问题能力和创新能力。

(作者单位　浙江财经大学工商管理学院)

[参 考 文 献]

[1] 李晓超.任务驱动教学模式在"物流学"本科课程教学中的应用[J].物流技术,2010(10):158-160.

[2] 马晶.西方企业激励理论述评[J].经济评论,2006(6):152-157.

[3] 王艳梅,赵希男.团队协作最优激励模型分析[J].东北大学学报:自然科学版,2007(9):1347-1349.

[4] 牛妍.基于"任务驱动"的思想政治理论课教学实效性探究[J].河北工业大学学报:社会科学版,2012(6):52-55.

创业导向的"市场营销学"
课程教学改革探讨

郭军灵

[摘　要]　课程的特性和环境的驱动使得"市场营销学"应该以应用为导向,重视教学的实践性。本文以培养大学生创业能力为目标,针对当前国内普通高校"市场营销学"教学中的诸多问题,构建和实施了基于创业导向的"市场营销学"课程教学模式,取得良好的教学效果,为提升高校"市场营销学"课堂教学质量以及解决当前大学生就业问题提供有益借鉴。

[关键词]　创业导向;市场营销学;教学改革

一、引言

　　持续十余年的我国高校扩招导致高校毕业生数量急剧增加,2013 年全国普通高校毕业生规模达到 699 万人,是 2001 年的 115 万的 6 倍,是新中国成立以来,大学毕业生最多的一年。高校毕业生就业形势更加复杂严峻,工作任务更加艰巨繁重。党的十七大提出的"以创业带动就业"为解决大学生就业问题提供了新的解决思路,也为大学生创业提供了有力的舆论支持。此后,国家出台了大量鼓励大学生创业的政策措施,并鼓励高校为大学生进行创业教育。基于此,本研究者试图结合"市场营销学"课程特点,把课程教学与创业教育结合起来,探索一套依托专业教学的大学生创业教育体系,不断提升大学生创业和就业能力,从而逐步解决当前高校毕业生就业难题。所以,从 2008 年下半年起,本研究者在"市场营销学"的教学过程中,对如何渗透创业教育理念进行了五年的探索与实践。在教学内容、教学形式与方法、评价方式、开展第二课堂教学等方面进行积极的探索,探索出了一条有特色的"市场营销学"的实践教学改革之路。

二、"市场营销学"课程教学存在的问题分析

之所以要对"市场营销学"课程的教学内容、教学形式与方法、评价方式、实践教学等方面进行积极的探索，主要还是为了解决"市场营销学"课程教学目前存在的一些问题。

1. 市场营销专业师资队伍缺乏实践经验

既然市场营销专业实践性教学的目标是巩固和深化所学理论知识，这就要求教师不仅熟悉教学理论，而且熟悉实践操作，能指导学生参与实践，而这对营销专业教师来说是比较大的挑战。以浙江财经大学市场营销系为例，目前本校市场营销专业从事教学活动的教师 70% 以上都是从高校毕业后直接进入学校承担教学业务，其理论知识较全面，但实践经验不足；他们大部分没有在企业工作的经历，深入企业管理实践，亲自参与企业营销活动的机会有限，导致其不能很好地了解企业的市场营销活动，不能把教学研究与企业实践结合起来。这样在教学过程中就很难达到言传身教的效果。

2. 实践教学模式及教学方式单一，而且脱离实践

受历史和学校资源影响，市场营销实践教学一直以来都是纸上谈兵，缺少必要的软、硬件设施，缺少实战演练。这种教学方式与市场营销专业教育的实践需求相差较大，也与生活中时时有营销、事事有营销的市场营销本质相差甚远。同时，在实践教学中，学生与企业直接接触的机会比较少，且在有限的接触过程中，其效果大打折扣。相关调查数据表明，约占 2/3 的企业不愿意接受短期实习学生，尤其是对产品知识要求比较严格的企业，在上岗实训之前都有专业知识培训。短时间无法使学生真正体会到营销的操作过程，虽然大四时期的毕业实习时间较长，但学生在实践中遇到的问题无法及时有效地从理论上总结，可能会导致理论与实践脱节。

3. 教学内容跟不上现代企业管理发展的要求

目前"市场营销学"课程教材仍以 20 世纪 80 年代的经典营销理论为主，尽管加入了网络营销、现代物流等反映当代特色的内容，但在目前商业模式不断创新，营销理念不断深化今天，仅是对原有课程教学体系修修补补，而不是从市场营销学的整体结构进行创新与发展，显然不能满足现代企业营销管理发展的要求。另一方面，我国高校工商管理课程都是从国外引进的，在应用环境方面，与当代我国经济发展现状存在一定差距。例如许多参赛的大学生创业项目都是以

电子商务网站为基础的创新型服务项目,在对项目进行市场营销组合策略推广方面,单以课程中的"4P"或"4S"等传统营销组合方式,显然是不够的,而是要将最新的网络整合营销等方法应用到创业计划书中,而在课堂教学中对此类理论的涉及则较少。

三、创业导向的"市场营销学"课程教学模式概述

针对以上"市场营销学"课程教学面临的一些问题,也为了响应政府提出的"以创业带动就业"来解决大学生就业问题的号召,笔者在多年的"市场营销学"课程的教学、企业的实践和指导学生创业的过程中形成了一套创新的、又紧扣课程理论体系的创业导向的"市场营销学"课程教学模式。概括来说内容如下:

1. 教学方法的改革

项目教学法、体验式学习、模拟创业教学相融合。注重同学们的参与性:课堂讨论、市场调查、视频案例观摩、典型案例分析、模拟创业策划等。尽量能请到正在或者曾经创业的高年级同学和企业界朋友来做最后的创业计划书展示的评委,并且在教学过程中与这些创业者做互动、访谈,去企业参观等,把理论与时间紧密结合。相比之前的教学方法而言,这些教学方法加深了学生对理论和实践的认识。

2. 教学主线的改革

模拟创业策划。结合笔者的理论和实践经验,笔者认为"市场营销学"课程的框架刚好是一个创业策划的过程,所以笔者决定以一个完整的创业策划作为穿插到课程教学框架中的一根主线。其具体做法:分组(4 人一组),轮流组织讨论并回复(共 8 次),上课点评讨论,期末创业计划书提交并做 Presentation。共计 8 次的讨论,通过师生互动网站(mktspace. zufe. edu. cn)来进行。相比之前的没有主线的教学而言,创新的模拟创业策划教学主线增加了学生参与的兴趣。

3. 考核方式的改革

平时成绩占总成绩 50%(课外的创业策划回复 10%+课堂讨论 10%+期中考试成绩和考勤 20%+期末创业策划报告及演示 10%)。相比之前的考核方式而言,增加了平时成绩的比例,增加了课外的创业策划回复和期末创业策划报告及演示。

四、创业导向的"市场营销学"课程教学模式的具体实施

创业导向的"市场营销学"课程教学模式以学生为本,以培养学生创业能力为目标。在教师指导下,学生被分成每4人一组的若干小组,共同制定创业项目计划,然后分工协作,直到完成整个创业项目。市场营销项目化教学实施过程分三个阶段,即市场交易观念的建立、提出创业项目、分析创业项目、4Ps的应对策略与财务分析。

1.第一篇:市场交易观念的建立

首先要给同学们普及市场交往与人际交往差别的知识,前者是利益的导向,让大家明白任何的市场行为都要以企业最终的利润为目标。而市场营销要做的是在满足消费者需求的基础上获取企业的最大化利润,所以需要了解人性的善和恶的两面,最高明的营销就是利用消费者的本善的内心来做一些能激发起消费者本善的共鸣的行为,从而达到企业的利润目标。在此阶段,首先要把学生分成每4人一组的若干小组。本部分需要做两次讨论课堂与课外讨论:

第1次讨论:市场营销学的人性假设(由每位同学单独回复完成)。其具体内容:你是怎么理解市场营销的人性假设的? 你怎么评价"人性本善,但人性恶"? 如何与市场营销学联系起来? 同时,请确定小组名单以及编号(1号 某某某 学号 班级)。

第2次讨论:市场营销学中的"顾客认知价值"(由每位同学单独回复完成)。其具体内容:你是如何理解市场营销学中的"顾客认知价值"的;请结合某产品或某企业,阐述其是如何创造更多的顾客认知价值的。

2.第二篇:提出创业项目

接下来要做的是大家集思广益,根据兴趣爱好和对市场敏锐的把握提出一个创业项目。这里需要慎重的是,一旦提出了某个创业项目名称,之后所有的可行性分析、战略、应对策略的分析都是围绕这个创业项目的主题,不能做变动。本部分需要做一次网络和课堂讨论:

第3次讨论:模拟创业之市场营销环境分析(由各组1号同学组织讨论完成)。具体内容包括(1)创业项目名称。作为在校大学生,如果现在让你们去创业,你们会选择什么行业或业务。(2)创业项目介绍。(3)市场状况,请先了解此市场的状况,比如企业的数量、规模、生产能力、市场需求、市场占有率、品牌等。(4)SWOT分析。分析该市场的营销环境中的机会和风险、你们团队/企业的优

势和劣势;(5)结论:为什么你们觉得这个创业项目有成功的可能。

3.第三篇:分析创业项目

本环节要做的是针对前面提出的创业项目,分析市场、消费者行为、竞争者分析、注册公司。本部分需要作两次讨论。

第4次讨论:模拟创业之消费者行为分析(由各组2号同学组织讨论完成)。其具体内容:针对你们对模拟创业计划的行业/业务选择,通过各种途径去了解其消费者的行为,其中包括消费者的特征(如年龄、职业、生活方式等);消费者购买这类产品的主要影响因素(内在因素、外在因素、营销因素等);消费者的购买决策过程(6W+1H,哪些人参与购买、购买评价过程、收集信息的渠道、购买后可能的感受和行为等);等等。

第5次讨论:模拟创业之目标市场选择与竞争者分析(由各组3号同学组织讨论完成)。具体内容:目标市场分析。你们是如何对模拟公司的市场进行细分的,选择了哪个细分市场? 公司的目标顾客是谁,为什么选择他们,采用的是哪种目标市场战略? 模拟公司拟在市场上树立何种形象? 等等。竞争者分析。从市场与行业的角度看,模拟公司的主要竞争对手是谁? 他们的产品、价格、渠道、促销等方面的策略是怎样的? 比较分析你企业与竞争者的优劣势;通过调查分析模拟公司产品在市场中所处的竞争地位(领导者/挑战者/跟随者/利基者),并简单提出相应的模拟公司的竞争战略。

4.第四篇:4Ps对策与财务分析

本环节要做的是针对前面已经分析成熟的创业项目进行具体的付诸实践的策略层面的具体操作,包括公司注册、产品策略、定价策略、分销渠道策略、促销策略、财务分析。本部分需要做三次讨论:

第6次讨论:模拟创业之公司注册与产品策略(由各组4号同学组织讨论完成)。具体内容:公司注册。公司性质(个人业主制、合伙制或公司制等),公司形象(设计公司的全称、Logo、口号等及其解释),业务范围,注册资金,法人代表,人事安排(总经理、各部门负责人等),公司地址等。产品策略。模拟公司所生产的产品(或服务)组合包括哪些,产品的整体概念中的三个层次(核心产品、形式产品、延伸产品),产品所处市场生命周期的哪个阶段及其特征,结合产品特点制定营销策略,品牌策略(是否要注册商标、要不要使用中间商商标、使用统一商标策略还是个别商标策略),产品的包装设计及其策略,等等。

第7次讨论:模拟创业之定价策略与分销渠道策略(由各组1号同学组织讨论完成)。定价策略。请确定影响模拟公司定价的主要因素以及企业定价的目标；模拟公司的定价程序及将选择哪种定价方法，为什么选择这种定价方法，如何运用这种定价方法定价；采用哪些定价技巧使价格更完善，对消费者更有吸引力，价格调整策略等。分销渠道策略。确定模拟公司的分销渠道的长度，确定模拟公司的分销渠道的宽度，如何选择中间商；如果模拟公司是零售或服务型企业，请进行商店选址、内部布置、商店内部刺激物的设计等。

第8次讨论：模拟创业之促销策略＋财务分析（由各组2号同学组织讨论完成）。其具体内容：促销策略。确定模拟的创业企业的促销目标。广告策略。确定广告目标，选择广告媒体，设计广告词。人员推销。模拟的创业企业计划采用这种促销方式吗？请设计激励措施。销售促进。请分别设计针对消费者和经销商的销售促进方式；公共关系：如果采用，设计一次具体的公共关系活动等。财务分析。对模拟公司做一个财务分析，然后预测一下投资回收期。

五、实践效果评价及改进

笔者所在单位为一所财经类本科院校，"市场营销学"在二年级第二学期作为专业主干课开设。在此之前，学生已经主修了管理学、经济学、会计学、金融学、统计学、组织行为学等专业基础课程，具备了一定的基础理论知识。由于每学期学生都要对任课教师进行教学评估，评估平台为浙江财经大学教务处的网络评估平台，学生都能对任课教师的所上的课进行评估，包括打分和留言。笔者选取刚过去的2012—2013学年第一学期所教的电子商务专业的11电子商务1、2两个班级的学生的教学评价做了统计，当然里面包括了学生的肯定的评价和改进的建议。

11电子商务1、2两个班级共计92位同学，本次调查的人数共计55人。调查题项包括满意、基本满意、不满意三项。其中，满意的学生为39人，占70.91％；基本满意的学生为16人，占29.09％；不满意的学生数为0。所以，从总体来说，学生对课程是认可的。另外，我们再看学生的评估留言，其包括两方面的调查：目前老师课程教学过程中值得肯定的地方（优点），目前老师课程教学过程中需要改进的地方（缺点）。共有22位学生写下了目前老师课程教学过程中值得肯定的地方（优点），10位学生写下了目前老师课程教学过程中需要改进的地方（缺点）。其中，学生写下了目前老师课程教学过程中值得肯定的地方（优点），包括纪律严格，认真审批；讲课详细，师生融洽；讲得很认真；讲课系统；课程内的知识点讲解的不错；课堂教学联系实际，能与学生互动，讲解详细；老师比较认真；老师讲得比较生动有趣，实例也比较新；老师讲课有很多实例，讲课的内容更贴切生活和实际，有师生互动的作业；老师学识渊博，教学旁征博引，能够举例论证市场营销这门学科；能够理论联系实际，把书本内容和现实相结合；上课很风趣，很理解学生；声音洪亮，布置的作业富有创意，而且理论联系实际，极大地调动了我们对课程的兴趣等。学生写下了目前老师课程教学过程中需要改进的地方（缺点），包括案例分析的方面可以适当的增加；更加有趣些；举例范围过于狭窄；课后的互动；没有课间休息时间，上课比较累；希望讲解再生动一些；希望老师能够和同学有更多的交流；中途不下课，上课有点累等。

　　总的来说，学生对于这种创业导向的"市场营销学"的教学模式还是认可的，也取得了比较好的效果，有两组同学已经把创业策划付诸实践，虽然目前还不能说其项目的成功与否，但是他们得到的创业教育和模拟实践经验是比较牢固的。此外，通过实施项目化教学，学生的学习兴趣和热情有了大幅度提升，自信心、创业欲望、创新思维和实践技能都明显增强。还需要改进的地方是：强化教学资源条件建设，根据不同项目要求，完善与教学改革相关的软硬件设施，加强校企合作，拓宽教师获得项目的渠道，并吸纳企业相关人员参与课程改革；更新案例，增加新的案例来进行教学；个人的教学经验还有提升的空间；提高模拟创业策划的质量，应以培养创业能力为目标，遵循学生认知规律，分解和重构教学内容，师生共同分析、设计和筛选创业项目。这在今后的教学过程中笔者还会不断进行探索。

（作者单位　浙江财经大学工商管理学院）

［参 考 文 献］

［1］郭军灵.关于新时期市场营销专业实践教学的思考［J］.科技情报开发与经济,2009(26):
　　163-165.

［2］赵锋.基于创业导向的"市场营销学"项目化教学改革与实践［J］.吉林广播电视大学学
　　报,2012(9):125-127.

［3］颜家水,唐红亚.在"市场营销学"课教学中引入创业理念的实践探索［J］.湖南大众传媒
　　职业技术学院学报,2006(4):34-36.

［4］胡俊峰.创业大赛实践与工商管理类课程教学的互动研究——以"市场营销学"为例［J］.
　　创新与创业教育,2012(8):9-12.

"人力资源管理"省级精品课程
教学改革的体会

人力资源管理系

[摘　要]　本文从师资队伍建设、教学内容设计、教学条件改善、教学效果提升等方面介绍了"人力资源管理"省级精品课程教学改革的做法,并分别就师资队伍建设、教学内容设计、教学条件改善、教学效果评价等提出了建议。

[关键词]　省级精品课程;教学改革;人力资源管理

"人力资源管理"是我校人力资源管理专业的主干课程,该课程以"人本管理""快乐管理"为核心思想,以人力资源管理的核心流程为主线,全面介绍了人力资源管理的基本原理、原则和方法,系统阐述了人力资源管理的各项职能,并对人力资源管理前沿问题和最新思潮进行了详细介绍。具体而言,"人力资源管理"课程内容主要包括人力资源管理概述、人本管理与人力资源管理、人力资源战略与规划、招募与录用、人力资源培训与开发、绩效管理、报酬设计与管理、劳动关系管理、战略性人力资源管理、人力资源管理前沿(理论与实践)等。

"人力资源管理"课程是国家教育部确定的人力资源管理专业的核心课程,是我校工商管理、市场营销、旅游管理、物流管理、财务管理及行政管理等管理类本科专业学生的专业基础课,每年有近千名学生学习"人力资源管理",课程覆盖面广,影响大。

我校"人力资源管理"省级精品课程自 2008 年 6 月立项以来,在建设过程中,凸显"以人为本"和"快乐管理"的核心理念,围绕这一核心理念不断进行课程设计和创新,使之成为我校人力资源管理课程建设过程中的显著特色。课程建设负责人陈惠雄教授是我国人本经济学和快乐管理的开拓者,其思想和理论日益受到理论界和实业界高度重视。人文—和谐—快乐,成为我校人力资源管理课区别于其他高校同类课程的显著特色。

经过几年来的不懈努力,在多方支持和关怀下,师资队伍建设、教学内容设计、教学条件改善、教学效果提升等方面取得了一定的成绩。我们的体会如下。

一、建好一支主讲教师队伍

高等教育的最终目标是人才培养,而优秀的教师队伍是培养具有高素质应用型人才的根本保证。自 2008 年人力资源管理省级精品课程立项建设以来,通过外引内培,课程本已经形成了一支年龄结构合理、学缘结构良好、知识结构科学、职称和学位结构理想、教学团队整体实力雄厚,发展潜力巨大的教学队伍。

人力资源管理精品课程目前拥有专职教师 7 名,100％具有硕士及以上学位,其中 5 名教师具有高级职称,占教师队伍的 66.7％,博士生导师 1 人,5 人具有博士学位。

二、改善教学条件

1. 充实教学资料

为促进学生的主动学习,在教材建设的基础上,教学团队还向学生提供了大量扩充性材料。

教学团队以列出阅读文献清单的方式,引导学生学习相关教材、相关学术论文和中外企业案例。本课程的每一章节后面都有复习思考题和开放式讨论题,可以促使学生跳出课本的内容限制,围绕问题,扩充自己的知识,学会从不同角度去思考与分析问题。

学校图书馆拥有十分丰富的本学科纸本文献和数据库,如中国期刊网、万方数据库、Manpower Journal 、Business Source Premier、SDOS、ABI 等常用数据库,为学生扩充性使用资料提供了较为完善的条件。已建成的"人力资源管理"课程网站(http://www.zufe.edu.cn/skyclass/schoolspace/courseInfo)有丰富的教学资源,如教学实况录像、案例库、练习题、电子课件、教学大纲、教学计划、重点难点、考前辅导及人力资源相关链接网站,都可以作为主教材的必要补充,激发学生的学习兴趣,加深对人力资源管理理论与实务的认识,培养自主思维能力和分析解决人力资源管理问题的能力,对促进学生主动学习发挥了积极的作用。

2. 改善实践教学条件

人力资源管理是一门实践性很强的学科,要求学生在掌握相应理论知识的前提下,了解并参与企业人力资源管理工作的各个环节的实际操作。鉴于人力资源管理专业教学中实践技能培养的重要性,为了激发同学们的专业学习兴趣,教学团队老师不断强化人力资源管理课程实践教学的重要地位,并通过不懈努力为学生创造出多种实践学习的条件。

(1)人力资源管理实验室建设。目前,人力资源管理课程配有 ERP 实验室以及人事测评实验室,并已安装了"人事测评系统""决策模拟系统""企业管理模拟系统"等软件,已在课程教学中投入使用。为保证实验效果,HRM 实验室除了配备必要的人力资源管理教学软件和实验指导书外,还配有完整、真实的人力资源管理各环节的操作文案资料,如企业人力资源部门工作计划、工作说明书、劳动合同、招聘计划、薪酬管理办法、员工测评与考核方案、员工培训管理办法等。此外,更为重要的是,人力资源管理课程配备具有一定实际人力资源管理实践经验的指导教师,他们可以结合企业人力资源管理工作的实际情况给学生讲解。在硬件设施方面,实验室还配置了多媒体教学设备和信息管理系统,为实验室的网络化、智能化管理及新实验内容的扩展和实验新技术的应用创造了良好的条件与基础。同时,在教学过程中不断改善实验条件,更新实验内容,重视学生的能力培养。

(2)实习基地建设。人力资源管理实习基地的建设和使用,对培养学生的综合素质和能力有重要的推动作用,是形成人力资源管理专业培养特色的重要手段,对提高人力资源管理专业学生的毕业质量和学校声誉也能起到积极作用。

目前,工商管理学院已经和宋城集团等多家单位签订合作协议,建设了 21 个比较稳定的实习基地,其中与人力资源管理专业对口的校外实习基地 7 个。实习经费、交通、住宿以及安全、卫生等都有较好保障,实施情况良好。人力资源管理专业已建立的浙江财经大学人力资源研究所是学生校内实习实训基地。在未来的 3—5 年时间内,人力资源管理课程将会有选择性地建立更多实习基地,以满足人力资源管理专业学生课程学习、阶段实习和毕业实习等多种需求,为学生提供了多样化的提高实践能力和综合素质的平台。

三、创新教学手段

1.更新教学设计的理念

针对本科人力资源管理课程教学的特点,教学队伍积极进行教学方法与教学手段的探索,一方面将"创新思维、互动思维、多向思维与例证思维"等思维理念综合运用在教学设计上,并使之不断形成教学意识习惯,统领课程教学始终,着力培养和提升学生的创新、多向等不同思维,使他们具有良好的思维方式和思维习惯;另一方面将"合作学习、自主学习与行动学习"的学习理念贯穿于教学设计之中,注重发挥学生学习的主体性,透过教师的教学引导,让学生的学习成为自我发现与探索真理的过程,从而真正培养学生独立思考、主动求知与积极探索的主体性人格。

总之,在教学设计过程中,课程教学团队成员不仅重视对课程基本理论、基本知识的讲授,而且重视对学生自主学习能力的培养;不仅授之以鱼,而且授之以渔。根据这种教学理念,人力资源管理教学团队成员以促进和提高学生的综合素质和创新能力为目的,结合人力资源管理理论的发展动态和管理实践,用先进的研究成果、科学的研究方法及时更新和深化教学内容,不断强化课程内容的重点、难点在理论上的重要性和对实践的意义,以激发学生自主学习的积极性。

2. 进行教学方法的改革创新

教学方法的改革是启发学生学习的积极性、主动性,提高学生学习兴趣,加强和加快学生对基本概念、基本理论、基本方法的理解与掌握,提高教学效果的重要条件。"人力资源管理"课程的教师在课堂教学这一环节进行了积极探索和改革,改变了过去以教师为中心,"填鸭"式的做法,开展了灵活多样具有特色的教学方式。主要有:

(1)采用情景模拟教学。"人力资源管理"课程的实践性很强。为了充分体现该特点,教师在教学过程中采用了情景模拟的教学方法,即创设一定情景,让学生模拟实践活动,充分激发学生的学习兴趣,培养学生实际操作能力的一种教学方法。例如,在讲授人力资源招聘这一章的内容时,教师常常安排学生进行人才模拟招聘,要求学生以角色扮演的形式模拟招聘的实际场景,效果很好。整个课堂在老师的指导下,主要由学生来完成。在这个过程中,学生首先需要熟悉专业理论,其次需要查阅资料、设计情景,最后再结合自己的体会把招聘的不同环节表演出来。学生模拟招聘的过程也是一个理论联系实际、反复修改和演练体验的过程。这一过程极大地调动了学生的学习积极性,激发了学习兴趣,更重要的是锻炼了学生的实际操作能力、语言表达能力、心理素质及人际交往能力。

(2)开展典型案例教学。人力资源管理案例作为无法实践的人力资源管理活动的模拟实践,在人力资源管理专业的教学中发挥了重要作用。课程教学团队成员针对"人力资源管理"课程的特点,将不同案例分别划分为课程的知识点案例、知识线案例、知识面案例三类,并再分为"概念案例、分析案例、决策案例"三层。在某章学完后,配备"知识点案例",针对性地完成定向技能训练,在若干章学完后,配备"知识线案例",实现"串行"技能训练;在某一课程全部学完后,配备"知识面案例",实现综合技能训练提高。为此,本课程每一章节都配有相应的案例。在案例的选择上,既使用国外知名企业的案例,也使用国内特别是反映浙江民营企业创业和发展的本土化案例。学生通过对各种案例深入细致的剖析,在掌握相关理论知识的同时,培养了自主学习的能力和对知识进行整合及综合运用的能力。

(3)采用项目参与教学。为了对学生的知识进行综合演练,锻炼学生的实际操作能力,提高学生的理论联系实际的能力,在课堂外的实践教学中实施项目教学法,即教师带领学生小组通过共同实施一个完整的项目工作而进行的教学活动,项目是完成一件具体的、具有实际应用价值的人力资源管理方案为目的的任务。在我校"人力资源管理"课程教学中,项目已经成为学生学习的基本载体,它来自于课程组教师的真实课题。学生小组接到的不是文字材料,而是活生生的现实案例。与传统教学法相比,项目教学法为学生提供了更加有效学习的良好环境,不但可以运用现代化教学手段对知识进行综合演练,而且在整个教学过程中既发挥了教师的主导作用,又体现了学生的主体作用,锻炼了学生的实际操作能力,提高了学生理论联系实际的能力。

(4)尝试实践团队学习。充分发挥浙江民营企业多,与学校联系紧密的优势,引入丰富多彩的第二课堂教学形式。校外实践教学本着由低到高、由浅入深的原则,包括参观访问、社会调查和实际操作管理三个环节。实践团队是学生走出校门,深入企业体验的学习形式。这对打开学生的视野和思路,提高学生的理论和实践水平有着不可低估的价值。如教师曾带学生到中国万向集团、杭州娃哈哈集团有限公司、杭州康师傅食品有限公司、浙江柳桥集团、传化集团、浙江中控集团、杭州张小泉剪刀等将近60家国内外知名企业参观交流,使学生们及早接触和学习优秀先进的管理经验和思想,在开拓了专业视野的同时,提高了人际交往和交流的能力。

3. 不断丰富教学手段

教学队伍充分意识到现代教育技术是教育教学的有力支持,是教学改革的动力,借用其推进教学改革,以教学设施为媒介,利用各种教学资源,使教学过程变得生动活泼。

人力资源模拟教学软件可以让学生们在一个虚拟的模拟商业环境中,进行决策演练各种人力资源管理理论和技能,却不需要承担在现实中可能面对的风险。这种体验学习的方式已经被证实是最为有效的教学手段之一。学生们对于模拟实验过程抱有极大的兴趣,他们会非常主动地去理解和体验在课堂上学到的各种理论、工具和操作方法。为保证人力资源管理课程模拟教学的实验条件,学校投入了大量的实验设备,投资 180 万元已建设完成的"工商模拟实验室",安装了"人事测评系统""决策模拟系统""企业管理模拟系统"等软件,并已在人事测评、招聘与录用、人力资源管理实务等内容的教学中投入使用,教学效果好。

四、构建网络教学平台,引导学生自主学习

自 2008 年省级精品课程建设以来,人力资源管理教学团队在进行教材和实践教学条件建设的同时,积极进行网络教学环境建设。建立了功能强大的局域网系统,完成了内容丰富,互动友好,形式活泼的人力资源管理课程网站建设,建立了人力资源管理系门户网站,为课程和专业学习提供支撑。

人力资源管理课程教学团队开发制作了人力资源管理课程的全套电子教案,并通过教学实践不断加以完善。已建成的人力资源管理课程网站(http://wlkt. zufe. edu. cn/skyclass/SchoolSpace/CourseInfo/CourseIntro. asp? CourseId=71),是集电子教案、习题库、教学大纲、师生互动、作业提交系统为一体的局域网教学平台。人力资源管理课程网站的建立,方便了学生自由访问和课外学习。实况教学录像可供学生点播学习或复习;网上答疑系统能实现问题的及时反馈和促进师生之间的交流;练习与作业能方便学生自测;各种教学资源,如PPT 电子课件、参考文献、练习与测试、相关网络资源有利于学生扩充知识面。

在人力资源管理课程网站建设的同时,我们还建立了浙江财经大学人力资源管理系门户网站(浙江财经大学人力资源管理研究中心网站 http://hr. zufe. edu. cn),发布人力资源管理系相关信息,介绍人力资源管理最近理论和实践,为人力资源管理课程和专业学习提供支撑。

五、教改成果丰富

通过几年的建设,取得了丰硕的实践教学成果。

第一,造就了人力资源管理专业毕业生较强的就业竞争力。我校人力资源管理专业的毕业生在人才市场中具有较强的竞争力,一次性就业率超过 95%。

第二,协调了学生专业知识与实践能力的平衡发展。本专业的毕业生不但具有一定的知识水平,还具有与此相对应的实战能力和解决问题的能力。

第三,为学生提供了广阔的实践锻炼平台。通过参加这些实践环节学习,为学生提供了一个提前锻炼自己能力的平台。同时,企业参观、专家讲座、阶段实

习、企业调查等活动也为同学提供了广阔的实践锻炼平台。

第四，实现了提升学生综合素质的培养目标。实践教学不但训练学生的专业技能，还极大地提升了学生交际、沟通等各方面综合能力。

1. 校外专家的评价

我校人力资源管理精品课程的建设成绩受到校外专家的一致好评，例如，上海交通大学人力资源管理系主任唐宁玉副教授这样评价我校的人力资源管理精品课程："浙江财经大学人力资源管理系在课程体系建设中体现出如下一些特色：(1)大胆借鉴国外成功的教学理念和经验，更在课程建设中吸收了较多新近的研究成果。(2)在教学方法和手段上持续创新，在教材建设、案例库建设、教学实践上都已取得较丰富的成果，建立的教学网络内容较丰富，具有较强的参考性和实践性。(3)教学团队整体素质高。博士学位占近70%，具有较强的教学和科研能力。其带头人陈惠雄教授是我国著名的人本经济学家。在其带领下，整体显示出较强的实力和潜力。"因此，唐宁玉副教授认为浙江财经大学"人力资源管理"课程建设处于国内较先进水平。

浙江大学姚先国教授认为浙江财经大学"人力资源管理"课程的建设处于省内先进水平。

2. 校内教学督导组评价

浙江财经大学教学督导组认为，"人力资源管理课程的教学担负起了为社会培养高素质人力资源管理人才的重任，建设好人力资源管理课程意义十分重大。浙江财经大学人力资源管理课程经过多年的建设，在教学组织、教学手段、教学理念等方面，都走在了全国名校的前列，具备坚实的基础和申报省级精品课程的条件。尤其是被列入校级精品课程建设以来，在师资队伍、教学研究、人才培养方面效果明显"。

3. 学生评教

在学校每个学期期末进行的学评教活动中，人力资源管理专业学生对人力资源管理专业师资、教学条件、教学质量等的评价非常满意。人力资源管理专业教师参加学校组织的课程教学质量评估的总平均分为91.08分。对毕业生的调查结果显示，毕业生认为人力资源管理专业根据"厚基础、宽口径、高素质、强能力"的基本原则，培养学生适应社会主义市场经济和知识经济时代发展需要的能力与素质，使学生系统学习和掌握现代人力资源管理的基本理论、方法与技术，并具有管理、经济、心理学、信息科学、法律等多学科的基本理论素养、专业知识和能力。

（作者单位　浙江财经大学工商管理学院，执笔人　胡孝德）

[参 考 文 献]

[1]〔美〕杨雷迪斯·高尔著.教育研究方法导论[M].江苏教育出版社,2003.

[2]普莱斯顿·D.费德恩,罗伯特·M·沃格尔.教学方法——应用认知科学,促进学生学习[M].上海:华东师范大学出版社,2006.

[3]〔美〕鲍里奇.有效教学方法第四版[M].江苏教育出版社,2002.

[4]中华人民共和国高等教育法[Z].1998年8月29日中华人民共和国主席令第7号公布,1999年1月1日起施行。

[5]浙江省中长期教育改革和发展规划纲要(2010—2020年)[Z].

在校大学生职业规划的调查及就业导向建议

——以在杭高校大学生为例

李 欣 郑 萍

[摘 要] 随着高等教育进入大众化阶段,人才竞争日益激烈,大学生就业问题已逐步成为全社会关注的焦点,高校对大学生开展职业生涯规划教育的重要性日益突出。职业生涯规划教育可以帮助大学生更好地认知自我,不断增强大学生的就业竞争力,实现职业理想。本文就大学生职业生涯规划教育的要点及实现途径进行了探索,通过对大学生职业规划的相关调查及分析,为大学生就业提供导向性建议。

[关键词] 大学生;职业规划;就业导向;马斯洛需求理论

一、引言

随着各个高校的不断扩招,大量大学生陆续毕业;国家经济体制和用人制度改革的不断深入,大学生就业形势变得越来越严峻。根据《关于在高等学校开设就业指导选修课的通知》(1995)文件精神,绝大部分高校都设置了专门的就业指导办公室,开设了相应职业规划的选修课程,大学生们也开始接触到职业规划的概念,职业规划从而成了大学生们最为关注的热点话题之一。然而,不少大学的在校学生对职业生涯规划的确切含义、重要意义、操作程序和具体技巧等缺乏深入的了解和认识,导致了不少大学生对职业生涯规划或冷眼相对,或茫然无以适从,或使规划流于形式,或不顾主客观条件,任意随自己的兴致来规划,这些又进一步导致了职业生涯规划没有能够充分发挥其应有的作用。

正是基于这样的一种社会状况,本课题开展以下沙高教园区大学生为主要研究对象,研究其对职业生涯规划的态度、认知和实行,从中发现问题,并对此提出可行性的建议,使有关部门能够有所借鉴和思考。

二、高校就业及职业规划现状

1. 我国高校应届毕业生的就业情况

我国高校自 1999 年起开始实施扩招计划后,扩招的比例逐年加大。尤其是进入 21 世纪以来,扩招的速度更为惊人,高校毕业生人数迅速增加。另一方面,改革开放以来,特别是中国加入 WTO 后,逐渐与国际市场接轨,我国的产业结构也发生了极大的变化。教育部部长袁贵仁在 2009 年底举行的 2010 年全国普通高校毕业生就业工作视频会议上表示,2010 年全国普通高校毕业生规模将达 630 余万人,加上往届未实现就业的,高校毕业生就业形势十分严峻。

中国教育新闻网经麦可思授权发布《2009 年浙江省大学毕业生就业报告》。该报告基于对浙江省 2006 届、2007 届、2008 届的大学毕业生半年后的调查研究,对 2008 届浙江省大学毕业生的就业情况进行了调查,见图 1 所示。

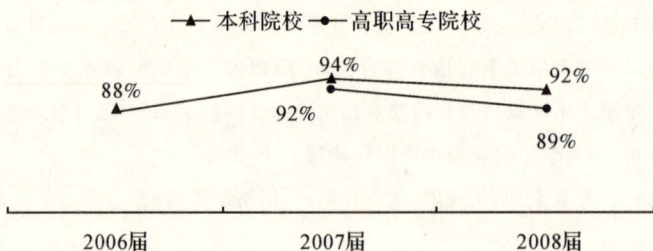

━▲━ 本科院校 ━●━ 高职高专院校

88%　　94%　　92%
　　92%　　89%

2006届　　2007届　　2008届

图 1　2006、2007 和 2008 届大学毕业生就业率的三年趋势图

数据表明,浙江省 2008 届大学毕业生毕业半年后的就业率约为 90.4%,比全国平均水平(86%)高出 4.4 个百分点,但较本省 2007 届大学毕业生毕业半年后就业率(93.1%)有所下降。根据学校类型来看,浙江省 2008 届本科院校毕业半年后就业率为 92%,比全国本科院校毕业半年后就业率(88%)高 4 个百分点,但较本省上届本科院校毕业半年后就业率下降了 2 个百分点;浙江省 2008届高职高专院校毕业半年后就业率为 89%,比全国 2008 届高职高专平均水平(84%)高 5 个百分点,但较本省 2007 届高职高专院校毕业半年后就业率(92%)低 3 个百分点。在浙江省 2008 届大学毕业生中,有 29% 是在毕业后半年内完成就业的。

由此可见,浙江省各高校就业形势在最近几年也是非常严峻的。与此同时,毕业生的频频跳槽、大学生就业的盲目性,使得用人单位拒绝应届毕业生的呼声此起彼伏,这不仅加大了企业存在的风险,无形之中增加了就业的成本,而且对应届毕业生的就业也极为不利。

以上情况存在的一个重要原因就是,大学生在大学期间接受的职业生涯教育太少甚至没有。大学生普遍缺乏对自我、职业和社会的认知。他们不能运用职业设计理论科学地规划未来的工作和人生的发展方向,并且缺少相应的职业实践。而没有任何职业目标导致了很多学生在毕业时,缺乏明确的目标定位和充分准备,匆忙地选择职业或者根本找不到工作。这在很大程度上影响和制约了市场配置的成功率,影响了毕业生对工作的适应性。

2.职业规划定义及职业生涯教育的现状

职业规划是指个人发展与组织发展相结合,在对个人和内外环境因素进行分析的基础上,确定一个人的事业发展目标,并选择实现这一事业目标的职业或岗位,编制相应的工作、教育和培训行动计划,对每一步骤的时间、项目和措施作出合理的安排。其中,职业生涯教育起源于 20 世纪初,产生于欧美国家的就业指导,之后逐步发展为一种综合性的教育计划。这是一种高度重视创造性和个性的教育,它强调在从幼儿至成人的整个教育过程中,不是单纯地传授知识,而是要将知识与个人将来的工作和生存方式相结合,并且把这种教育贯穿于人的一生。

我国的职业指导开始于 20 世纪 20 年代前后。1916 年,清华大学校长周寄梅先生首次将心理测试手段应用于学生职业选择中,这标志着职业指导在我国开始建立。1919 年,黄炎培等老一辈革命家、教育家在中华职业教育社的社刊《教育与职业》杂志上发表《职业指导号》,从介绍西方国家职业指导的理论与经验入手,结合当时的经济与社会状况,提出了我国开展职业指导的必要性。新中国成立后,由于实行计划经济体制以及与之相应的"统包统分"就业制度,职业指导没有得到足够重视。随着我国社会主义市场经济体制改革的不断深入,高校毕业生就业制度也由"统包统分"的计划型模式向"双向选择,自主择业"的市场型模式转变,就业制度的改革及就业形势的变化,使得各高校开始关注就业指导工作,普遍成立了就业指导中心,开设了就业指导课。

目前,各大高校纷纷成立了就业指导部门,并开设了各种形式的职业规划教育和就业指导讲座,几乎所有的学校都采取不同的措施来帮助在校大学生进行职业规划和就业指导。虽然这在某种程度上加大了对在校学生就业指导工作的投入,但对于大部分大学生来说,职业规划是一个全新的事物,大部分大学生对自己以后从事的职业很少规划,就业也往往随波逐流,缺少自己明确的目标。

三、在杭高校大学生职业规划状况调查与分析

笔者设计了两份不同的问卷,分别针对大一、大二、大三的在校学生和大四的应届毕业生进行调查。以下分别是两份问卷的统计分析。

1.在校大学生调查与分析

本次调查共分发 230 份问卷,实际收回的有效问卷为 200 份。调查的对象为在杭高校下沙高教园区的大一、大二、大三学生。本次问卷分别在下沙高教园区四个高校的图书馆中分发。

在收回的 200 份有效调查问卷中,大一、大二、大三的人数分别为 54 人、65人和 81 人,分别占有效样本总数的 27.0％、32.5％和 40.5％。其他的基本信息如下:性别比例上,男、女生分别为 61 人和 139 人,分别占有效样本总数的30.5％、69.5％。

(1)关于大学生是否进行过职业规划的情况。这个问题的回答结果依次为37 人,89 人,69 人,5 人,占有效样本数的比例分别为 18.5％,44.5％,34.5％,2.5％。选择有分阶段规划的 37 人中,大一、大二、大三分别为 12 人,13 人,12人;选择只有近期规划的 89 人中,大一、大二、大三分别为 20 人,32 人,37 人;选择只有一点规划的 69 人中,大一、大二、大三分别 22 人,16 人,14 人;选择从来没有的 5 人中,大一、大二、大三分别为 0 人,4 人,1 人。

从以上数据,我们可以看出每个年级段对于分阶段规划几乎不存在差异,而只有近期规划的人群中,大三的学生占了 45.7％的比例,说明随着年级的增高,大学生对于近期规划越来越重视了。只有一点规划的人数是递减的,这同样也验证了前面的年级与规划程度有着正相关的关系。选择近期规划的人数最多,其次是只有一点规划,选择从来没有的人数最少。可以看出,大学生已经开始规划,但规划程度还是不够(见表1)。

表1 你有没有对自己的将来进行过规划

年级		选项				总计
		有分阶段规划	只有近期规划	只有一点规划	从来没有	
大一	数量	12	20	22	0	54
	比例	6.0％	10.0％	11.0％	0％	27.0％
大二	数量	13	32	16	4	65
	比例	6.5％	16.0％	8.0％	2.0％	32.5％

年级		选 项				总计
		有分阶段规划	只有近期规划	只有一点规划	从来没有	
大三	数量	12	37	31	1	81
	比例	6.0%	18.5%	15.5%	0.5%	40.5%
总计	数量	37	89	69	5	200
	比例	18.5%	44.5%	34.5%	2.5%	100.0%

(2)关于大学生想获得哪方面的职业规划辅助服务的情况。对这一问题调查可以看出对于这四个选项选择的人数分别为58人,65人,36人,41人。占有效样本的比例分别为29.0%,32.5%,18.0%,20.5%。

可见,大部分的人都希望能够得到"一对一"的职业规划辅导。其他各项分类辅导的人数也占了相对平均的比例。这点说明目前大学生更加希望能有全面的辅导帮助,这也从侧面反映出大学生对于自己也没有全面的了解,对于职业更加没有全面的规划想法(见表2)。

表2　希望获得哪方面职业规划辅助

选 项	数 量	比 例
职业推荐	58	29.0%
"一对一"职业规划	65	32.5%
面试辅导	36	18.0%
职业方向定位	41	20.5%
总计	200	100.0%

(3)关于大学生所在学校有没有做过职业规划的活动的调查情况。对这一问题调查可以看出选择这四个选项的人数分别为18人,122人,50人,10人,其相对比例分别为9%,61%,25%,5%。可见,现在的大学高校对于职业规划的教育活动还是不太重视的,只有9%的学生认为学校是经常开展职业规划活动的,这也是大学生缺乏职业规划思想的一个重要原因(见表3)。

表 3 学校有没有做过职业规划活动

选 项	数 量	比 例
经常	18	9.0%
偶尔有	122	61.0%
没有	50	25.0%
不知道	10	5.0%
总计	200	100.0%

(4)关于大学生对学校/其他服务机构提供的职业生涯规划课程/就业指导的服务的态度的情况。对这一问题调查可以看出选择非常满意和满意选项的人数为 11 人和 31 人,所占比例分别为 5.5% 和 15.5%;选择一般选项的人数为 127 人,所占比例为 63.5%;选择不满意的人数有 31 人,占了样本总数的 15.5%。可见目前大学生对于学校及其他教育机构的包含职业规划等的就业服务态度还不是很满意的,说明这些机构在这方面的教育存在着缺陷(见表 4)。

表 4 对学校、其他机构的就业服务态度

选 项	数 量	比 例
非常满意	11	5.5%
满意	31	15.5%
一般	127	63.5%
不满意	31	15.5%
总计	200	100.0%

(5)关于大学生认为职业生涯规划的最关键的依据是什么的情况。对这一问题调查可以看出选择兴趣爱好的比例占了 30.3%,选择特长的比例占了 33.4%,选择专业的比例占了 30.5%,而选择其他的比例只有 5.8%。可见,目前大学生认为对于制作职业规划的依据有一定的思考,兴趣爱好、特长、专业都是他们考虑的方向(见表 5)。

表 5 你认为职业生涯规划的最关键的依据

选 项	数 量	比 例
兴趣爱好	105	30.3%
特长	116	33.4%

续 表

选 项	数 量	比 例
专业	106	30.5%
其他	20	5.8%
总计	347	100%

(6)关于大学生认为职业规划应该包括哪方面的情况。对这一问题调查可以看出选择四个选项的比例分别31.2%,36.8%,31.2%,0.7%。由此可见,目前大学生对于职业规划的内容有一定的了解。相对而言,大学生认为制作的职业规划应该和自己的能力相符(见表6)。

表6 你觉得职业规划应该包括哪方面

选 项	数 量	比 例
自己适合的职业	128	31.2%
符合自己的能力	151	36.8%
未来的发展方向	128	31.2%
其他	3	0.7%
总计	410	100%

(7)关于大学生认为自己的职业生涯规划的情况。对这一问题调查可以看出选择四个选项的比例为31.3%,29.4%,28.6%,10.6%。可见,目前大学生就业会受到很多环境因素的影响,父母的比重相对较大,其他的因素还是存在的(见表7)。

表7 你做自己的职业生涯规划,更多地会参考哪方面

选 项	数 量	比 例
父母亲友的期望	115	31.3%
学校教育和培养	108	29.4%
朋友以及周围环境	105	28.6%
学校就业指导中心	39	10.6%
总计	367	100%

2.大四应届毕业生调查与分析

本次对于大四应届毕业生的问卷调查共发问卷60份,其中收到有效问卷

53份,无效问卷7份。

(1)关于大学生目前的工作状态的情况。对这一问题调查可以看出选择"已经找到工作并签约"的有19人,选择"正在实习中"的有17人,选择"目前寻找工作"的有15人,仅有2人选择"迷茫中(根本就没有找工作)"。可见,就业对于大四的学生来说是一件相对比较困难的事情,大学生就业存在一定问题(见图2)。

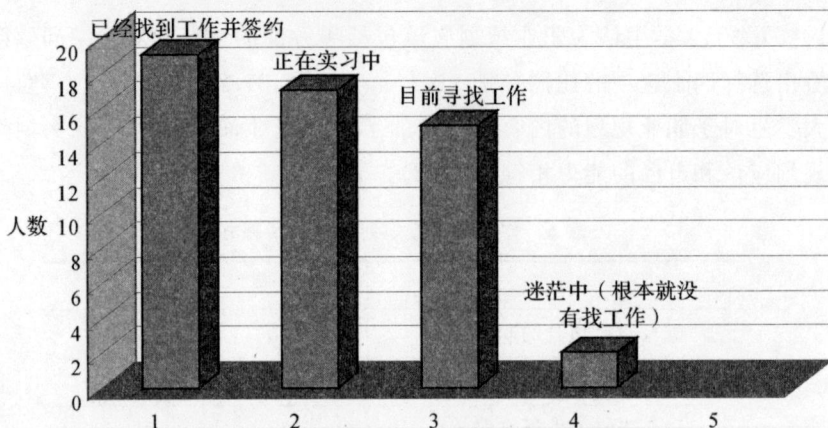

图2 应届毕业生目前的工作状态

(2)关于对已经找到工作并签约的大四学生的情况。对这一问题调查可以看出选择"是"的有11人,选择"不是"的有8人(见图3)。

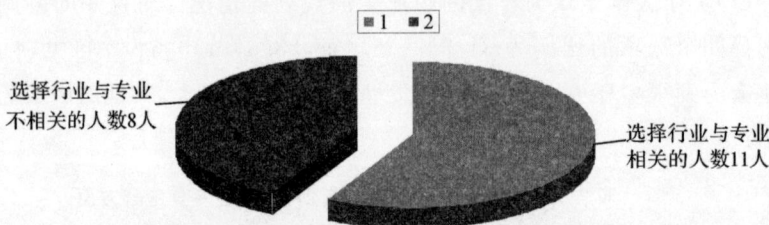

图3 目前从事行业与大学专业的关系

(3)关于对剩下还没有找到工作的大四学生的情况。对这一问题调查得出选择"是"的有25人,选择"不是"的有9人。可见,大部分毕业生还是希望自己从事的工作能与自己的专业挂钩,所找的工作具有专业性,当然还有一部分则表明不一定要与自己的专业挂钩(见图4)。

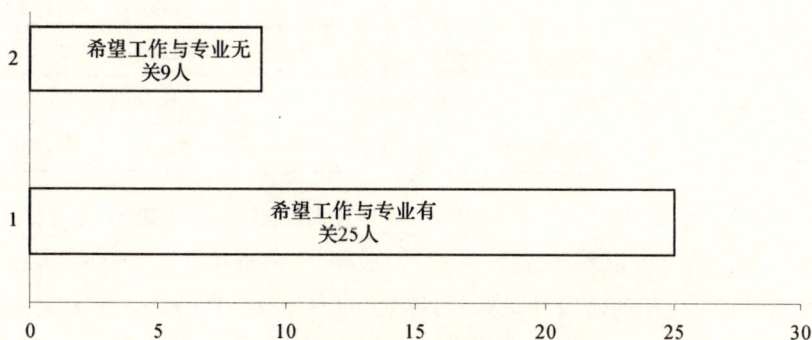

图4 希望从事的工作与专业的关系

（4）关于大学生选择从事或想要从事这份工作的原因的情况。对这一问题调查可以看出选择"父母的建议和帮助"的有 7 人,选择"自己兴趣所在"的有 26 人,选择"工作薪酬高"的有 10 人,选择"工作的地点"的有 10 人,分别占有效问卷的 13.21%,49.06%,18.87%,18.87%。可见,选择工作的原因是多样化的,但大部分人还是根据自己的兴趣来选择工作的(见图5)。

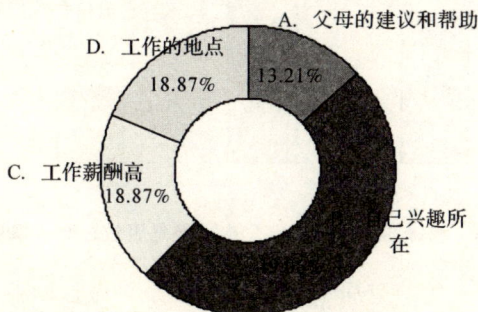

图5 应届毕业生选择这份职业的原因

（5）关于大学生如果做一下十年以内的职业规划你有具体的思路的情况。对这 问题调查可以看出选择"非常明确"的有 4 人,选择"明确"的有 12 人,选择"有点概念"的有 31 人,选择"没有任何想法"的有 6 人,其选择人数分别占有效问卷人数的 7.55%,22.64%,58.49%和 11.32%(见表8)。

表8 对于十年内的职业规划,是否有具体的思路

选 项	调查结果
A.非常明确	7.55%
B.明确	22.64%

选　项	调查结果
C.有点概念	58.49%
D.没有任何想法	11.32%

　　(6)关于已签约的大学生中曾经有没有对自己的将来进行过规划的调查。对这一问题调查可以看出选择"有,分为远期(人生奋斗方向)、中期(人生职业规划)、近期(3—5 年的阶段性目标)的规划"的占有效问卷的 31.58%;选择"有,比较清晰,但只有近期规划没有长期规划"的占 52.63%;选择"有,只有一点,没有很仔细考虑"的占 15.79%;选择"从来没有想过"的人为 0。可见,在已经签约的应届毕业生中,大部分人在校期间曾经做过比较清晰明确的职业规划(见图 6)。

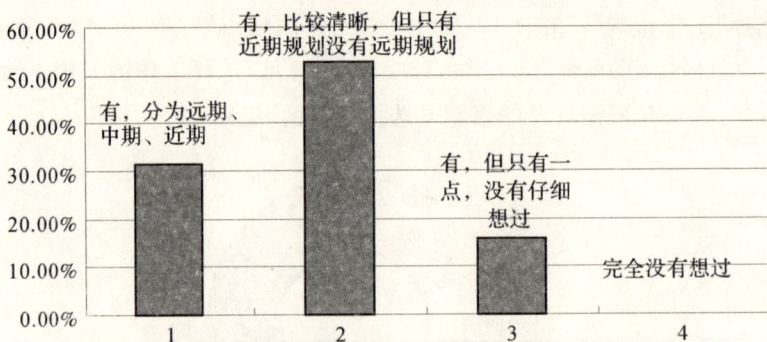

图6　已签约的应届毕业生中曾经是否做过职业规划的调查

　　(7)关于对未签约的应届毕业生中曾经是否做过职业规划的情况。对这一问题调查可以看出选择"有,又分为远期(人生奋斗方向)、中期(人生职业规划)、近(3—5 年的阶段性目标)的规划"的占有效问卷的 8.82%;选择"有,还比较清晰,但只有近期的并没有做长期规划"的占 29.41%;选择"有,只有一点,没有很仔细考虑"的占 47.06%;选择"从来没有想过"的人为 14.71%。可见,在还没有找到工作并签约的应届毕业生中,大部分人在校期间对职业规划并不注重,大部分人虽然想过但没有很好地实施。

　　同时,上述比较结果十分直观地体现了职业规划的重要性。然而,通过对前面在校生的问卷调查,我们了解到在校大学生对于职业规划的概念也是十分模糊的,有些学生甚至都没有听说过职业生涯规划或者果断地拒绝职业规划,还有很大比例的学生即使有过职业规划也都只是短期的想法(见图 7)。

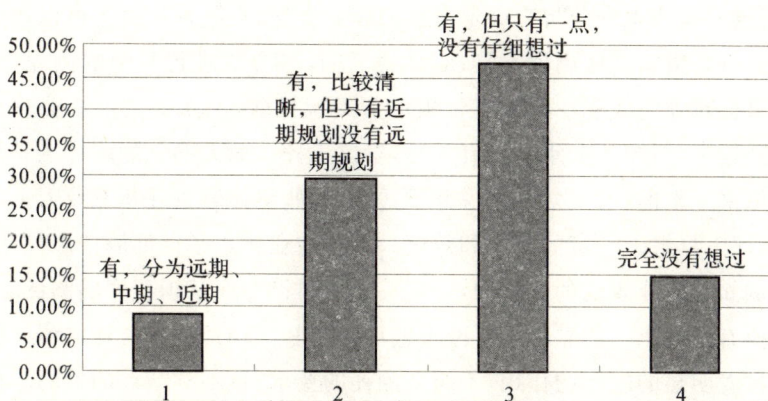

图7　未签约的应届毕业生中曾经是否做过职业规划的调查

四、大学生职业规划存在的问题分析

1. 职业规划测试还不能满足大学生实际要求

(1)我国缺乏本土化的职业规划测试工具。职业规划测试工具有利于了解自身的职业心理、性格、特长,从而更好地进行自我认识,所以职业规划测试工具对于职业规划的完成具有十分重要的作用。

20世纪90年代中期,职业规划理念从欧美国家传入我国,同时传入的还有欧美国家的职业规划测试工具,如埃德加·施恩(Edgar Schein)的职业锚测试、WVI工作价值观问卷、罗克基价值观调查表(Rokeach Value Survey)、MBTI人格类型量表、卡特尔16PF人格特征量表、霍兰德职业兴趣测试、职业能力倾向测试、一般能力倾向测验(GATB)、差别能力倾向测验(DAT)等。

由于我国职业规划教育在高校起步晚、发展缓、系统化、专业化的程度还不高,基本上还处于移植、借鉴西方先进的理论和方法的萌芽阶段,而且我国的教育模式和西方国家的教育模式存在着明显的差异。这都说明了西方的这些职业规划测试工具并不能很好地为我国大学生所用,我国不能照搬西方国家的职业测试工具,这将不利于我国大学生的职业规划。但是,我国到目前为止都还在使用西方国家的这些规划测试工具,并没有研发适合中国大学生的职业规划测试工具。职业规划测试工具的本土化和创新仍然是我国当前急需思考和解决的现实问题。

(2)职业测试工具专业化水平低。职业规划是指个人发展与组织发展相结合,通过自我认识和分析来确定自己的职业发展,自我认识首先可以通过测评来实现。可以借助一些测评工具,对性格、特长等方面进行科学的测评,从中得出的结果会对你完成职业规划有很大的帮助。目前,市面上关于职业规划的测评题不胜枚举,但测评题水平各有差异,参差不齐。而大部分的测评工具是针对社会群体来开发的,对大学生来说并不适合,有些测评题也并非专业人士设计开发的,测评工具缺乏一定的信度和效度。这些专业化水平低的测评工具并不少见。

例如在职业规划的问卷中,一道关于对自己专业认识程度的测试题"你对所学专业有了解吗?"问卷给出了两个选项"是"和"没有"。像这样的测评题对调查者存在着明显的暗示的作用,不符合测评的要求,达不到测评的目的。再看一题"填报专业时所参考的信息来源有哪些?"问卷给出的选项有"在相关高校的网页上搜查""询问家长,亲戚朋友""高校的校园宣讲会"和"专业的机构或个人进行专业介绍和指导"。这道题同样测试对专业的了解,但避免了称许性的影响,更具专业化。

2. 相当多的高校缺乏对学生职业生涯规划的全面指导

(1)高校缺乏对学生职业生涯规划方面的教育指导。高校作为大学生的第二社会课堂,应该承担起对大学生的职业规划教育指导的责任。但是大多数高校往往缺乏对学生职业生涯规划的教育指导。

随着就业形势的不断严峻,部分大学生开始认真思考自己的职业。于是,各大高校纷纷开展职业规划讲座和大赛,想借此来促使大学生对未来职业规划的思考。但是由于学校本身缺乏系统的职业规划教育指导,所以大学生对职业规划的思考停留在理论上,缺乏可操作性,由于大部分学生进行职业规划的目的是为了参加职业规划大赛,相反用职业规划来指导自己大学生活的学生非常少,所以不少毕业生即使做过职业规划,面对众多的用人单位时仍然找不到适合自己的位置。有人力资源专家指出,大学生盲目从业与学校缺乏对学生职业规划指导有着必不可分的联系,学校负有不可推卸的责任。长期以来,学校注重学生的教学、科研等方面,而忽略学生的职业规划,学校并没有认识到职业规划对学生职业的重要作用。自从大学生面临就业困难的问题后,学校就把关注的重点放在大学生就业的问题上,尽可能地提高学生的就业率,但没有从根本上认识到要关心学生的职业规划、发展问题。

根据本小组的调查资料表明,大学生对于学校是否做过职业规划的了解程度,9%的学生知道学校经常从事职业规划活动,61%的学生知道其学校偶尔有相关的职业规划指导,也有25%的学生认为其学校从来没有对学生进行过职业规划指导,还有 5％的学生表示不知道学校是否做过这方面的指导。而绝大部分的学生对学校和其他服务机构提供的职业生涯规划课程和就业指导服务的态度表示一般,甚至有 15.5％的调查者表示并不满意,认为学校开设的就业指导课"很虚,并不实用""内容太陈旧"等,上课的老师都没有进行专业训练,自身对职业规划的了解就不多,很多情况都只是空谈而已。

(2)没有形成系统化的职业生涯规划教育指导体系。有效的职业指导体系应该包括职业观的教育、职业道德的教育、职业心理分析、职业选择分析和职业生涯设计等内容。系统化的教育指导体系能够更好地帮助大学生发挥自身的特点,弥补自身的不足,从而形成正确的职业价值观与职业发展意识。由此可见,高校形成系统化的职业生涯规划教育指导体系将影响学生进行正确的职业规划,帮助学生找到正确的职业方向。但由于高校把注意力集中在大学生的就业上,而忽视了对职业生涯规划的指导,导致了很多高校并没有形成系统化的职业生涯规划教育指导体系。

根据调查显示,高校中所谓的职业规划就是不定期地举行相关的就业形势分析和就业指导讲座,没有完整的系统的职业生涯规划教育指导体系。学校的就业指导部门仅仅为学生提供了一般的就业讲座,教会学生一些应聘的技巧、就业政策咨询指导和一些单位的招聘信息、招聘会等,但对于学生的职业规划、职业辅导等更加全方位的服务都还没有全面地、系统地展开。

据了解,很多学校也只是对大三、大四的同学开设"职业生涯规划"和"就业指导"课程,而对大一、大二采取放任的态度,并没有对他们做出职业规划方面的相关教育指导,而且教育的形式也停留在传统意义上的课堂式讲座,形式比较单一,内容也比较零散,缺乏系统化、科学性的指导体系。

(3)缺乏专业化的个性和针对性的职业规划指导。每一个学生都有自己的个性特点,每一个学生对于职业规划都有自己的认识,希望获得职业规划的辅助也各有不同。根据调研结果表明,29％的大学生希望获得职业推荐,32.5％的学生希望获得一对一的职业规划辅导,18％的学生则认为学校应该提供面试辅导,20.5％的学生希望获得职业方向的定位。因此,职业规划应根据不同学生的特点来进行差异性的辅导,每个学生的职业生涯规划都应该区别于其他人。同时,在面临人生各种选择的时候,每个人体现的心理都是不一样的,这时候他们最需要的就是适合自己的个性化的辅导,一对一的个别咨询。

但目前很多高校的就业指导中心大多只是针对大学生共同关心的话题和就业中最有可能出现的常规性的问题进行指导,这种指导无疑是泛泛而谈,缺乏针对性和专业化个性。高校中师资力量的薄弱和大学生数量的逐渐增加,使得职业规划的针对性指导变得越来越困难。部分高校在职业规划指导中往往缺乏针对不同类别、不同专业、不同个性、不同要求学生的研究和了解,更谈不上对个性化和专业化的指导、一对一的指导、职业心理的指导等。学校缺乏专业化的个性和针对性的职业规划指导,使得绝大部分的大学生的职业规划具有盲目性,导致了大学生职业规划方向的错误。

3. 大学生对职业规划认识不到位

(1)目标模糊,职业规划概念不清晰。在用人单位面试过程中常常有这样一种现象,应聘者大多答不上"谈谈你未来几年的职业规划""说下你的人生目标"之类的问题,有些人也许有过笼统的回答,但这些答案基本上不会令用人单位满意。这种情况的出现从本质上反映了目前大学生的职业目标和规划观念十分模糊。根据上文的调查结果显示,虽然79%的大学生都承认了职业规划的重要性,但是只有18.5%的在校生有过详细的分阶段的职业规划。同时,在严峻的就业压力下,不少大学生认为职业规划是一件毫无意义的事,他们认为即使做了这种奢侈的职业规划,紧张的就业压力还是存在的。应届毕业生中有相当一部分学生都觉得在这种就业困难的情况下,工作只是养活自己的一种职业,这个职业会随着社会的需求不断变化。多数大学生往往是在毕业的时候才会开始考虑自己的职业。这类大学生在寻找工作单位时,能够令他们选择一项职业的一个标准就是工资报酬,而这个标准也可能会是他们考虑过程中重要甚至是唯一参数。这种情况在很大程度上与大学生对未来的就业方向模糊、不考虑自身职业规划有一定的关系。

(2)职业标准偏差,追求目标功利化。当前大学生在职业判断标准方面有着很大的偏差。中国有一句古话是"三百六十行,行行出状元",这句话不再适用于当代大学生的择业准则。从某种程度上说,大多数的大学生崇尚务实主义。人们普遍认为安定安稳的工作,高薪高福利的工作就是最好的工作。大学生基本上都希望到大城市、大机关、大公司、大企业类型的单位工作,希望就业的单位是一个有着较高声誉,良好的企业文化,还有机会可能出国的单位。国企、事业单位之类的企事业单位是目前最受大学生青睐的工作单位。然而现实中最需要大学毕业生的恰恰是那些边远地区、中小城市和艰苦行业的基层一线的中小型企业。这些地区和企业都有很大的诚意希望大学生能够到那里去就业。而结局却是他们年年通过各种渠道希望引进人才,但是没有多少毕业生愿意到这些地方去,2010年初的沿海城市出现了民工荒现象而同时很多大学生就业困难。2009

年 8 月以来,据多家媒体报道,在中国的珠三角、长三角等地,很多中小企业的订单大量增加,但是却招不到工人。来自广州、深圳、东莞、佛山等珠三角城市劳动力市场的信息显示,这个接纳全国近 1/3 农民工的地区,劳动力市场求人倍率在 1：1.14 到 1：1.51 之间。也就是说,每个求职的人有 1 个以上岗位虚位以待;在温州,2009 年 8 月份该地区职介中心的用工缺口占比 73％多,相比 2009 年 6 月 52％上升了 21 个百分点。

从经济学上来讲,上面的大学生希望得稳健工作的这种观念有点类似于股市中的"在手之鸟"理论。该理论是股市中股民认为最稳健最安全的一种分股策略。但是用这种理论来看待职业的选择是不对的。这样只会削弱人们对工作的积极性,因为没有人能认定稳定的工作就会适合自己。而另一方面,很多毕业生为一个较优越的职位竞争激烈,从而使很多人错过了择业的良机。

(3)盲目跟风考证,从众化心理严重。简历是进入职场的一个重要的敲门砖,他的好坏会直接关系到进入企业的机会。很多公司的 HR 经理感叹现在大学生的质量非常高,往往一个学生会有三四本证书,出现各类证书比较分散,而含金量并不高的情况。的确,现在考证似乎已经成为了大学里公认的时尚活动。考证风的兴起同样也带动了各式各样的培训咨询机构的不断壮大。学习双学位也陷入这样一种热门的境地,虽然社会上对于双学位还不是很认可,但双学位已经在公务员考试机构得到许可。当然,更多的大学生则选择以考取双学位和各种各样的证书作为职业发展的附属保证,以考研和考公务员来作为自己职业规划的目标。"为保险起见",一些大学生还全方位地准备了四条以上的备选路径,每天忙碌于复习考试的循环中。实际上,真正能做到全面准备的人是很少的。因为这些备选发展最终的结果各有差异,每个选项又很分散,不存在内在的联系。长此以往,学生会感觉方向模糊,前途迷茫,最后会在实际选择中的犹豫不决,不利于核心职业目标的实现。

(4)容易受到家长观念和传统意识的影响。在问卷分析中,我们发现有 31.3％的在校生选择最终的职业是出于家长及亲友的期望,占了所有选项的绝大比例,如此高的比例也说明了家长对于职业选择的影响性是很大的。

我国自 1977 年重新恢复高考以后,孩子能够上大学已经成为所有家长的希望。在他们心中,大学毕业生是精英,属于高素质的人群。即使在大学教育普遍的当今时代,许多大学生家长还是会以自己的经历对孩子谆谆教诲,告诉他们上大学的好处。他们会有这样意识的一个原因是父母辈中有人来自农村,来自贫困地区,他们那个时代的确有很多人因为考上大学而脱离了贫穷。他们自身没有这个机会考大学,就把这个希望倾注于下一代上,希望他们能以此改变自己的命运。大学生们出于尊重父母的期望很容易就会改变自己职业目标,忽略了所学专业和自身个性,一味听从父母考研、考公务员,或是从事某种职业。这种情况也会和从众考证产生类似的结果,就是很多大学生认为自己的职业是"高不成,低不就"的。

(5)不熟悉未来职业,缺乏实践能力。有些学生的的确确是做了职业规划,但细看他们的职业规划就会发现一个严重的问题,那就是最后的职业目标空洞而且缺少内涵。比如,某些人的目标是自主创业,某些人则希望自己成为高级经理人员,还有某些人可能是想当政客,等等,但是他们的阶段目标都没有什么详细的计划。造成这种规划产生的原因是他们虽然有总目标但并不了解目标职业所需求的知识能力,没有真正地去关注目标职业。职业意识不强,职业方向不明确,不了解用人单位对人才的能力和素质要求。由于缺少对职业环境的认识,所以职业竞争意识不强,自我定位不准,缺少职业目标,学习无动力,这是大学生职业发展中普遍存在的问题。

4.马斯洛需求理论对大学生职业生涯规划的影响

马斯洛需要层次理论和自我实现理论是人本主义心理学的重要理论,对心理学尤其是管理心理学有重要影响。马斯洛的动机理论又称需要层次论,这种理论认为,人类动机的发展和需要的满足有密切的关系,需要的层次有高低的不同,低层次的需要是生理需要,向上依次是安全、爱与归属、尊重和自我实现的需要。自我实现指创造潜能的充分发挥,追求自我实现是人的最高动机,它的特征是对某一事业的忘我献身。高层次的自我实现具有超越自我的特征,具有很高的社会价值。健全社会的职能在于促进普遍的自我实现。他相信,生物进化所赋予人的本性基本上是好的,邪恶和神经症是由于环境所造成的。越是成熟的人,越富有创作的能力。

马斯洛需求理论与大学生职业规划有着密不可分的联系。个人职业规划的目的是为了认识自我、了解自我、开发自我,最终实现真正的自我,进而提高职业竞争力。这同时也是马斯洛动机论中最高层次的需要。目前,多数的大学生寻找工作仅仅是为了满足生理需要,即人类维持自身生存的最基本要求,包括饥、渴、衣、住、性等方面的要求。马斯洛认为,只有这些最基本的需要满足到维持生存所必需的程度后,其他的需要才能成为新的激励因素,而到了此时,这些已相对满足的需要也就不再成为激励因素了。事实上,相当一部分的已毕业大学生表示他们在职场中已经找不到任何激情和方向。造成这种状况很大程度上归结于他们没有做过具体的职业规划，以至于在满足最基本的需求后，没有想到更高一层的需求。每个人都希望逐步地更新自己的需求层次，达到最后的自我实现。

五、对加强大学生职业规划的导向性建议

1. 开发适合我国大学生的具有本土化特点的职业测试工具

由于我国的家庭教育方式比较传统、大学生个人的心理特征、现在的社会状况及大学教育模式都不同于国外的一些国家，由此可知中国的大学生带有很浓的中国本土化色彩，与国外的大学生有着本质的区别。只单纯地引进外国的职业测试工具在我国大学生中是行不通的。所以我国要自主地开发适合我国大学生的具有我国特性的本土化特点的职业测试工具。即在引进外国先进的测试工具的同时去粗取精，结合我国的大学生特点来请专业人士来设计职业测试工具。

2. 引进专业化的职业规划测评工具，帮助大学生客观了解自我

前面曾经提到，由于高校用来进行职业规划的测评工具并不专业，缺乏一定的信度和效度，导致大学生在做相关测试的时候不具客观性，不能很好地进行自我了解，使得自我认识往往缺乏科学依据。因此，当前高校职业规划最关键的就是引进专业化的职业规划测评工具。职业测评时心理测量技术在职业管理领域的应用，对人的素质进行科学、客观、标准的系统测评，从而为职业规划提供参考依据。而在我国，目前只有10%左右的高校是采用那些正规的专业化的测评工具。很多学校并没有引进测评工具，或者从市面上购买那些非专业的测评工具，这将不利于学生很好地认识自我。专业的职业测评工具不仅能帮助学生了解其职业兴趣、职业能力、职业倾向性，还可以评定其个性特征和需求水平，并提高一些具有建设性的指导。

因此，教育部门应该鼓励和提倡学校充分认识到职业测评在大学生就业选择和职业发展中的作用并引进先进的专业化的测评工具。而学校则应该杜绝那些不正规的非专业的测评工具。

3. 加强对学生的职业生涯规划方面的教育指导

从调查中发现，大学生职业规划的不成功很大一部分的原因在于学校缺乏对大学生的职业规划指导。而很多高校并没有意识到这个问题，仍以学生的就业为第一要务，这不利于学生的可持续发展。因此高校的首要任务就是改变这个观念，加强对学生的职业生涯规划方面的教务指导。

高校要改变那种传统的只把工作停留在办理就业手续、提供信息和进行就

业指导,而应该以职业生涯规划教育为突破口,开拓职业指导等方面的工作。高校应该从大一开始就对学生进行系统的职业规划教育和训练,培养大学生生存与发展的能力,教会学生如何根据自己的专业性质和性格特点,结合当前社会的发展和社会人才的需要,规划自己的职业生涯,并找到符合自己、能最大限度发挥自己潜力的理想职业。

4. 形成全程化、系统化的职业生涯规划教育指导体系

对于高校来说,仅仅加强对学生的职业生涯规划方面的教育指导是不够的,还需要形成一个全程化、系统化的职业生涯规划教育指导体系,并且应该贯穿于大学四年教育的全过程。当然,四个年级的学生特点都不相同,因此需要采用的指导方式和途径也是不相同的。

对此,笔者认为,在大一时,高校主要是使学生加深对本专业的了解、对本专业的目标,加强大学生学习的自觉性,培养学生的专业学习目标,使学生能初步了解自己未来将要从事的行业,为以后的就业打下坚实的基础。到大二时,要让学生充分了解到未来的职业所需要具备各项素质和要求,鼓励学生积极参加各个职业规划和其他活动,锻炼自己的职业规划和其他方面的能力,同时充分了解和挖掘自己的兴趣,并初步制定自己的职业规划设计。直到大三,高校在指导学生考研考公务员的同时,还要指导学生把自己的目标锁定在提高自己的职业技巧上,培养学生积极就业、自主创业的能力,并进一步完善自己的职业规划设计。大四是学生毕业忙于就业的时候,这时候的大学生应该对自己的出路都有明确的规划,这时高校应该做的就是有针对性地对学生进行就业指导,聘请各方面的专业人士为学生讲解和介绍各行各业的人才要求,帮助学生提前了解社会的需求和各方面的人才要求。组织学生进行一些有关就业方面的技巧,如面试技巧、职场技巧等。高校应该帮助大四学生尽快地融入社会,找到自己适合的职业。

5. 突出对学生职业规划指导的个性化和针对性

不同的大学生拥有不同的专业、不同的智力基础、不同的性格特征,不同的家庭背景和不同的文化水平,这些都将使得大学生的个性有所不同。而个性的差异导致职业岗位的不同。而现在的高校对于每个大学生基本上都采取一致的职业规划指导,这只能使学生掌握基本的职业规划知识,而这些为求简便而使用的统一模式的指导对于现在的大学生必然没有实效。因此,必须对大学生进行个性化和具有针对性的职业规划指导。

首先,高校应该针对不同的专业,编写与之相应的职业规划指导教材,设置不同的职业规划理论,进行不同方式的实践活动。培养专业性强、文化素质高的

职业老师来对学生进行针对性的职业规划指导。

其次,在大学生个性化辅导中,高校应该灵活地运用测评工具来突出对学生职业规划指导的个性化和针对性。职业测评工具具有预测、诊断、探测和评估等功能,可以帮助学生更好地了解自己的个性。

第三,高校应该设置职业规划辅导室,对不同的学生进行个别的辅导,根据学生不同的个性特征帮助学生进行职业规划指导,进行心理辅导,解除以前对职业生涯的错误认知和求职择职方面的心理烦恼。进行个别咨询主要是侧重于针对大学生个体职业规划方面的个别问题进行咨询、辅导和解决。如怎么样引导学生更好的认识社会,给自己找一个正确的定位。

6. 利用马斯洛层次理论解决个人职业规划

马斯洛层次理论的最高境界是自我实现。大学生要想实现目标,在整个职业生涯规划中应遵循以下这三个步骤。

(1)认识自我,了解自我。每个人都有自己的特性,无论这些特性是好是坏,他们在整体上组成了一个人的个性。一些大学生在做职业生涯规划过程中由于不了解自己而高估或低估自己,从而造成了最终的失败。很多人也会碰到类似这样的问题"我根本就不知道自己是一个怎么样的人"。确实,要真正了解一个人是十分困难的一件事情,而有一种营销学中的决策方法可以帮助我们了解真正的自己,那就是 SWOT 分析法。

营销学上的 SWOT 分析法,即态势分析,就是将与研究对象密切相关的各种主要内部优势、劣势和外部的机会、威胁等,通过调查列举出来,并依照矩阵形式排列,然后用系统分析的思想,把各种因素相互匹配起来加以分析,从中得出一系列相应的结论,而结论通常带有一定的决策性。在职业规划中,S、W 依旧是内部因素。这两点因素可以自己列举,也可以通过询问身边的同学、老师、亲友等人群得到,写下所有的信息点,按照明显程度从高往低排列。那么排名前面的几个因素点就是你的优势和劣势了。另外两个 O、T 是外部因素,这两点因素主要是考虑自己所期望的职业。正所谓"知己知彼,百战不殆",了解自己期望的职位同时也是了解自己的一个方式。在这里,O 是自己在这个职业中能得到的机会,T 是自己在这个职业中可能碰到的威胁。最后综合自己的优劣势和在职业中的机会威胁,真正地了解自己是否真的适合这个职业。

(2)明确目标,坚定信念。有一部分大学生很明白自己的特性,同时他们怀揣梦想,但最终,他们还是不能心想事成。最重要的原因是,他们没有一个详细的目标。没有明确的目标就像大海中没有方向的小船,让人迷茫得不知所措。

而制作职业规划一个很好的原则可以引导大学生设定明确的目标,这个原则就是 SMART 原则。

SMART 原则是目标管理中一个非常重要的原则,他是 5 个英文单词首字母的缩写:

①S 代表具体(specific),指绩效考核要切中特定的工作指标,不能笼统。

②M 代表可度量(measurable),指绩效指标是数量化或者行为化的,验证这些绩效指标的数据或者信息是可以获得的。

③A 代表可实现(attainable),指绩效指标在付出努力的情况下可以实现,避免设立过高或过低的目标。

④R 代表现实性(realistic),指绩效指标是实实在在的,可以证明和观察。

⑤T 代表有时限(time bound),注重完成绩效指标的特定期限。

根据 SMART 原则,大学生制作职业规划时应该多方面考虑目标的细化,分别在"量化""具体""可达成""相关性""时间限制"这五个方向统筹制定目标。当然制定这个目标的前提也是认识自我、了解自我,接着才能够一步步地规划出合理的目标。

在得出最终目标之后,还需要做的是拟定为实现这个目标所需要的学习、工作、教育、培训相应各阶段的阶段目标,同时设计详细可靠的分步计划和行动方案。

(3)开发自我,实现自我。这是最终实践职业规划的一步,也是比较关键的一步。在上面问卷调查中,一定比例的在校大学生认为职业规划毫无价值可言。对于他们来说,职业规划就仅仅是一张纸上的几个字,根本不会真正地左右他们的职业选择。归根结底,这类人忘记了只有踏踏实实地干某件事,事情才可能成功。"天下没有免费的午餐",人们总是妄想奇迹出现,期望自己能够无缘无故的获得某些能力,比如一种语言,演讲的能力,交际关系,等等。大学生在职业规划中应该学会开发自我。而开发自我最简单的动作就是动手去做。从某种意义上说,这个简单的动手做并不只是一个动作,而是一个人的态度。无论成功或者失败,态度决定一切。很多人不去做只是因为不敢做,害怕拒绝害怕失败。事实上,只要认真努力得去做了,事情往往会有出乎意料的惊喜,这个惊喜也就是职业规划的最终目标最终实现自我。

总体来说,大学生应该依据期望职业所特有的主客观机会条件及相关制约因素,在内在需求及动力的驱使下,了解自己的特性,把个人特性与社会需求相结合;在对自己的兴趣、爱好、能力和特长等方面进行综合分析与相互比较权衡的基础上,明确目前状态下的职业起点,结合职业规划中各个发展阶段,提出相应的职业规划目标;通过阶段目标拟定实现目标的学习、工作、教育等计划和行动方案,尽自己最大的努力去实施这一系列的方案,最有效地实现大学生的人生价值。

(作者单位　李欣:浙江财经大学工商管理学院;郑萍　浙江财经大学工商管理学院11届市场营销毕业生)

[参 考 文 献]

[1] 汪瑾.高校学生职业指导宜及早进行[J].高教研究,2005(24):7-8.

[2] 李宏.我国高校职业指导问题探析[J].辽宁教育行政学报,2005(3):64-71.

[3] 袁畅.论高校开设职业指导专业的必要性与可行性[J].职教论坛,2004(11):35-42.

[5] 杨松.试论高校开展职业指导的内容和方法[J].衡水学院学报,2005(3):27-29.

[6] 劳动和社会保障部培训就业司、中国就业培训技术指导中心.创新职业指导——新理念[M].北京:中国劳动社会保障出版社,2005.

[7] 邹放鸣,赵跃民.大学生涯导论[M].徐州:中国矿业大学出版社,2003.

[8] 余叶来.职业生涯教育缺失围困就业[J].今日中国:中文版,2006(7):12-14.

[9] 王荣发.职业发展导论[M].上海:华东理工大学出版社,2004.

[10] 谢君.新形势下高校职业指导方法的运用和改进[J].湖南科技学院学报,2005,26(4):200-203.

[11] 〔美〕马斯洛.动机与人格[M].许金生,译.华夏出版社,1987.

[12] 胡万钟.从马斯洛的需求理论谈人的价值和自我价值[J].南京社会科学,2006(6):14-18.

[13] 赵娜,李晓波,周明.大学生职业生涯规划现状调查及对策[J].职业教育研究,2009(9):43-44.

[14] 兰顺东.职业生涯规划理论研究文献综述[J].教育与职业:理论版,2008(2):22-25.

[15] 王明弘.大学生职业生涯规划教育的完善[J].黑龙江高教研究,2009(7):21-23.

[16] 李名梁.大学生职业生涯规划研究述评[J].重庆邮电大学学报:社会科学版,2010,22(1):18-19.

[17] 王淑华.对新时期大学生职业规划的思考[J].边疆经济与文化,2010(2):33-36.

[18] 韩经.当前大学生就业选择影响因素及对策研究[J].航海教育研究,2008(4):13-15.

[19] 尹兆华.当前大学生就业选择影响因素及对策研究[J].航海教育研究,2008(4):27-29.

[20] 张天波.浅析当今大学生职业规划必要性与重要性[J].新疆石油教育学院学报,2008(1):34-36.

[21] 马亚静,谷世海,王庆波.我国高校职业生涯教育存在的问题与对策[J].教育探索,2008(2):42-44.

学生公共空间意识现状及影响因素的研究

李健英

[摘　要]　针对学生的公共空间意识现状,选取社会环境、校园文化和制度以及公共空间意识三大自变量与公共道德意识认知、公共秩序意识、公共责任意识、公共服务意识等4因变量,运用统计方法分析影响现阶段学生公共空间意识的具体因素,发现社会环境、家庭环境对公共空间意识影响较大,但校园文化与制度对学生公共空间意识的形成起着关键性的作用,并提出学生公共空间意识教育的有效建议。并对与职高生公共空间意识相关度较高的影响因素进行探讨,提出学生公共空间意识教育的参考建议。

[关键词]　公共空间意识;公共秩序意识;公共责任意识;公共服务意识

　　公共空间意识是指社会共同体成员对公共领域内的准则、规范等的主观认可和客观遵守,是孕育于公共领域之中的一种关心公共事物,改善公共生活,建构公共秩序,塑造以民众利益和社会需求为依归的伦理规范、价值取向和社会制度的深层意识,体现的是人们对社会公共领域的认识和行为的自觉性。公共意识包括公共道德意识、公共责任意识、公共秩序意识、公共监督意识、公共服务意识、公共文明意识、公共参与意识等方面的内容。公共空间意识是现代文明的标志之一,其中的"公共秩序"和"社会公德"观念,体现了尊重他人即尊重自己,体谅他人即体谅自己的"使所有人利益最大化"原则。可见,公共空间意识教育与公民教育、社会公德教育息息相关。学生已经可以明辨是非,为自己的行为承担责任,但又有着青春期的冲动与叛逆,该阶段是思想逐渐走向成熟阶段关键时期,也是塑造和巩固公共空间意识的良好时机。对于即将成为我国未来公民的青少年,加强公共空间意识教育,提升未来公民公共素养,对于构建和谐社会意义不言而喻。笔者通过研究发现,目前有关公共意识研究大都停留在对其内涵和特征的研究,针对学生公共意识教育的研究也仅局限于大学生,而对于中学生公共意识现状及影响因素的研究还属于空白。所以本文以中学生为调查对象,对公共空间意识及其影响因素等面进行调查分析并提出建议。

一、当前学生公共空间意识现状

本次调查以杭州某职高学校学生为调查对象运用问卷调查、参与观察与个别访谈等调查方法,描述和分析了学生在日常生活中的公共空间意识的基本情况及其认知态度。本次调查发放问卷 120 份,回收 112 份,有效率 93.3%。其中,男生 37 人,占 33.1%;女生 75 人,占 66.9%。调查显示,该校职高生在日常生活中的公共空间意识认知态度上达 4.4(最高值为 5),属于优秀水平;公共道德意识为 4.2 属于优秀水平;公共秩序意识、公共责任意识和公共文明意识分别为 3.8、3.9 和 3.7 属于良好水平;公共监督意识仅为 3.3,属相对较差的一项。这说明目前学生当看到有人正在做出有违社会公德的行为时倾向于"怕打击报复,敢怒不敢言"或"随大流,有人出面时也出面,没有人出面时就不出头"或"这是有关部门的事,与我不相干"等消极的心理。总体来说,问卷结果显示学生在公共空间意识的认知程度对良好的公共道德与公共秩序有着重要的影响,知与行之间存在明显的相关性,但在意识转化为行动的过程中还存在着影响行为转化的中间因素和环节。

二、影响公共空间意识的因素分析

对调查结果相关分析表明,影响职高生公共空间意识的各项因素中,社会环境和家庭环境的相关性较为显著,与学校文化和制度、监督惩罚措施有一定影响,但并无直接的影响。

1. 社会环境对公共空间意识的影响

通过调查发现,对社会满意程度与公共秩序意识成显著正相关,即对社会持满意态度的学生在公共空间认知程度、公共秩序意识、公共道德意识上的得分均显著优于持不满意态度的学生。可见,对社会环境的满意程度影响学生的公共空间意识,满意程度越高,说明个体越可能表现出高水平的公共空间意识。

除了上述调查外,在对 20 名中学生样本的深入访谈中发现,中学生关注的焦点问题中,普遍认同感较低的主要为以下几个方面,如表 1 所示。

表1 中学生公共意识认同感较低内容

类别	主要内容	认可度
公共秩序方面	中国式过马路、吸烟、不按规定排队等	较低
公共服务方面	食品安全、环境污染、腐败现象、服务行业霸王条款等	较低
公共道德方面	随地吐痰、乱扔垃圾、公共场所大声喧哗等	较低

这些都是经济高速发展与社会公共空间意识教育不足的结构性矛盾,对刚刚形成人生观价值观的中学生产生较大影响。

因此,社会环境和社会大众行为对个体公共空间意识拥有强大的暗示作用。这正如犯罪学家凯琳观察总结的破窗理论告诉我们的那样,如果一个人打破了一个建筑物的窗户玻璃,而这扇窗户又没有得到及时维修,别人就可能受到某些暗示性的纵容去打烂更多的窗户玻璃,在这种麻木不仁的氛围中,公共空间规则就会不断被破坏。由此得出结论,社会环境会对公共空间意识产生强大的暗示作用,完善的公共设施、人性化的公共秩序和设施管理、有序、规范的大众公共行为将使得中学生的公共空间意识呈现出积极导向,人们在良好的社会环境影响下会克制自己的陋习,让自己的行为与公共标准一样,而反之则会诱导诸多不文明现象的发生。

2.家庭环境对公共空间意识的影响

家庭环境与公共空间意识相关性分析结果显示,认为家庭成员公共参与意识高的学生,在公共空间认知程度和公共秩序意识上的得分均高出于参与意识低的学生。因此家长公共空间意识的强弱会直接影响职高生公共空间意识的形成和培养。学生们认为父母的文明程度不及自己,如家庭生活中小区的垃圾分类不如学校中做得好,公共空间的公共资源不占白不占,公交车上不给老人让座,不能做到拾金不昧,等等,被学生总结为"私民"而非"公民"。而自己在害怕责骂或是嫌弃麻烦的情况下顺从家长的行为,但内心却十分矛盾或忐忑不安。所以只有家长自己有了公共空间意识,才有可能在日常生活中给孩子潜移默化的正面影响,从而通过身先示范来培养孩子的公共空间意识。

3.校园文化与制度对公共空间意识的影响

在校园文化和制度这个变量中,举止文明与学校倡导相关活动和操行制度及其有不文明行为的处罚规定对职高生的公共秩序意识均并无显著的影响,但是与公共空间意识的认知程度相关性较为显著,职高生在选择"学校组织的哪些活动对自己认知空间意识影响很大",其中实地考察、参观和班团会讨论分别为前三位,分别为 53.3%、46.7% 和 42.1%。"对不文明行为的惩罚力度有利于规范公共行为的建议"在本次调查中并未呈现良好的显著相关影响。这表明惩罚式的公共行为监督做法并不能产生我们预期的良好规范效果。正如威尔逊提出的"护花原理":花园管理者用"花朵的自然之美,正是你心灵之美的映射"等诗一样优美动人的警示语换下了"摘花可耻""禁止摘花"牌子,反而使花园里折花的现象骤然减少,所以友善的提醒往往对公共空间意识的提升有更好的效果。如要纠正职高生的公共行为还需从行为发生的根本原因上去分析,调查问卷中对于自己发生不文明行为的原因分析:一是存在趋同、侥幸或是逆反的心理,有31.4% 的职高生选择自己独处时会发生不文明行为;二是当事人的未意识到自己不文明行为;三是发生行为的过程中忘记了是在公共场合,一着急或一激动就忽略了,有 53.5% 的职高生选择与自己利益冲突时会发生不文明行为,只有5.8% 的大学生选择在公共场合会发生不文明行为。

三、加强公共空间意识的建议

1.社会方面

从社会的角度来看,完善公共环境设施政府应加大力度完善公共设施的设置,促进公共管理的人性化服务,提高公众对公共环境的满意度。需要寻找社会上的正能量,对学生的公共空间意识起到示范作用,对网络上或者新闻媒体中反映出来的不符合公共空间规则的行为,应该给予明确的批评与指正,帮助营造良好的公共空间意识教育氛围。将媒体、网络教育引入校园,社会关注学生群体,制作适用于学生、家长题材的宣传资料,可以定期在不同的社区、机关单位进行公共空间意识培养的讲座,并接受家长的咨询。同时将校园学生带到社会的公共空间,在图书馆、博物馆等第二课堂活动基地开展公共空间意识教育讲座,从多方面引导学生,帮助其形成正确的公共空间意识及观念。

2.家庭方面

首先,家长要形成公共空间意识并认识到公共空间意识适应于社会的重要性,改变自身观念和行为。作为文明社会的每个公民都有责任和义务维护公共安全,恪守公共道德,都应以合作的态度对待公共事务,捍卫社会的公共利益、公共秩序,进而身先示范,培养学生的公共空间意识,进而达到潜移默化、润物无声的内化效果。同时还应该积极配合社会和学校的实践需要,提高社会共参与、服务意识,使学生在成长中,不断强化自己的公共意识,使公共意识渗透在自己的行为与思维中,成为必不可少的品德和修养。

3.学校方面

学校德育是传播、培育公共意识的主要渠道和阵地。其核心在于培养、教育学生如何利用自己的知识秉持社会公正和社会良知,把握自己的言行。一个学生在学习和成才的过程中,一个很重要的内容就是强化自己的公共意识,使公共意识渗透在自己的行为与思维中,成为必不可少的品德和修养。

2012年初,杭州市教育系统专门召开了"公共空间意识教育"工作研讨会,邀请相关专家和中小学校长,提出了新学期"增强公共空间意识"实践活动。通过开展"最厌恶的别人妨碍我的行为"调查,征集开展"公共空间意识教育"图标,举办专题报告会,召开主题班会,开展"做一个有道德的人"主题教育活动,树立公德标兵等,进而向家庭教育、社会教育延伸拓展。再如卖鱼桥小学文澜校区学生大关路丽水路口学生调研"中国式过马路",用拍摄加记录的方式,统计行人、电动车甚至机动车的各种闯红灯的行为。和睦小学的课题是"我与社区",发现了这么些问题:购物付款不排队,乱停车,乱扔垃圾,傍晚遛狗不用狗绳、宠物乱拉屎等。

也可以用学生的公共空间意识表现来"教育"家长,将文明学生标兵、公共空间意识先进材料邮寄到学生父母单位或家庭所在社区,促进家长更好地理解与实践公共空间意识。

再如,利用威尔逊的"护花原理"丰富校园文化。在食堂的标语中"随身常备筷子或勺子,已经是环保人士的一种标签";在校园门口贴宣传语,垃圾箱附近"分类垃圾,是在保护小动物和人类自己,也是在创造资源""节省用纸,双面使用,相当于保留下半片原本将被砍掉的森林"。校方应多组织关于公共空间意识教育方面的讲座、知识竞答、互动游戏、比赛等,让学生意识到形成公共空间意识的重要性,并自觉地按照各种公共空间规则行事。

(作者单位　杭州美术职业学校)

[参 考 文 献]

[1] 龙溪虎. 我国公共意识生长的影响变量分析[J]. 福建论坛:人文社会科学版,2009(8): 144-146.

[2] 陈家琪. 公共空间与公共意识中的公德问题[J]. 文汇报,2012:88-90.

[3] 石志成. 大学生公共意识培育问题研究[D]. 郑州大学,2011(14):6-21.

[4] 郭洁敏. 努力提升"公共空间意识"[N]. 解放日报,2010.

[5] 陈付龙,龙溪虎. 我国公共意识生成的图式分析[J]. 长白学刊,2009(5):118-149.

［6］王万明,王瑜卿.高校德育需注重培养学生的公共意识[J].中国高等教育,2004(7):34-35.

［7］秦菊波.论当代大学生的公共意识培养[J].思想教育研究,2009(13):20-24.

SPSS 统计分析软件实验教学模式刍议

沈 渊

[摘 要] 实验教学是本科教学体系的重要组成部分。SPSS 统计分析软件作为财经类院校开设的实验课之一,可以促进本科课程设置趋于合理化,培养学生数据分析能力及其在管理中的应用。本文基于能力培养的创新实验教学理念和课程设计思路,从教学内容体系、实验项目设计、教学方法和手段等方面,阐述构建一个以学生为主体、教师为主导的实验教学平台模式。

[关键词] SPSS 软件;实验教学;模式

社会发展和人才市场的竞争对高校的教育方式不断提出新的挑战,单一的理论教学已经无法满足社会的需求,理论与实际相结合的教学模式才符合时代的需求。实验教学作为满足社会需求的产物成为我国高校本科教学的重要组成部分,是联系高校理论教学与实际工作的纽带。SPSS 是"社会科学统计软件包"(Statistical Package for the Social Science) 的简称,是一种集成化的计算机数据处理应用软件。SPSS 软件操作简便,大部分统计分析过程可以借助鼠标通过菜单命令的选择,对话框参数设置,点击功能按钮来完成,不需要用户记忆大量的操作。

经济与管理的理论研究与社会实践工作,对大量的数据需要进行整理与实证研究。因此,经济与管理专业本科生开设 SPSS 软件很有必要。自 1998 年以来,工商管理、市场营销专业首次开设 SPSS 统计分析软件课程,迄今为止 SPSS 软件课程的辐射面越来越广,目前人力资源、物流管理、工程管理、农林经济管理、信用管理、广告等专业均开设该课程。本文基于能力培养的创新实验教学理念和课程设计思路,从教学内容体系、实验项目设计、教学方法和手段等方面,阐述构建一个以学生为主体、教师为主导的实验教学平台模式。

一、SPSS 课程的教学理念和内容体系设计

1. 课程的设计思路

传统教学理念注重于教师对课程的整体把握，一般首先由教师详细地介绍实验目的、操作方法和注意事项，随后学生在教师的指导下完成实验。其优势是教师能对学生提供全面的指导和帮助。但是，这种方式也无意间促成了学生对教师及教材的依赖。例如，学生对课前预习走过场，认为教师会讲解实验内容的重点。在实际操作中认为教材中已提供详细清晰的结构描述，不愿动手重复等。

因此，在课程的教学中要体现创新精神和实践能力的培养要求，在教学方法的改革上就应当遵循以学生为主体、教师为主导，强调建立基于能力培养的创新实验教学理念，启迪学生进行多角度的科学思维。在实践中，教师也逐渐体会主导的作用。教师事先准备好调研项目（最好是管理中的实际问题），设计好实验操作流程、实验操作内容。在整个实践过程中，教师所担负的主要任务有：激发学生的学习兴趣，使他们学会如何把理论和生活中的实际结合起来，并随时解答学生实践过程中所遇到的问题；教师应积极组织好课堂讨论，鼓励每一位学生都积极参与到课堂讨论中来；最后，让学生自己总结实践结果，对实践过程的心得进行总结。

2. 课程的内容体系设计

(1)"讲授、实验、实践"三位一体的内容体系设计。本课程教学内容设计，注重理论、软件操作与数据分析应用相结合，突出实验课程的特点，根据知识模块，设计相应的实验项目，并明确教学内容的重点与难点。

按照以学生为主体、教师为主导的基于能力培养的创新实验教学理念来进行设计，本课程在教学内容上基本形成了讲授、实验、实践三大模块，如表 1 所示。在整个教学组织过程中，三大模块的内容将交叉着同时进行，实践模块从课程一开始就进行，贯穿课程始终，在实践环节中间会穿插实施教学和实验模块。实践模块的一些重要环节的重点问题讲授安排在前两周，也就是数据收集到之前会安排有实验模块让学生熟悉 SPSS 软件，例如问卷数据录入等，为后续实践模块中的数据分析做准备，在学期结束前安排实践成果汇报，这样设计的一个总体指导思想也是突出教师为主导、学生为主体的教学模式，只有让学生参与实践，才能真正发现问题、解决问题。

表1　课程教学内容设计表

教学内容模块	主要内容描述
讲授模块	相关概念 统计原理分析 SPSS 软件操作方法与步骤 结果分析与应用
实验模块	实验一：数据的基本操作 实验二：基本统计分析 实验三：参数检验 实验四：方差分析 实验五：相关和回归分析 实验六：聚类分析与判断分析 实验七：主成分分析与因子分析
实践模块	调研选题与问卷设计 问卷发放与回收 数据分析 调研报告撰写

（2）教学内容依据层次化原则。首先,体现在专业需求和计划课时,对不同专业的数据分析应用的需求进行分析、课程教学内容进行适当的修改。例如,工商管理与人力资源专业对数据深层次分析要求较高,计划课时为 51 学时。因此,在教学内容设计中增加了聚类分析与判断分析、主成分分析与因子分析。

其次,体现在数理知识的教学体系上,工商管理类专业与数学、信息技术等学科相互交叉,就本科专业而言,需要相对层次较高的数理知识用于管理问题的分析,课程内容既考虑统计分析原理的推导,又要注重数据分析在管理中的应用。为了更好地理解统计检验的原理、统计量函数和假设检验方法,先要解释相关检验的概念、基本原理,在此基础上总结了假设检验的四个步骤。例如,单因素方差分析基本步骤表述为:①提出原假设。单因素方差分析的原假设 H_0:在控制变量不同水平下,观测变量的均值无显著性差异,即 $H_0: \mu_1 = \mu_2 = \cdots = \mu_k$（所有总体的均值相等）。②选择检验统计量。方差分析采用的检验统计量是 F 统计量,数学定义为:$F = \dfrac{SSA/(k-1)}{SSE/(n-k)} = \dfrac{MSA}{MSE}$。其中,$n$ 为总样本容量,$k-1$ 和 $n-k$ 分别为 SSA 和 SSE 的自由度;MSA 是平均组间平方和,MSE 为平均组内平方和,目的是为了消除水平数和样本数对分析带来的影响。这里,$F \sim F(k-1, n-k)$。由 F 的计算公式可以看出,如果控制变量的不同水平对观测变量有显著影响,那么观测变量的组间离差平方和必然大,F 值也就越大。反之,如果控制变量的不同水平没有对观测变量造成显著影响,那么,组内离差平方和影响就会必然大,F 值就比较小。③计算检验统计量的观测值和伴随概率 p 值。SPSS 自动计算出 F 统计量的观测值,并根据 F 分布表给出相应的伴随概率 p 值。④给出显著性水平 α,检验判断。对给定的显著性水平 α,与检验统计量相对应的 p 值进行比较。如果 p 值大于显著性水平 α,则接受原假设,认为控制变量不同水平下各总体均值无显著差异;反之,如果 p 值小于显著性水平 α,则拒绝原假设,认为控制变量不同水平下各总体均值存在显著差异。

(3)实验辅助教学内容参照专业化要求。本课程的辅助教学内容主要是实验项目的设计、数据文件的选用与数据文件在管理中的应用等。实验项目既要使学生理解相关的统计概念、原理、公式推导,又要与实验相关联的内容。因此,每一个实验项目包括实验目的、准备知识、实验内容、实验步骤、实验结果与分析、实验总结。实验项目设计在遵循实验要求的基础上,数据文件的选择尽可能结合财经类专业的特点,学生领悟起来也相对容易一些。同时还利用毕业论文的写作要求,加强培养学生进行实证分析能力,通过历年优秀学生实证研究论文的点评,使学生对实证分析论文的写作有了感性认知,以及如何应用 SPSS 软件进行实证分析,培养学生实证分析能力,极大地提高学生学习积极性。本课程每一章都附有实验项目以及 SPSS 在管理实务中的应用案例,学生通过对案例的分析和讨论,激发学生学习兴趣,加深对 SPSS 相关的统计理论与软件操作的认识,培养自主思维能力和数据分析问题的能力。

二、SPSS 课程教学手段

1."多媒体＋软件"讲授教学

讲授教学将依据课程的重点和难点,充分利用实验室的多媒体教学平台,将 SPSS 软件的使用方法讲授给学生,将实验过程简明直观地展现给学生。一方面,教师事先准备了大量的软件操作案例,上传到网络课堂,以便学生及时查阅;另一方面充分利用多媒体教学平台的控制软件,将教师机屏幕中实例的软件操作过程的画面和输出结果传输给每台学生用机,学生在自己的电脑同步清晰地看到每一个过程,并通过学生机客户端与老师进行实时交流,进而为实现统计理论知识与实际问题的顺利结合奠定基础。

2.实验项目式教学

实验教学是该课程教学中的重要组成部分,本课程教学是采取理论讲授与上机实验相结合的方式,强化统计软件的学习和计算机应用。实验教学是由教师布置问题,学生自行查找相关实验数据,通过运行 SPSS 软件就所选择方法进行熟练操作,对实现的计算结果,作出的解释和分析实验教学是该课程教学中的重要组成部分。

项目教学法是在讲授基础理论知识的同时鼓励学生通过调查研究发现管理或者生活中的实际问题,提出研究问题,设计研究方案。本课程所设立的项目中,所有选题来自经济与管理实际问题,数据来源统计年鉴、上市公司数据库、行业协会以及一手的调研数据。根据研究问题要求,学生设计数据分析框架,选择 SPSS 软件相应的分析功能,将数据分析结果应用到管理实际问题。

实验项目教学法是将实验教学与项目教学相结合,我们在 10 多年的该课程教学积累基础上,建立相应的资料信息库并及时更新填充最新内容,编写并出版了《SPSS 统计分析方法与应用实验教程》。实验数据可根据实验目的,启发和引导学生取自国内外优秀教材、各类统计年鉴、各种统计普查和调查数据、教师科研课题的部分数据和国内外专业期刊等。除了对每种方法进行验证性实验外,还要加大综合性实验的比例,将所学各种方法结合运用,融会贯通,提高实验教学质量。通过强化实验项目教学,锻炼了学生实践动手能力和独立思考能力,教学效果较为理想。

3. 利用网络课堂开展互动式教学

利用网络课堂,进行师生互动式交流。现代信息技术拓宽了师生交流的渠道,改变了师生只在学校接触的习惯,避免了面对面交流的心理障碍,有利于进行师生互动式交流。我们在校园网络课堂创立了"SPSS 统计分析软件"课程网站。网络课堂主要有两大功能:一是"课程建设"模块,二是"本期授课"模块。在课程建设模块中,教学团队开发制作了"SPSS 统计分析软件"课程的全套电子教案,并通过教学实践不断加以完善。已建成集电子教案、习题库、教学大纲、实验大纲、实验指导书、SPSS 应用案例、PPT 课件、数据分析在实证研究论文中的应用、参考文献、相关网络资源、作业提交系统为一体的局域网教学平台。此外,在"本期授课"模块中,利用"答疑"和"师生交流"助学模块功能,教师可以根据学生提出的问题进行答疑,也可以借助"师生交流"平台开展互动教学。

三、SPSS 软件实验教学效果分析

通过本课程"讲授、实验、实践"三位一体的实验教学模式,学生加深理解相关的统计原理,掌握 SPSS 软件主要功能的操作和数据结果分析,提高了数据分

析能力和在经济与管理中应用,教学效果显著,主要体现在以下几个方面。

1. 突出了学生为主体、教师为主导的创新实验教学理念

这种教学理念首先借助于实验室先进的技术设备,借助多媒体实验设备可以与学生进行实时的沟通,同时还体现在实验内容的设计上,例如实验教学模块与实践模块交叉同时进行,教师在讲授的同时,学生跟着一起操作,有问题及时解决。又如,最后的环节学生进行成果汇报,教师及时组织讨论点评等。由于突出了学生的主体地位,学生积极地参与到实验当中来,极大地提高和发挥了学生的学习积极性、主动性和创造性,从原来被动灌输到对知识的主动消化,学生普遍反映加深了对统计学理论知识和模型的理解,理解了相关性分析、回归分析应该和应用,为了实现这些统计分析,问卷该怎样设计等问题。

2. 运用多媒体实验教学设备,优化了课堂教学效果

以实验室多媒体实验设备作为平台,可以清晰地描述和展示一些光靠语言或者板书等无法表示的概念操作过程,学生可以跟随老师的讲解及时消化知识,并且可以通过系统进行实时交流

3. 锻炼了学生发现、分析及解决实际问题的能力

通过报告对实践过程进行回顾和总结,发现了在实践过程中走的弯路和存在的遗憾,学生纷纷表示这对要进行的本科毕业设计非常有帮助。

4. 通过有效互动,提高了学生的学习积极性

通过有效互动,活跃了课堂气氛,引导学生积极地思考管理中的问题,找到了书本理论知识和实际问题的结合点,并有效地提高了学生的科研水平和科技创新能力。

四、结语

在 SPSS 应用实践、实验课程的教学中,我们有意识地把学生为主体和教师为主导的实验教学理念相结合,将基础理论知识和实际问题相结合,多媒体实验教学平台与创新实验相结合的一些做法和思考,不但为学生提供了自由发挥的创新空间,而且学生设计的实验方案也丰富和拓展了实验教学的内容,加强了课堂的互动性,学生的兴趣也明显提高了。

(作者单位　浙江财经大学工商管理学院)

[参 考 文 献]

[1] 李立清,张珺. 管理类专业统计实践教学环节改革研究[J]. 统计教育,2006(6):35-37.

[2] 王吉春.关于经管类专业开展统计学课程实验教学的思考[J]. 统计教育,2008(3):23-24.

[3] 杨清清,郭滕达,廖良才.《SPSS 应用实践》实验课程教学研究[J].当代教育理论与实践,2012(8):108-110.

[4] 徐秋艳.SPSS统计分析方法及应用实验教程[M].北京:水利水电出版社,2011.

以人为本的创业案例教学模式探索①

戴维奇　尤利群

[摘　要]　人本教育理念要求创业教育以学生为本,提高知识传递的有效性并加强创业技能的培养。为实现上述两个目标,创业教师有必要在教学过程中加强案例教学。文章围绕创业教学过程中案例相关的三个议题进行了讨论。首先,文章探讨了撰写创业案例过程中的三个重要问题,即撰写创业案例的时机,决定创业案例的特征(难度)及撰写创业案例的过程。其次,文章进一步探讨了在创业课程当中适合开展案例教学的内容,同时也提出了若干课堂案例教学的策略,强调创业教师要尽可能创造好的物理条件,投入时间编制教学计划和备课,掌握案例教学组织的各种技巧,做好案例教学的各项评估工作,反馈工作并加强对学生的课外辅导。最后,文章就多媒体案例素材运用的时机和方法进行了较为深入的探讨,提出创业教师在创业课堂上运用多媒体案例素材的"三个时机"和"三个技巧"。

[关键词]　案例教学;案例撰写;创业管理;教学方法;多媒体案例

人本理念要求教学尊重人的本性,关照人、发展人和培育人。在这种理念的指引下,创业教育的重点在于有效传递创业知识,发展人的创业技能以及增强学生创业决策的能力。为此,选择合理的教学方法至关重要。而在众多教学方法中,我们认为案例教学对于有效实现上述目标具有重要意义。所谓案例,就是对组织当中某个人所面临的实际问题的描述。案例教学是一种以案例为基础,独特的、讨论式的教学方法。通过这一方法,学生不仅可以掌握决策所需的相关概念,而且还可以提高自己多方面的能力,包括概括能力、总结梳理能力、口头和书面表达能力、团队协作能力、组织能力及分析决策能力,是一个低成本但却可以有效训练学生综合能力的过程。正因如此,案例教学是一种契合创业教学目标

---

①　戴维奇,尤利群,以人为本的创业案例教学模式探索,浙江财经大学创业课范式综合改革课题的资助,2012JXFS04。

以及实践人本教育思想的重要教学方法。那么,在创业教学过程中,如何撰写案例,如何开展案例教学,如何运用多媒体案例素材？这些都是创业教师将要面对的实际问题。本文就上述三个问题展开讨论。

一、撰写创业管理教学案例

案例教学的前提是要有案例。相比现成案例,自编案例通常更能契合教学需要。而要自编案例,创业教师有必要处理好三个重要问题,即明确撰写创业案例的时机、决定创业案例的特征(难度)及掌控撰写创业案例的过程。

1. 撰写案例的时机

作为创业教师,我们首先要明确,什么时候应当投入时间和精力撰写案例。结合多年来的创业教学经验,我们认为下列情况出现时,自主撰写案例更具有紧迫性。首先,现有案例过于陈旧。这类案例会致使学生"审美疲劳",无法激发学习兴趣。其次,现有案例没有基于中国情境。现在市面上也存在很多创业管理案例的书籍和资料,但不少是基于西方国家的情境。由于创业教学基本上不涉及国际文化的比较,因此这些国外案例也会被学生认为"不切实际",进而无法激发其学习的欲望。再次,现有案例的难度不适合。案例的确有难度之分,这点下文会进一步展开讨论。创业教师要针对不同层级的学生,选择和配置案例,案例的难度必须恰如其分,否则学生会产生"畏难心理",无法达成案例教学的目标。因而,当现有案例的难度不当时,自主开发案例也成为必需。最后,现有案例没有给学生提供决策机会。案例教学的最大好处之一在于提供了"决策机会",创业案例可让学生进入创业者面临的种种场景,参与决策过程,在决策当中学习。虽然,目前创业案例是比较丰富的,但很多并不是决策型的,而是描述型的,仅仅对对象和过程进行了简单的描述,因此并不能真正成为创业课堂案例教学的主要材料,因此撰写决策型创业案例尤为必要。

2. 确定案例的特征

要撰写高质量的创业案例,首先要有撰写案例的计划,确定案例的特征。案例的特征主要是指其难度的大小。创业教师要依据授课对象的层级、知识架构和工作背景,确定所欲撰写之创业案例的难度。一般认为,管理案例的难度是由分析难度、概念(理论)难度及阅读理解难度三个维度所决定的。

(1)分析难度,即学生阅读案例之后需完成的分析任务的难度。比如,某创业者希望通过融资来为自己的企业提供资金,如果一个案例交代了创业者正在开展的项目、创业者的融资选项及创业者最终的决定,那么学生需要做的就是对这一决策合理性地评价,这种案例的分析难度是最低的。但若一个案例仅仅交代创业者的项目和融资选项,但并未交代创业者的决策结果。此时,学生需要决定决策的标准,分析各种备选方案的优劣,并最终完成战略选择。这种案例的分析难度明显上升了。还有一种情况是,案例仅仅给出创业者面临的融资情境,既无备选方案,更无决策依据。学生不仅要分析创业者可以做出的种种备选方案,而且还要进行深入的分析和做出决定。显然,这种案例是最有难度的。

(2)概念(理论)难度,即案例中应用到概念(理论)的深度、广度和难度。案例分析就是要让学生通过概念和理论的运用,完成决策的过程。因此,案例分析必然牵涉到相关概念和理论的运用。如果案例涉及的理论本身难度较大,或者卷入的概念比较多,那么概念(理论)难度就会相对比较大,反之则容易。例如,在创业导论课当中,一个比较重要的问题是到底要不要创业。此时,如果引入一个案例,教会学生分析这一问题的方法和途径,那么这个案例的概念(理论)难度可以说是比较低的。因为它基本上不涉及太多的创业理论与概念,学生基本上可以依据自己的经验以及案例中主人公所面临的情境来做出决定。而在讲授创业团队搭建的原则和方法时,情况就大大不同了。找什么样的人一起创业,如何组建创业团队?创业理论上提出两种逻辑,一种是理性逻辑,即找与自己互补的人一起创业;另一种是非理性逻辑,即找与自己"合得来"的人一起创业。如果用一个案例来教授两种逻辑的运用,那么学生首先要了解这两种逻辑,然后要结合案例情境加以选择,这在概念(理论)上的难度显然是有所上升。再如,在创设新企业时,创业者必须选择适当的法律组织形式,主要包括个体户、个人独资企业、合伙企业、有限责任公司和股份有限公司等。如果一个创业案例涉及法律组织形式的选择,那么学生必须了解上述相对复杂的概念,教师为了帮助学生理解,通常需要在案例分析前花费一节课的时间来解释种种企业法律组织形式的特点和优缺点。显而易见的,这种案例分析的概念(理论)难度就更高了。总之,一个案例的概念(理论)难度,是由案例所涉及的理论本身的难度以及概念的多寡决定的,教师在撰写和选择教学案例之前,有必要明确设定这一难度。

(3)阅读理解难度,即案例阅读者阅读和理解案例内容的难度。有些案例冗长、内容组织没有明晰的架构、包含多方面的甚至是无关的信息,这类案例阅读起来费时费力,需要花费比较多的时间才能理解。而有些案例,仅有几个段落的长度,言简意赅,表达了决策所需的所有关键内容,这种案例的理解难度大大降低。总体而言,来自国外的创业案例总体上较为冗长,由于文化差异,有些信息还比较难以理解,因此阅读理解的难度相对较大。而国内学者编写的案例通常较为短小精悍,易于理解,阅读理解的难度相对较小。这两种案例各有利弊,前者提供的背景信息丰富,可以让学生更为全面地考虑相关因素,但阅读量大,通常需要课前准备;后者不需要学生课前准备,课堂时间就可以快速完成阅读,但信息量小,有"过于抽象"之嫌,较难贴近"实战",因而也容易受到"诟病"。所以,创业教师可能需要确定一个合理的阅读理解难度。

3. 案例撰写的步骤

要撰写出高质量的创业案例,遵循一定的流程和步骤也是非常有必要的。改革开放以来,国人的创业热情被极大地激发出来,创业者不断地涌现。政府和媒体也在关注创业,有关创业者的新闻报道以及书籍比比皆是。在这样的大背景下,要采编创业案例并不是一件难事。创业教师大可以坐在办公室里,通过资料的检索和组织,撰写出创业教学案例。固然,这种通过二手资料汇编的方法也能形成创业案例,而且如果创业教师"讲故事"的水平比较高,通过这一方法也能产出高质量的案例。但这种"摇椅"案例(即坐在摇椅上舒舒服服的写出来的案例)还是会存在不少缺陷。比如,在没有多少"交叉检验"的情况下,贸然相信某一二手资料的观点,显然过于武断。再如,二手资料的作者总是有自己的写作目的,因此对于创业者的描述和诠释可能是片面的,相关信息的展现或许并不能满足案例写作之需。要真正形成稳妥的、优质的创业案例,创业教师还是应当进入现场,与创业者或者了解熟悉创业者的联系人沟通,从而更好地了解创业者决策时面临的实际情况。为此,创业教师有必要制订案例撰写的计划,并依照一定的程序和步骤来加以推进。

与所有计划一致,创业案例的撰写计划不外乎"5W1H"这些内容。除此之外,撰写计划还应当阐述案例的教学目标并且列出所需的资料与数据清单。撰写计划不仅可以引导创业教师深入开展后续工作,同时也有助于企业或创业者及其企业建立联系,通过书面形式让对方了解案例的写作意图,从而获得对方的支持。从案例的撰写步骤来讲,总的可以分为三个大的阶段。第一阶段,初次接触和商议阶段,创业教师应当通过各种可能的渠道与创业者或者企业内的知情人士联系,将他们作为案例的联系人(case lead),准确阐述来意及制定相关工作计划,并且签署"临时许可"(provisional release),让创业者或企业作出承诺,同意为案例的撰写提供必要的信息与配合。这种"临时许可"往往是口头的,但在条件允许的情况下,最好使用书面方式确认。为了体现案例撰写者的诚意,通常第一阶段需要经过多次走访和接洽才能完成所有的步骤。第二阶段,数据收集和写作阶段,创业教师要通过多轮次的访谈和数据收集,形成完备的基础资料,然后进行初稿的撰写,包括案例教学指南、使用说明书等,最终通过修改形成较为完善的案例并提交给创业者或企业,让其进行许可与授权。第三阶段,课堂测试与进一步修订完善阶段。创业教师可以将经过授权的案例用于课堂教学实践,发现缺陷与不足,并加以修订。如果在修订过程中,案例的改动幅度较大,则需要重新获得创业者或企业的许可。

二、运用案例进行创业教学

1.创业课程中案例教学的设置

创业是一个决定成为创业者、识别机会和利用机会的过程。据此,创业课程的教学内容主要涉及的内容包括创业与创业者、创业机会的识别、商业模式的设计、项目可行性研究、商业计划书的撰写、创业资源的整合、创业团队的搭建、创业融资、企业设立的程序、新创企业的生存、新创企业的成长、新创企业的运营以及创业退出等内容。这些内容均可设置为案例教学。

比如,课程导论当中的一个重要问题:创业还是不创业?此时,创业教师就可以引入一个案例,介绍主人公的基本处境,并要求学生站在主人公的角度进行"战略选择",由此学生可以轻松地将整个分析过程迁移到自己的情境中,结合自己的情况,做出一个合理的选择。又如,在组建创业团队时,如何寻找创业伙伴?这是一个至关重要的问题,因为很多时候创业的伙伴决定了创业者最终可以走多远。在搭建创业团队方面,理论上提到两个重要的逻辑,即理性逻辑和感性逻辑。为了让学生更好地掌握和运用这两种逻辑,创业教师完全可以设计一个教学案例,请学生对此进行分析和作出选择。再如,在讲授创业融资的相关内容时,一个重要的问题是到底选择哪种融资方式,是选择债务融资还是选择权益融资?这同样是创业教师可以运用案例教学的一个重要机会。再如,在新企业创设过程中,一个重要问题是创业者应当选择什么样的企业组织形式。如果运用课堂讲授的方法,这是一个比较枯燥的、以法律条文为主要内容的知识点,往往无法引起学生的兴趣。此时,如果创业教师可以设计或编写一个创业案例,让学生扮演案例中的主人公来进行战略选择,则可以更好地将学生"卷入"到课堂中来,激发学生自主学习的积极性,最终更好地掌握相关的知识点和决策方法。

凡此种种,不胜枚举。总的来说,创业者在创业过程中面临很多的战略选择,而创业教学的根本目的就是要教会学生合理地进行战略选择,因此创业教学中间决策点均可运用案例教学。

2.创业教学中案例教学的选用策略

如何将案例教学有效运用到创业教学的过程中去？如何对这一过程进行管理？结合多年来的教学经验,我们认为创业教育要有效运用案例教学方法,应在物理条件、课程计划和准备、课堂组织、教学反馈和辅导及效果评估方面,做好相应的工作。

(1)创造尽可能好的物理条件。诚如上文所言,案例教学是一种参与式、互动式的教学方式,师生之间及学生之间要进行广泛的双向沟通。为此,案例教学课堂需要进行重新的布置,从而构造出有利于案例教学的物理条件。比如,教室座位的布置最好是"U"型的,学生的座位最好可以自由转动的,教室的容量最好是在 40—80 人这个范围内,等等。此外,为了更好地让学生参与到案例教学过程中来,最好能在学生的课桌上放置"姓名牌",或者让学生相对固定地坐在座位上,教师则做好一张"座位表",以便于随时呼唤学生的姓名。这些物理条件不但有助于拉近教师与学生的距离,而且可以更好地实现双向沟通,保证案例教学目标的实现。目前,我国多数高校的教室还是比较传统的,一个矩形的房间,一头放讲台,下面则是一排排的座位,这种教室适合教师与学生的单向沟通,适合授课式的教学。对此,创业教师要尽可能寻找 U 型教室作为自己授课的"阵地",同时创造条件,做好其他的"物理"保障。

(2)做好课程计划和备课工作。在物理条件有了基本保障的情况下,创业教师要做好课程计划和备课的工作。首先是课程计划,要求能够制订出课程的整体框架,尤其是要明确案例教学放置在哪些特定的位置。同时,要明确案例教学的目标,是用以介绍理论、概念、工具和技术抑或是用来实践应用。最后,要围绕教学目标选择具体的案例,并且明确教学评估的方法。

部分创业教师会认为案例教学的备课强度是有限的。其实不然,案例教学需要教师在课前付出很大的努力。教师对于案例的准备精力和时间要大大超过一般理论教学。也有教师认为备课不能太具体,因为这样会使得教学内容过于"结构化",缺乏灵活性。其实刚好相反,只有备课充分,才能在案例教学过程中提高灵活性。

(3)提高课堂组织管理的能力。提高课堂组织管理的能力是有效运用案例教学的重要前提。创业教师要把握好三个关键点:一是熟悉案例教学的基本流程;二是掌握推进案例教学过程的各种技巧;三是了解并且确立自己的教学风格。

首先,创业教师要熟悉案例教学的基本流程。一般我们可将案例教学过程分为四个阶段,即起步阶段、案例讨论前阶段、案例讨论阶段和总结阶段。起步阶段,教师要引导学生进入教学过程,可以回顾上次课的主要内容或者介绍后续课程安排,课后的作业布置也可以放在这个阶段,因为案例讨论可能会持续到课程结束时。案例讨论前阶段,主要是由教师介绍案例当中所要用到的相关概念和理论。创业教师要提醒学生自己所讲的知识点会被用到后续案例的分析当中去,从而吸引学生的注意力。案例讨论阶段,是教学最为关键的阶段,一般的案例分析可遵循界定问题、确定备选方案、制定决策标准、分析各方案的优劣势、方案选择及行动方案讨论等步骤。在这一过程中,教师要起到引导作用,要让学生成为案例讨论的主角及知识生成者。最后一个阶段是总结阶段,教师要利用这一阶段结合案例来回顾相关的知识点,链接相关知识,并对案例分析进行点评和总结。

其次,要有效组织案例讨论,创业教师还应当熟练掌握提问、回答、记录和鼓励学生参与等实用的技巧。只有当创业教师拥有这些技巧时,案例教学才能顺利平稳地推进。创业教师首先要在课前有意识地准备要提问的问题,然后根据课堂当中学生的反应,灵活地提出问题。其次,创业教师更要善于聆听学生的发言,不但要理解而且还要想好如何回应。创业教师可以采用选择性倾听,从而给自己更多的思考回应的方法。教师的回应对学生而言是很重要的,从学生的实际情况来看,如果教师给予的回应不是很积极,则学生很容易产生挫败感,降低参与讨论的可能性。因此,对于本科学生而言,教师总体上应当给予积极的回应,即便回答没有太多的附加值,也应当肯定其积极的一面。此外,回应还可以是非语言性质的,教师可以通过肢体语言,比如面部表情以及动作来回应学生的发言。最后,要有效地组织与推进课堂案例讨论,创业教师还必须鼓励学生参与。对于参与不足的学生,除了在课堂上给予发言的机会外,更应在课外与其进行沟通,提高其自信心。

最后,在案例教学过程中,创业教师还必须思考自己的教学风格,即自己在学生学习过程中所起到的作用。到底是居高临下的"指示者",还是平易近人的"促进者",抑或是居于两者之间的学生"伙伴"?这个选择很大程度上取决于教师认为学生应该怎样学的观点。如果教师认为学生应当为自己的学习负全部责任,那么就会倾向于选择"促进者"的角色。反之,如果教师认为自己对学生的学习负全部责任,那么就会倾向于选择"指示者"的角色。如果教师认为自己和学生两方均要负责,那么就会选择"伙伴"的风格。当然,很多时候,教师的教学风格不应当一成不变,而要运用权变思维,依据不同的对象、教学内容、授课条件和案例特点等因素来进行调整,甚至在同一节课当中也要依据不同的内容进行变化。由此,创业教师才能塑造出一个"多样灵活"的形象。

(4)做好课堂案例教学的评估。在课堂教学结束后,教师的任务并没有结束。为了总结经验,提高未来教学质量,教师有必要对课堂案例教学进行评估。这个评估包括很多方面,如参与者的评估、案例教学目标完成情况的评估、个人绩效评估及对所用案例进行评估。例如,在评估学生上课发言方面,主要应当评估其发言对于案例讨论的贡献,可以从发言的质量和数量两方面加以评价。由于记忆的短暂性,创业教师最好一下课就在自己的办公室依据上课时的简短记录或自己的印象完成针对学生的评估,时间太久会导致不准确的评估。同样的,如果在上课过程中直接记录和评估学生的表现则会影响案例讨论的连贯性。此外,创业教师应当评估自己的案例教学是否达到了教学计划书当中的目标,关键的概念和理论是否得到了清晰的传递,学生的相关能力是否得到了潜移默化式的培养。同样的,对于教学案例的评估也是有必要的,案例恰当吗,完备吗,需要改进吗?这些问题都需要创业教师在课后进行思考。最后,创业教师也应当对自己的表现进行评估,既要肯定自己做得好的地方,也要识别自己的不足,思考改进的策略。

(5)加强反馈和课外辅导工作。案例教学是一种学生高度参与的教学方式,为了保证学生参与并且保持参与的热情,同时也为了教学目标的实现,课后针对学生的反馈与课外的辅导也是不可或缺的。这里的反馈主要是指对学生课堂参与性的反馈,而所谓的课外辅导主要是对课堂参与感到困难的学生的辅导。其中,反馈可以是非正式的,比如下课后趁学生还未离开,赞扬学生"干得好"。也可以是正式的,比如通过邮件的形式向学生发邮件,肯定其课堂表现。通过这样的反馈沟通,学生的积极性会得到极大的激发。总的来说,案例教学的顺利推进,不但要求创业教师投入更多的时间去准备课程,而且也要求投入更多的时间去关爱学生。

三、多媒体案例素材运用

信息通过多种媒介的传递,可以起到更好的沟通效果。目前,多媒体在教学当中已经得到了非常普遍的运用。各种多媒体设备已经成为普通教室的标准配备。那么,在创业教学当中,运用多媒体案例的时机有哪些,应注意哪些问题?值得我们思考。

1.运用多媒体案例的时机

(1)运用多媒体案例材料解析抽象问题。在创业教学过程中,有时我们需要去讲述一些比较抽象的问题,此时运用多媒体案例材料的效果要比教师口头表述要好。比如,我们在讲述外部资源整合的过程中,要涉及一个所谓"空手套白狼"的策略。在很多同学的脑海中,"空手套白狼"是一个贬义词,因此很难接受用这样的做法来获得外部资源。但是当我用一段有关朱新礼创办汇源果汁的视频案例材料加以诠释之后,学生的成见消失了,打消了心头的顾虑,转变了他们观点。可见,形象生动的多媒体材料解释抽象的、难度较大的问题,能起到比较好的教学效果。

(2)运用多媒体案例材料增加真实体验。创业是一个活生生的过程,创业教学就是要给学生展现这样一个过程,要千方百计增加学生的真实体验。为此,创业教师要以"创业者"的口吻,讲述创业的方方面面。事实上,学生也有类似的要求。他们希望创业教师本身拥有"创业经验",甚至是要拥有丰富的"创业经验",如此才具有讲授创业课程的"合法性"。然而,现实当中,受到各种因素的制约,很多创业教师并无实际创业经验,因而要将自己扮演成一个"创业者",以创业者的口吻来讲述创业教学的基本内容具有很大的难度。此时,多媒体案例素材无疑成为一个重要的辅助教学手段。创业教师可以围绕一些知名的创业者,收集相关多媒体材料,如采访记录、录音和视屏等,然后由这些创业者来讲述他们的故事,诠释创业理论当中的一些核心观点,从而满足学生对于"真实体验"的心理需求。

(3)运用多媒体案例讲述复杂创业案例。创业是一个复杂的过程,创业案例往往涉及很多复杂的细节。对于这种案例,如果仅靠教师口述,不仅要耗费教师很多准备时间,而且学生往往难以记住案例当中的诸多细节,难以进一步展开深入的剖析和探讨,因此其教学效果也往往不尽如人意。相反,如果运用视频或者录像进行多媒体教学,则诸多案例的细节就可以具体化、形象化和明确化。此时,学生能对案例形成非常清晰的理解,后续的讨论也就更容易推进。这点在我们的教学过程中,已经得到验证。例如,在讲述创业者如何整合资源的过程中,我们曾经用口述方法用李书福的案例来解析"拼凑"这一策略。但显然,学生的理解和记忆是有限的。后来,我们特意剪辑了一个关于吉利汽车的视频案例,在相同的教学点位上进行播放,学生的关注度增加了。而且,我们在后续的讨论当中,还比较全面地概括了吉利汽车在初创时期是如何具体运用"拼凑"策略。

2. 运用多媒体案例素材教学应注意的问题

(1)控制运用的时间比例。课堂是一个"以学生为主体、以教师为中心"的场所。因此,多媒体案例材料运用的时间要控制在一个合理的比例范围内。从授课实际情况来讲,我们建议在一次 90 分钟的课上多媒体材料运用的时间最多不超过 30%。换言之,多数时间还是需要教师与学生能够形成良性的互动,并在互动和沟通过程当中,把创业的相关理论知识传播出去,让学生理解。过多运用多媒体案例材料,可能会导致教学内容不集中、学生注意力涣散甚至是厌恶等不利后果。创业教师尤其要重视引导和总结,即在运用多媒体材料之前要注意增加一些引导,解释教学目标,给学生提出思考的问题;在运用多媒体案例材料之后,教师要说明教学目的,要激发学生的讨论,要重视对多媒体材料的总结和归纳,同时也要注意适当延伸知识点。总之,创业教师一定要牢牢把握"以学生为主体、以教师为中心"的原则,注意多媒体案例材料运用的适度性。

(2)要调动学生的积极性。在运用多媒体案例材料的过程中,创业教师要重视调动学生的积极性,请他们采集和组织有关创业的多媒体案例材料。比如,我们在创业课程的导论课当中,就会提前给学生布置一个作业,要求学生围绕课堂讲授的一个或多个知识点,去采访他们能够接触到的一个创业者,并且像记者那样摄录这个采访的过程,然后再到课堂上播放和讲解。我们往往将这个环节放在课程的后半段。这样不仅可以推动学生去深入理解相关知识点,促使他们进行深入的思考,而且还有助于增加学生在后半段教学过程中的注意力。无论是哪位教师,到了教学后半段,学生或多或少会出现"审美疲劳",这时让他们自己的同学来"授课",也是激发学习兴趣、提高教学效果的好举措。

(3)讲究原始案例材料的剪辑。有些教师可能会认为,运用视频、音频和图像等多媒体案例素材将给教学带来很大的"便利",可以"减轻"教师的负担。是的,有了视频、音频和图像等多媒体材料,课堂上确实比以前轻松了,学生也喜欢。但我们必须强调一个事实,创业教师要在课堂上"轻松",课下必须投入更多的精力来进行备课。首先,要采用恰当的案例,即所谓的"cases in point"。恰到好处的案例还具有说服力,才能让学生留下深刻的印象。而要得到这样的案例,创业教师必须花费大量时间了解案例、分析案例。以视屏材料为例,现在市面上有很多讲述创业的光碟,比如中央电视台的《商道》《财富故事会》和《对手》等节目。要采集到恰当的案例,创业教师要观看几乎所有的节目材料,然后才可能有所收获。有时,我们可能看了很多素材,也依然找不到合适的内容。即便是找到了合适的素材,我们还必须进行恰当的剪辑,从而突出"故事"的重点,更好地满足教学所需。这还不够,创业教师还应当编写案例的"导语",提出案例分析的问题,撰写案例总结。更为重要的是,要准备好向学生提问的问题,考虑如何与学生进行良性的互动。所以,创业教师在课前的投入是巨大的,可能比准备"lecture"更耗费时间和精力。对于这点,创业教师必须有清醒的认识。

四、结束语

案例分析的本质,就是要让学生扮演决策者的角色,依据一定的概念和理论,同时结合情境,来做出选择。案例分析给了学生一个情景式的"干中学"机会,不仅能增加学生的课堂参与,而且还能提高教学和培训的效果,尤其是增加学生的管理决策能力。在创业教学过程中,案例教学对于创业知识的迁移、学生能力的塑造及人本教育思想的实现具有特别重要的意义。

在创业教育过程中开展案例教学的前提是拥有高质量的案例。而现实当中很多原因会迫使创业教师自主编写教学案例。为此,本文首先探讨了创业教学案例撰写过程中的三个重要问题,即何时需要自主开发创业案例? 如何确定创业案例的特征,尤其是其难度? 如何实施案例撰写的整个过程? 其次,本文探讨了创业教学过程中案例教学的具体策略。创业教师要思考在课程哪些章节当中运用案例教学,同时要为案例教学创造尽可能好的物理条件,投入时间编制教学计划和备课,掌握案例教学组织的各种技巧,做好案例教学的各项评估工作,反馈工作并加强对学生的课外辅导。最后,本文探讨了多媒体案例素材在创业管理课堂上的运用问题,重点分析了使用多媒体案例素材的时机和方法。当我们需要阐述抽象的问题,增加学生真实的创业体验以及讲述复杂的创业案例时,运用多媒体材料和多媒体教学手段是非常恰当的。在运用多媒体材料的过程中,我们要加强课前的准备,要重视多媒体材料的剪辑,撰写相应的教案;要注意控制多媒体材料运用的时间比,增加与学生的互动和交流;要注意调动学生的积极性,将他们"深度"卷入到多媒体教学的过程中来。

(作者单位 浙江财经大学工商管理学院)

[参 考 文 献]

[1] Erskine, J. A., Leenders, M. R., Mauffette-Leenders, L. A. Teaching with cases[M]. London, Ont. : Ivey Publishing, Richard Ivey School of Business, 1998.

[2] 麦肯齐,威. J. 麦肯齐大学教育精要[M]. 杭州:浙江大学出版社, 2005.

[3] Maufefette-Leenders, L., Erskine, J., Leenders, M. Learning with cases[M]. London, Ontario: Richard Ivey School of Business, The University of Western Ontario, Ontario, 1999.

[4] Leenders, M. R., Mauffette-Leenders, L. A., Erskine, J. A. Writing cases[M]. London, Ont. : Ivey Publishing, Richard Ivey School of Business, 2001.

工商管理专业双语教学的实践与探索①

俞萍萍

[摘　要]　双语教学是我国高等教育改革的热点,也是工商管理专业培养高素质国际化管理人才的重要途径。本文揭示了工商管理专业双语教学的特点,并结合"战略管理(双语)"课程的"沉浸型"教学、分级教学、本土案例教学和考核方式改革等教学实践,在整体规划双语教学计划、加强双语教学师资建设、完善双语教学资源和重构双语教学评价内容等方面探索双语教学改革的方法。

[关键词]　双语教学;工商管理专业;教学实践

为适应经济全球化和文化国际化的发展趋势,加强国际交流与合作,培养既精通外语又具备高水平专业知识和技能的高素质人才成为高等教育人才培养的迫切需求。2001 年,教育部《关于加强高等学校本科教学工作,提高教学质量的若干意见》明确提出:"本科教育要创造条件使用英语等外语进行公共课和专业课教学"。2007 年,教育部再次提出"推动双语教学课程建设,探索有效的教学方法和模式,切实提高大学生的专业英语水平和直接使用英语从事科研的能力",并启动了"双语教学示范课程建设项目",推动了全国各个高校全面开展双语教学,成为我国高等教育改革的一大热点。

一、工商管理专业双语教学特点

英语是当今世界交往中重要的语言工具,是连接中国和世界的重要桥梁和媒介,更是中国经济管理人才参与国际竞争,加强国际合作,实现中国企业国际

---

①　俞萍萍,工商管理专业双语教学的实践与探索,"战略管理(双语)"浙江财经大学双语示范课程。

战略的基石。培养能同时使用汉语和英语进行交际,具备高水平专业技术能力和英语能力的复合型人才是工商管理专业人才培养的重要目标。其双语教学应建立在"以学生为本"的基础上,帮助学生提高英语应用能力,促进学生理解和吸纳其他国家的文化,促成学生形成两种语言文字进行思维,提高适应不同国家文化差异的能力。因此,工商管理专业双语教学不同于语言课程,还包含了学生对于专业知识技能的掌握和实践能力的培养,在教学效果上强调学生专业知识能力的获得和英语语言能力提高的"双丰收"。其具有以下特点。

1. 教学目标双重性

工商管理专业双语教学设定了培养学生掌握专业知识能力和提高语言能力的双重目标,在教学实施时存在这两个目标的协调问题。基本目标仍是实现学生对专业知识的掌握,进一步的目标则在于提高学生英语水平和能力,掌握国际交流的"共同语言",最终实现学生在专业领域内双语思维能力的提高,以及对于熟练掌握两种语言之间根据工作环境和管理实践的需要进行自由切换能力的培养。双语教学中语言能力的提高,是借助于课程内容所赋予的一种特定的专业文化和语境,正如 Richards & Rogers(2001)指出,只有当语言被用来"作为了解信息的途径而不是为了学习语言本身"时语言学习才能成功。因此,双语教学必须确立以专业知识传授为主,提高语言运用能力是辅助性的、潜移默化的。过度突出语言能力的培养会破坏专业知识传授,也会破坏以内容作为驱动的语言学习环境。

2. 对教学参与主体要求更高

专业教师作为双语教学最直接的实施者,在教学素养上不仅需要具备精深的专业知识,一定的实践经验,还应具备用英语表述专业术语和专业知识的能力。在教学过程中,教师还需要辩证对待国内外教学思想和教学方法的差异,在吸收西方教学理念的过程中去芜存菁,才有可能提高双语教学质量。工商管理专业双语教学的双重目标,同时也赋予学生双重的学习任务,既要掌握新的专业知识和技能,又要提高英语语言的应用能力;既要学习和借鉴西方学者的思维方式,又要结合本国的管理实践。因此,双语课程对于学生的教学参与程度和学习的主动性也都要求更高。

3. 教学资源国际化

双语课程的教学资源,包括教材和教辅材料,既要符合国家颁布的教学大纲、课程标准和课程设置的要求,又要适应英语教学的需求。工商管理专业双语课程一般采用畅销的外文原版教材。因为这类教材在全面反映所授课程的理论和实践、国外先进的管理经验和经济理论动态之余,还提供了良好的语言学习环境,使教师和学生能尽享原作者思想的真实表达。使用外文原版教材也有利于学生熟悉西方的专业教学思路和对专业知识的认知程序。但不同于自然科学教育,工商管理专业课程具有社会文化属性。中外文化和管理模式的差异使得原版教材中的部分教学内容无法切合中国实际,较多的教学案例和教辅材料脱离学生学习和生活的环境,使学生在学习和认知上存在一定的困难。

4. 教学效果评估较复杂

工商管理专业双语课程教学目的是提高学生专业知识和英语语言的运用能力,最终培养学生具备与国际竞争对手、合作伙伴沟通和对抗的能力。因此,双语教学中,对教学质量的高低、教学目标的达成度和教学方法的有效性等作出客观评估,以不断提升教学质量、实现教学目标就显得更为重要和尤为复杂。一方面,双语课程考核结果所反映出的是学生语言能力的强弱还是专业知识的掌握程度需加以区分;另一方面,学生对于课程的满意度,即学评教内容,需特别设计,以真实客观地反映出学生对教学具体内容和实施环节的反馈,区分出语言能力教学和专业知识教学的差异。

二、工商管理专业双语教学实践

1. 协调语言和专业学习,提供"沉浸型"教学环境

工商管理专业双语教学是为适应国际化管理人才培养的需要,在教学过程中注重学生的语言学习和专业知识学习的同步进步,不能顾此失彼。因语言障碍影响课程学习,或只注重课程内容学习,而忽视了语言能力的培养,都是不可取的。因此,在教学过程中就需要最大化地提供"沉浸型"教学环境,引导学生自主学习。例如,在"战略管理(双语)"课程的教学中,教师采用全英文大案例(案例篇幅超过 10 页 A4 纸)贯穿课程教学的始末。在教学中,要求学生运用课堂所学的战略理论和工具,对案例企业进行客观理性的分析,在课程结束前提交该企业未来三到五年的具体战略和实施方案,最终完成约 30 页的全英文研究报告,进行课堂答辩。课堂教学之外,教师则通过网络课堂这一平台注重引导学生查找和阅读相关领域的英文资料,克服英语读写的心理障碍,培养学生的学习兴趣和研究能力。

2. 适应学生语言能力,采用分级教学

根据国内多名学者的研究(董春颖,杜春慧,2012;冯发明,2008;韩建侠,俞

理明,2007)发现,英语学习成绩的差异,例如 CET 等级和成绩高低,对学生参与双语教学的效果有显著影响。英语成绩高的学生对于课程内容吸收快,课堂焦虑感较低,能获得较好的双语课程成绩。反之,英语成绩低的学生由于其语言能力阻碍吸收转化双语课程知识,导致学习积极性低,参与度下降,最终成绩不理想。因此,在"战略管理(双语)"课程的教学中,根据学生英语水平和大学学习成绩的差异,实施分级教学,是一种较好的尝试和实践。英语水平高和学习成绩佳的学生由外籍教师任课,采用全英文教学,其余学生则由中方教师任课,用中英文双语进行教学。两个班在教材和教学内容上统一。英文班的优势在于,学生能够熟悉西方的教学模式,掌握课程基本理论的同时较快地提升英语语言应用能力。中英文双语班的优势在于,能够照顾英文水平相对薄弱的学生,通过严格的课堂教学环节控制,引导学生掌握课程内容,在培养学生国际视野的同时,也关注本土企业的实践活动。

3. 引进国外优质教材,补充本土实践案例

在双语教学中采用国外经典原版教材,使学生通过英文原版著作的阅读掌握大量专业术语的同时又能够学习和体会西方管理者或研究者的思维方式。教材中原汁原味的富有特色的表达方式反映的是西方管理大师的思维习惯和思想精髓,也呈现了西方管理思想的文化特征。原版教材的另一个突出优势是更新速度快,紧跟学术前沿。在此基础上,双语课程教学团队还根据中国管理模式结合中国文化,编写反映国内企业战略管理实践的小案例作为教学配套。这些小案例一般配合课程中某些章节或知识点使用,在开课前以书面材料的形式发给学生,供学生预习、提问和课堂讨论。

4. 改革考核方式,注重学生课程参与度

工商管理专业双语课程考核方式侧重于多方面考查学生对专业知识的理解和应用能力,采用书面案例报告、课堂答辩和闭卷考试相结合的方式。在考查学生专业知识和技能掌握程度的同时,还注重评估他们的英语阅读、口语和书面表达能力等。在课程教学中由学生自由组合,5—6 人为一组,以小组作为学习的基本单位,最终的考核也以小组为单位进行,个人成绩以小组成绩为基准,结合个人贡献率最终评定。学生参与整个教学过程,无论是课堂讨论、书面报告,还是期末的课堂答辩都以小组形式进行,这不仅加强了学生的团队合作能力,也为语言能力有差异的学生提供了互动平台,相互促进,共同提高。

三、工商管理专业双语教学发展建议

1.整体规划双语教学计划

双语教学是教学内容、教学方法和教学手段的全面创新。双语教学计划的制定是一个整体的系统化的过程。首先,合理衔接双语课程教学与大学英语课程教学,一方面在开设双语教学课程前给予学生足够的英语训练,另一方面加强大学英语课程改革,强化以工商管理专业内容为导向的教学。其次,合理规划工商管理专业双语教学计划进度,将双语教学课程合理分布在整个专业课程体系的知识建构中,增强各门课程之间的内在逻辑性。还应根据工商管理学科发展趋势,调整教学计划,推进教学内容与国际规范接轨,为实施双语教学提供系统全面的支撑。再者,合理设置双语教学中英语的使用比例,避免"一刀切",例如双语教学全部转化为全英文教学。教学实践告诉我们,应视学生英语水平和专业课程教学规律,循序渐进地推进双语课程教学中英语授课比例的增加。

2.加强双语教学师资建设

教师是双语教学的实施者,加强教师队伍建设是提升双语教学质量的根本。工商管理专业双语教学师资队伍建设,一方面,要鼓励"请进来",即从国外校外聘请外籍教师或留学国外多年的教师作为客座教授,讲授专业课或开设讲座,增强双语学习的氛围;另一方面,也是更重要的,在高层次和多样化的管理教育国际合作的趋势下,鼓励教师队伍"走出去",优先向从事双语教学的教师提供出国进修的机会,增加教师与国外的交流机会,提高他们的语言能力,使其更深地融入全球性的教育、文化和思想观念的时代变革中。此外,由于工商管理专业双语教学要求教师具备管理知识与英语表达相互融合的综合能力,学校应投入一定资源鼓励教师深入外资企业或跨国企业进行实战研究,积累经验,丰富课堂。

3.完善双语教学资源

对于有一定英语基础,但又不能完全独立阅读国外原著的学生而言,英文阅读能力是需要加强培养和训练的,尤其是专业英语的阅读能力更是如此。一方面,课前课后大量英文原版著作、案例的阅读,不仅有助于学生积累一定程度的专业词汇,而且是对学生思维方式的有效训练。因此,工商管理专业双语教学应引进优质的原版教材。另一方面,原版教材可能在编写体例上不适应中国学生的阅读习惯,在内容上不一定体现中国管理实际等,因此,应增加专项经费组织学科骨干教师,结合科研和教学实践自行修订或编写反映我国管理思想和实践发展的教辅资料,如案例和习题库等。学校也应增加英文图书资料和英文数据库的采购,丰富双语教学所需的课外阅读资料,为学生自主学习提供良好的学习环境,培养其双语学习的积极性。

4.重构双语教学评价内容

现有双语教学评价内容,或直接套用传统的单语教学评价方案,或只在单语教学评价方案的基础上进行简单的修订,没有突出双语教学的个性与特色,这就造成双语教学评价在实践中不能真实和客观地反映教学效果,阻碍双语教学质量提升和改革进程。工商管理双语课程教学评价内容应从师生两个维度进行重构。对教师的评价应从双语教学内容的设计、资源的开发、教学氛围的创设、学习指导与教学过程的控制等方面进行,并侧重于评价教师的专业知识和语言的融合能力及两种语言的转换能力。对学生的评价既应注重学生专业知识的掌握程度和学习态度,更应注重学生跨文化思维能力的培养以及多元文化的体验和适应。

四、结束语

双语教学是我国高等教育人才培养和加快与国际接轨的有效途径。推动和实行双语教学并不是目的,真正的目的在于培养学生,也就是未来的企业家和管理者,能够具备与国际竞争对手、合作伙伴沟通和对抗的能力。目前工商管理专业双语教学还处于发展和建设阶段。如何符合双语教学发展规律,实现双语教学设定的双重目标,仍需要教师和教学管理者结合课程特性和学生特点,大胆探索和尝试,在授课方式、考核方式和课程质量评价方法等方面,在实践中不断推出新思路、新方法和新理念,来提高双语教学效果,为国家培养出精通英语的高素质的国际化管理人才。

(作者单位　浙江财经大学工商管理学院)

[参 考 文 献]

[1] Richards, J. & Rodgers, T. Approaches and Methods in Language Teaching [M]. 2nd ed. Cambridge: Cambridge University Press. 2001.

[2] 董春颖,杜春慧.双语教学效果和学生英语水平关系探讨[J].教育教学论坛,2013,No.86 (05):128-130.

[3] 冯发明.学生外语水平与双语教学实际效果关联性实证研究[J].长江大学学报:社会科

学版,2008,31(3):141-143.

[4] 韩建侠,俞理明.我国高校进行双语教学学生需具备的英语水平[J].现代外语(季刊),2007,30(1):65-72.

[5] 刘晓光.双语教学评价的理性之思[J].黑龙江高教研究,2009,10:75-76.

[6] 俞理明,袁笃平.双语教学与大学英语教学改革[J].高等教育研究,2005,03:74-78.

工商管理课程的课堂教学模式抉择探析

章 丹

[摘 要] 高校教学改革的重要环节之一是教学模式的创新和探索。本文从教学模式的理论概念和流派出发,重点阐述了目前本科工商管理课程的课堂教学模式的类型以及存在的问题,并依据当今时代对课堂教学模式的要求,结合工商管理课程的基本特征提出了小组协作学习与案例教学相结合的教学模式,这是一套适应开放教育实际的教学模式,对于提高学生独立思考、系统思维和自我发展的能力及培育协同作战的团队精神有重要的作用。

[关键词] 小组协作学习;工商管理课程;课堂教学模式

自 2000 年以来,我国工商管理专业教育迅速发展。工商管理类教育是一种典型的以培养复合型、应用型经营管理人才为目标的教育模式,在标准化课程体系学习的基础上,更注重培养学生发现、分析和解决企业管理中实际问题的能力。课堂教学是现代教学的基本教学形式,本文对现有课堂教学模式存在的问题进行分析之后,结合工商管理课程管理的基本特征提出了小组协作学习与案例教学相结合的教学模式。

一、课堂教学模式及其类型

1. 课堂教学模式的概念

对于教学模式的理解有许多,在国外,较有影响的教学模式的定义是乔伊斯和威尔的定义。他们认为,教学模式是可以用来设置课程、设计教学教材、指导课堂或改进其他场合的教学的计划或类型。在国内,主要有如下几种观点:一种观点认为,教学模式就是教学结构。它是在一定的教学思想指导下建立的比较典型和比较稳定的教学程式(曹一鸣,2007)。另一种观点认为,教学模式就是教学过程的模式,或是一种有关教学程序的策略体系、教学式样。即根据客观的教学规律和一定的教学指导思想而形成的整个教学过程中必须遵循的比较稳定的教学程序及其实施方法的策略体系(郭景扬,2009)。再一种观点认为,教学模式属于教学方法范畴,它是教学方法或是多种教学方法的综合(李东旭,2000)。北京师范大学何克抗教授根据信息传播和信息加工的特征,给"教学模式"提出了一种新的定义,那就是:"教学模式是指在一定的教育思想、教学理论和学习理论指导下的,在某种环境中展开的教学活动进程的稳定结构形式。"其中,教学活动进程包括教师、学生、媒体和教学内容等四个要素,它们彼此相互联系、相互作用,形成一个有机的整体,从而构成稳定的结构—教学模式。对此,何克抗教授解释说,以这种方式界定的教学模式,将具有下述特征:(1)强烈依附于教育思想、教学或学习理论的"依附性",不同的思想和理论会形成不同的教学模式;(2)在教学活动进程中表现出来的"动态性";(3)教学系统四个要素互相联系、相互作用的"系统性";(4)具有总模式和子模式等类别的层次性;(5)具有结构形式的稳定性。他强调指出,这种定义给出的教学模式概念,与教学策略、教学方法是完全不同的概念,必须加以严格区别。人们对教学模式概念认识的分歧,说明对教学模式的实质和定位等基本理论问题有待进一步深入研究。

在以上研究的基础上,结合本研究的需要,可以认为教学模式是在教学实践基础上建立起来的一整套组织、设计和调控教学活动的方法论体系,它由教育(哲学)主题、功能目标、结构程序及操作要领构成。教学模式相对于特殊的策略、方法或技巧而言更为广泛。教学模式具有具体策略和方法所没有的特性,包括一致的理论基础、广泛而全面的教学方法,而非一种具体的策略。

2.课堂教学模式的类型

美国学者理查德·I.阿兰兹在其《学会教学》一书中,将课堂教学模式分为两大类型,即传统的以教师为中心教学模式(包括讲授模式、直接教学模式、概念教学模式)和建构主义的、以学生为中心的教学模式(包括合作学习模式、基于问题的学习模式、课堂讨论模式)。

(1)讲授模式。讲授模式是最传统的教学模式。以教师为中心,帮助学生学习新知识,扩展概念体系,培养学生倾听和思考的习惯。其理论假设是,学科知识具有合理的逻辑结构,可以运用认知心理学来指导课堂讲授。

讲授模式要求学习环境组织严密,可以使用多媒体技术设备。要求教师选择适当的形式呈现学习材料,使用学术界公认的、体系化的概念和原理,突出但不要罗列事实,想方设法把新的学习材料和学生以前的知识经验联系起来,使学生能够接受新知识。教师应当透彻理解教学内容,课前做充分准备,把握重点,严格按照讲义和备课笔记讲授。备课应抓住四个关键:选择教学目标和教学内容,了解学生先前的知识,选择适合的、有效的引导材料,计划好时间分配。在讲授中,要注意拓展学生的思维,组织课堂讨论,由教师提问,学生充分参与,使学生将新知识和先前知识整合起来,建立更完善的知识结构。

(2)直接教学模式,也被称作主动教学、明示教学法。直接教学的目标是让学生掌握系统的知识和基本技能。直接教学模式的特点是:运用策略引起学生的注意,将学生的新技能与已有知识联系起来,通过练习确保记忆和巩固,使学生对新技能的掌握有积极的态度,强化训练。直接教学模式的关键在于指导练习。具体方法是:①教师准确界定所教的特定技能的特点和结构,将复杂的技能分解成相对独立的若干行为单元。②简化任务,练习少而精。③强化练习,巩固技能。④集中练习和分散练习相结合。⑤拓展练习,使学生能够将新技能与其他技能结合起来,在新的复杂环境中能运用自如。

(3)概念教学模式。概念教学是将信息整合成综合的、复杂的认知结构的过程。学生掌握学科概念就能对专业领域的事物和观念进行比较和分类,并能推导出规则和原理,进而迁移到更广泛的领域。

概念教学模式以教师为中心,需要组织得当,管理严谨。在概念阐释时,要求学生注意倾听,在理解思考时,鼓励学生积极参与,相互交流,营造宽松自由的氛围。在概念教学的备课环节,教师应当明确概念的定义,选择合适的方法。概念教学的基本方法主要有:①直接陈述法,采用从规则到实例的演绎方法,先给概念下定义,然后举例论述,强化学生对概念的理解。②概念形成法,采用从例子到规则的归纳方法。选择适当的例子和非例子是概念教学模式最具挑战性的备课任务之一。这里所说的非例子,是与指称概念的例子在非本质属性方面相似的例子。

(4)合作学习模式。合作学习的教学目标主要是:学业成就,对多元化的包容与接纳,团队合作、人际沟通等社会技能的发展。其课堂教学特点是:学生分组学习,掌握学习目标;小组随机编排,灵活组成,各组内部成员的差异明显;奖励体系适用于团队和个人。

合作学习模式注重采用民主的方法,营造和谐宽松的氛围,让学生发挥积极作用,共同且自主决定学习的内容和方式,小组的划分和学习的整个流程由教师严格控制,但小组内部的互动由学生自主控制。

合作学习模式的关键之一是小组的组成和互动关系的建立与维系。小组成员应在智能、性格、学习成绩以及家庭和社会背景方面有较大的差异,能够充分互动,形成互补。另一关键是学习环境的管理。要给小组学习有足够的时间,相互熟悉,建立良好关系,共同努力,达成学习效果;要改变学生面向教师和黑板的传统格局,使小组有一定的互动空间,且能有效控制小组之间的干扰和影响。

(5)基于问题的学习模式。教学目的是帮助学生发展思维、提高解决问题的能力和学习技能,通过真实或模拟的情境体验、学习职业角色,成为独立自主的学习者。关键是向学生呈现真实、有意义的问题情境,以此作为出发点,成为连接课堂学习和课外活动的桥梁。

这一模式的特点是:①问题激发,即提出对学生具有社会意义和个人意义的问题。问题带有真实性和模糊性,而不是具体学科知识和技能。②学科综合,综合运用多学科的知识来解决问题。③真实性调查,学生分析、界定问题,提出假设,作出预测,收集并分析信息,得出结论。④作品制作和展示,说明学习的成效。⑤合作研究,增加共同参与、发展社会技能的机会。

(6)课堂讨论模式。课堂讨论既是一种独立的教学模式,也往往贯穿于其他教学模式。课堂讨论是师生之间分享信息和观点的方法。教学目标主要是:激发学生的思维,加强学习理解,促进学生参与合作。

传统的课堂讨论模式的结构流程是教师提问、学生回答、教师评估。结果往往是教师自言自语,学生应声附和,积极参与不够。对此,改进课堂讨论模式的关键在于提出高水平、能激发学生思考的问题,营造开放宽松的讨论环境。课堂讨论需要开放宽松的氛围和学生的积极参与。应当注意:把握节奏,扩大参与;增进师生之间、学生之间的相互尊重与理解;应用能突出讨论和思考过程的教学手段;用手势、语言、图表等展示讨论的进展情况。

二、本科工商管理课堂教学模式的现状

审视我国工商管理类专业传统的教学模式,存在着许多弊端,制约着工商管理类专业人才培养的质量,不利于培养出具有较强创新能力、综合能力的高级复合型管理人才。具体来说,当前我国工商管理类专业教学中存在的问题突出表现在以下几个方面。

1.工商管理理论与工商管理实践的脱节

在现有工商管理类专业的教学中,较多地强调理论知识,而传授应用性知识、培养学生实际工作能力的实践教学环节受到轻视和排挤,有些课程设置了实践环节,也仅仅流于形式。在高校工商管理类专业的教学中,往往是以课堂为中心,与现实管理实践联系较松,封闭程度较高;以书本为中心,与知识的更新及应

用的联系较少,实践程度较弱。其结果是,学生的实际工作能力和适应社会的能力越来越差,在人才市场的竞争力越来越弱。

2.工商管理专业的教学内容与时代发展的要求脱节

教学内容及课程设置与现代经济发展状况的差距较大。目前我国工商管理类专业的教学内容在许多方面与时代发展之间的结合不够紧密,两者之间差距较大。管理科学是一门实践性很强的应用科学,管理科学的理论和知识来源于管理实践,随着经济和社会的发展,管理的知识和管理的理念也在不断地变化和发展。然而,工商管理类专业的教学内容严重滞后于管理实践的发展,比如在工商管理类专业课程的教材内容中,目前还有不少反映的是计划经济体制下的管理知识,导致学生对市场经济时代工商管理专业的新知识了解甚少,难以适应新形势下管理工作的需要。

3.教学模式及人才培养模式单一

现行课程体系明显显现出"专才教育"模式的特点,人才培养目标定位于满足某一个岗位的专门人才。在这一目标的指导下,专业课程设置过细、过专、过窄,培养出来的学生共性有余而个性不足。在教育模式上只注重知识的传授而忽略了对学生综合能力的培养。这既不能符合现代市场经济的发展要求,也不利于学生在激烈的市场竞争中综合能力的培养。

4.教学方法单一

在工商管理类专业教学中,教学方法的主要特点是以教师为中心,忽视学生的主体地位,课堂讲授过多,学生自主支配时间太少,学生的主体地位作用得不到发挥;以传授为中心,课堂照本宣科,不能旁征博引,加强学科之间的联系,对学生综合素质和创新能力的培养重视不够。这种教学方式的理想状况是教师讲课条理清楚,概念表述准确,内容完整充实,板书工整简洁,时间掌握精确,生动活泼更好。而学生则认真倾听记录,课后完成作业。但是,这种教学方式重知识的传授,轻能力的培养,更不利于学生创新思维的培养。因此,这种教学方式显然是难以完全达到管理类课程教学的目的的。

5.教、学脱节,学、用脱节

在管理类课程的教学中,一方面,由于教材等诸多因素,教师教学的内容与实践有一定距离,或者与实践结合不紧,以至难以激发起学生学的兴趣,造成教、学脱节;另一方面,学生学了一大堆理论、方法,缺乏运用它们的机会和能力,造成对"知识"理解不深,掌握不牢。学生走上工作岗位,碰到实际问题,往往不知如何下手，束手无策。

三、当今时代对课堂教学模式的要求

1. 当今时代对课堂教学模式的一般要求

本科课堂教学模式应该是多元化的，因为不同的教学媒体具有不同的教学特性与功能，不同的学科、知识类型、教学对象年龄层次等，都具有自身的特性。因此，在构建本科教学模式时应该注意这些方面，建立多元的新型课堂教学模式。就本科课堂教学而言，应根据不同的教学目标，针对不同的学科、知识类型、教学对象的特点实施不同的课堂教学模式。就某一特定课堂教学模式而言，教学的结构进程虽然是固定的，但是教学方法却是灵活的，同一课堂教学模式的教学过程也可以是丰富多彩的。因此本课课堂教学模式的构建要不断优化完善，要采用与本课课堂教学理念相适应的教材形式、授课方式、讨论形式、作业类型、实践训练和考核方式，建立"以学生为主体、以教师为主导"的基于探索和研究的教学模式，激发每个学生的学习热情，培养学生的创新研究能力（段华洽，2009）。

虽然教学模式具有简略性，便于教师在教学实践中掌握和运用，但同时我们也应该看到，具体的教学情境是千差万别的，正如世界上没有两片相同的树叶一样，也没有完全相同的两个人，没有完全相同的两节课。尽管任何教学模式都有明确的应用目的或中心领域，而且有具体的应用条件和范围，有一定的针对性，但固守某一模式就会过于机械化、刻板化了。因此，在教学实践中，我们可以研究模式、运用模式，但更要超越模式，这便需要教师提高教学艺术水平了。

2. 当今时代对工商管理课程的特殊要求

对管理类本科大学生的创新精神和研究能力的培养，应立足于各学科、各门课程的教学及其与之相关的教学活动。为此，在教学内容、教学方法和形式及教学评价等各个要素上应当强化课程教学的研究性特点，以构建师生交互主体、多维互动、同步提升的课堂教学模式。

（1）课程内容设计应凸显研究性、综合性和迁移性。工商管理类专业课程具有较强的开放性特点，现行教材的版本很多，由于各学者研究的视角或重点的不同，因此反映在具体的教科书上形成了各自不同的体系，各有特色，也有其局限性。为了使课程内容既具有基础性，又有前瞻性，应当对多种版本的教材进行认真研究、梳理和提炼，制定课程教学大纲，形成有自身特色的教学内容体系。在新的课程内容体系中，一部分内容主要是反映各课程的基础理论知识、基本概念和原理，一部分内容则是一些研讨性、不确定性课题和学生实际操作的内容。具体反映在不同课程中，这几者的比例不完全相同，重心放在研讨性内容和学生的实际操作和运用上。在这个环节中，教师以科研带动教学，用科研成果指导教学过程和丰富教学内容，指导学生去分析和探索现实中存在的问题和对策。总之，在教学内容的设计上注重基础理论知识的学习与培养学生的思考、研究能力和解决实际问题的能力紧密结合，知识的深度与广度紧密结合。

（2）教学方法运用应注重研究性、互动性和多样性。工商管理课程教学要求综合运用研讨法、情境教学法、案例教学法等灵活多样而具有创新性的教学方法，目的在于实现课堂教学由教师单向传授式的方法向师生互动式的研究主导型的教学方法转变，使学生在学习中不再是被动接受知识的容器，而是成为探究知识的主体；不仅掌握学科知识的基本观点，而且理解知识的形成和发展的过程，学会分析思考问题的方法，这样就真正实现了师生和学生之间的互动。

在教学方法上，各门课程的教学应灵活采用讨论法、案例法和讲授法等多种方法，而且在充分体现本科教学思想的同时，突出了各自教学的特点和风格。

（3）课外课题活动开展应体现自主性、过程性和合作性。课外课题研究活动是促进学生知识掌握和科研水平同步提高的一个非常重要的手段，同时也是连接课堂理论教学与实践的纽带。针对学生不同的专业方向和个性特长，应设计与课程内容相关的课题，或鼓励学生从社会实践活动中自主发现问题。

在课题的设计中，教师主要把握好课题的深度、广度和时间等要素，使学生既能按时完成研究任务，又能得到有一定深度、相对完整的科研训练。学生可以根据自己的兴趣、爱好和特长自主择题，既可选择教师提供的课题，也可选择跟自己的学习、专业相关的其他课题，自由组合，形成课题小组，每个研究小组选出一位负责人，负责与教师和同学的联络、协调。确定选题后，课题小组在阅读了教师提供的参考书目和材料基础上，进行分析论证并制定研究方案，开展研究活动，并定期或不定期进行小组讨论，组长负责向教师汇报，最后形成研究结果并进行交流。

（4）实践教学环节改革应鼓励创新性、应用性和体验性。实现理论教学与实际的结合及学生课题活动与实践的结合，是本科教学的一个重要环节。应当要求学生在学习基本理论和基本方法的同时，注意理论联系实际，注重基本技能训练，培养分析问题，解决实际问题的能力。

四、理想的本科工商管理课程的课堂教学模式

按照开放教育工商管理本科专业培养目标的要求，该专业应该是以培养团队

合作精神,重视技巧训练,培养学生的创新精神和创新能力及强调自主学习自我管理为重点。作为教学模式改革的突破口,以"小组协作学习与案例教学的相结合"的教学模式,是一种比较好的本科工商管理课程的课堂教学模式。"小组协作学习与案例教学的相结合"的教学模式的操作方式,其具体步骤包括以下几个方面:

1. 制定小组活动的课题

小组活动选题是整个活动过程中一个较为重要的内容,对提高整个活动的质量有着举足轻重的作用,它不仅影响学生积极性、主动性和创造性的发挥,而且对于引导学生掌握学科的重点难点、培养学生将知识转化为能力起着非常重要的作用。因此,教师确定的课题既要结合课程的基本知识、基本理论,同时又要有一定的难度,使学生只有通过对课题的共同讨论后才能完成,以提高学生分析问题和解决问题的能力。课题内容可以包括以下几方面。

(1)案例分析。这是该专业大部分课程适用的一种比较好的教学方法。由于它具有高度的拟真性、灵活的启发性、鲜明的针对性而受学生欢迎。在进行案例教学的过程中,教师可以在相关课程的教材中选择或教师提供案例布置给学生,并根据教学目的要求,介绍案例背景及情况,确定讨论题目。

(2)专题讨论。有的讨论题目可将学习小组按正反观点进行准备。如"市场营销"课程中就"企业在竞争中以消费者为导向还是以竞争对手为导向",将学习小组的作业分成"企业在竞争中以消费者为导向"和"企业在竞争中以竞争对手为导向"两种不同观点由小组自由选择并进行准备。再如"管理会计"课程中"从战略角度谈企业是否接受追加订货"、"宏微观经济学"课程中"你认为我国积极的财政政策是否应该淡出"等都可以作为专题讨论提供给学生。

(3)大作业这种作业一般在第3、第4学期以后进行,内容由教师布置或者学生根据自己的工作实际进行。这种形式能使学生应用已经所学知识在其广度和深度的拓展,它要求学生通过阅读背景资料或调查、整理、分析本单位的相关资料后,利用已经学过的多门学科进行综合分析,进行一系列积极的创造性思维活动,也是理论联系实际的一种有效的形式。例如给学生提供了某企业的背景资料后,要求学生提供一份企业的发展战略报告,并规定了基本格式包括SWOT分析、战略思想、战略目标、战略措施等,以引导学生进行理论联系实际的思考、分析和研究。另外,教师在确定课题的数量方面,也要有具体要求,一般一门课程给定2—8个课题,以供学生选择。

2. 帮助确定学习小组

课程学习小组可以由学生自由组合,也可以由教师根据学生的居住地域、工作性质、知识基础、学习形式、工余时间、个性特点、思维能力、学习成绩等多方面因素进行考虑,根据相对的合理搭配而建立,以保证小组成员之间能力的差异性、互补性和活动开展的有效性。各小组的总体水平基本一致,具有一定的竞争能力,小组之间才能进行公平的竞争,发挥学习小组活动的积极作用。课程学习小组的人数一般为3—4人,如果班级管理员已经划分了学习小组而且人数比较多,可以将原有学习小组细分,不同的课程还可以规定由不同人员组成,组长也可轮换,以加深同学间的友谊,培养同学的组织能力和团队精神。

3.明确小组成员的分工

课题确立后,学生按照各自的兴趣和爱好从中选出自己最感兴趣的课题,将选择同一课题的同学分成一个小组,教师也可以规定每个学习小组必须完成的内容。小组确定后由小组成员选出组长,组长再根据组员的特长和爱好给予分工,组长必须轮换担任,在其他课程已经担任了小组长的最好不再担任。在分工明确的基础上,小组还要按学校规定的格式记录对课题活动的情况,小组长对组内成员的每次活动情况进行考核评定,以便教师对学生进行评价。

4.学生撰写报告

学生在上述工作的基础上按照教师对课题内容撰写的要求,经过搜集和分析信息资料、小组讨论通知教师讨论时间和地点,邀请教师参与,最后得出结论,并撰写课题报告,其字数根据课题内容而定,然后用统一的格式上交。如果教师认为课题报告需要在全班讨论或交流的,各小组必须将课题报告或提纲制成投影。

5.引导学生开展课题交流

交流课题的成果是提高学生综合概括能力、语言的表达能力和应变能力的一个重要因素,同时通过交流也可以开阔视野、吸收其他同学的观点,分享课题成果。交流的形式可以多样,如分成两个不同观点的小组辩论或一个小组发言,另一个小组提问等方式,讨论时小组选择一人(或3个人同时上讲台)对课题中所提出的问题进行阐述,表述自己的观点。在表述的过程中,教师要求其他小组成员扮演不同的角色对该小组表述的观点进行辩论,有时可以有意识地设置障碍要求解答,每小组的时间为几分钟左右,以达到每个小组参与的效果。

需要说明的是,在最初期,由于学生不能立即进入角色,教师可选些简单的案例进行分析,讨论的题目亦要求具体些。随着教学内容的推进,逐渐加大信息量、案例综合性及题目难度,同时要进行必要的引导。在讨论中,案例涉及的每个问题都必须由学生进行分析、解释和讨论,教师则应围绕题目中心给予必要的引导,以免偏离案例分析讨论的目的要求。

例如:当学生讨论冷场时,应及时启发,活跃学生思维,使每个人都能进入角色;当学生离题太远时,要及时调整,控制节奏,以获得最佳效果。同时要做好总结。案例讨论完毕,一般应由教师进行总结。教师对案例讨论结果不应简单作结论,只对整个讨论情况作出评价,指出案例涉及的理论问题及讨论的优点和不足,并对学生提出的问题进一步引导其深入思考,同时要求小组进行修改。

6. 成绩评定

老师根据各小组发言情况及修改后的报告写出评语并给出小组的成绩,小组成员的成绩都一样,作为形成性考核的一个重要组成部分。

五、结论

工商管理类学生的教学改革要遵循循序渐进的方式,改革的最终目的是为了培养社会需求的人才,培养有竞争力、有实践能力和创新能力的新型人才。以学生为中心、以小组协作学习与案例教学的相结合为典型特征的课堂教学模式,在培养创新能力与团队合作精神方面具有显著的优势,也为工商管理课程的课堂教学模式选择提供了一个很好的选项。同时,改革需要学校和教师的共同努力,改革的主体应该是教师,整个改革过程要以教师为中心,让广大教师充分参与进来,这将是今后本科工商管理课程的课堂教学改革的一个重要领域。

(作者单位　浙江财经大学工商管理学院)

[参 考 文 献]

[1] 曹一鸣. 中国数学课堂教学模式及其发展研究[M]. 北京:北京师范大学出版社,2007.

[2] 郭景扬,练丽娟,陈振国. 课堂教学模式与教学策略[M]. 上海:学林出版社,2009.

[3] 李东旭. 对斯坦福大学的课堂教学模式的思考[J]. 高等教育研究学报,2000,23(4):81-82.

[4] 李斌. 主体参与式课堂教学模式的探索和应用教学论[J]. 中国成人教育,2010(5):98-99.

[5] 段华洽,王朔柏. 深化教学改革创新教学模式——高校本科课堂教学模式创新研究[J]. 中国大学教学,2009(4):35-37.

[6] 权聪娜,焦伟伟. 工商管理类本专科教学模式改革探讨[J]. 河北农业大学学报:农林教育版,2007,9(4):4-7.

新形势下大学生创业教育存在的问题和对策研究^①

谢凤华　翟晓叶

[摘　要]　本文以新形势下加强大学生创业教育必要性为切入点,针对我国现阶段大学生创业教育存在的若干问题,提出相应对策建议。本文认为,创新型国家建设,严峻的就业形势,高等教育体制改革和大学生自我发展都急切需要提高我国大学生创业教育质量。政府、社会、高校应实现联合,从创业教育定位、师资队伍建设、课程体系设置等各方面落实大学生创业教育工作,提高大学生创业成功率。

[关键词]　创业教育;就业形势;课程体系

随着我国产业结构调整升级和"毕业即失业"问题出现,教育部于 2010 年明确指出,在专业教育基础上,高等院校要转变教育思想、更新教育观念,改革人才培养模式和课程体系,大力推进高等学校创新创业教育工作,培养学生社会责任感、创新精神、创业意识和创业能力,不断提高人才培养质量。尽管国家大力推行高校创业教育,鼓励大学生创业,大学生创业教育仍未达到理想效果。2011年我国大学生创业比例仅为 0.9%。因此,非常有必要对我国当前大学生创业教育现状问题进行剖析,找出问题根本所在,调整高校创业教育方式,提高大学生创业比例,发挥大学生创业教育在经济社会中更大作用。

---

①　谢凤华,翟晓叶,新形势下大学生创业教育存在的问题和对策研究,湖南省教育科学"十二五"规划课题:中国工商管理硕士培养模式特点、培养质量评估和培养策略研究(课题编号:XJK011BJG004)和湖南省学位与研究生教育教学改革研究项目:基于中外比较的中国工商管理硕士(MBA)培养质量提高的策略和评估指标体系研究(课题编号:JG2010B020)的资助。

一、新形势下大学生创业教育的必要性

经济危机仍在继续,企业生存艰难,经济发展遇阻;大学生能力被社会怀疑,文凭贬值迅速;大学生数量庞大,就业形势异常严峻。新形势下,通过创业教育提高大学生创业比例和成功率成为破解上述问题的关键。

1.建设创新型国家的重要举措

世界经济已进入知识经济时代,与农业经济时期的资源驱动、工业经济时期的资本推动相比,知识经济是学习驱动,是知识驱动,是创新驱动。江泽民同志曾说过,"创新是一个国家、一个民族生生不息的原动力"。加快创新型国家建设已成为中国21世纪重要战略部署。建设创新型国家是一个长期而艰巨的系统工程,大量创新型人才的支撑必不可少,只有创新型人才的参与,才能确保创新型国家的成功和尽快实现。大学生具有高水平专业理论知识,良好思想政治素质、开阔的视野,敢闯敢拼的个性,充满对未来的憧憬,是创新的主力军。国内外实践证明,很多优秀创新型管理人才都早在高校脱颖而出,高校是创新型人才的主要培养基地。改革大学创业教育是提升学生和社会创业精神、创业意识和创业能力的需要,是加快自主创新、增加自主知识产权、改变"世界工厂"地位,建设创新型国家的必然要求。

2.高等教育改革的必然结果

1998年,联合国教科文组织发表了《21世纪的高等教育:展望与行动世界宣言》,宣言明确指出未来毕业生将不仅仅只是求职者,而是工作岗位的创造者,高等教育必须关心学生的创业技能培养问题。1999年,我国在《面向21世纪教育振兴行动计划》系统提出创业教育概念,"加强对教育和学生的创业教育,鼓励他们自主创办高新技术企业"。与此同时,国家出台了很多支持高校创业教育和大学生创业的优惠措施,但由于我国高等教育对大学生创业教育培养目标、培养模式、课程体系、教学管理等方面认识不足,创业教育在提出十多年后,中国大学生创业状况仍未有大改观。提升全民素质,必定需要改革传统教育模式,丰富高等教育实践内容,积极开展创业教育,提高大学生综合素质,培养、提升大学生创业精神,创业技能,帮助学生树立创业信心和强烈竞争意识,磨炼百折不挠的意志品格。

3.就业形势的迫切需要

1996年,高校不再给毕业生分配工作,"双向选择"进入社会视野;1999年开始,高校不断扩招,高校毕业生逐年增多,大学生就业形势异常严峻。2001年,

高校毕业生人数 115 万,2004 年达 280 万,2006—2010 年分别为 413 万、495 万、559 万、611 万、631 万。据有关数据计算,2007—2009 年平均就业率近 69％,2009 年待业人数达 196 万。2012 年,我国城镇需就业的劳动力达 2500 万人,比"十一五"时期的年均数多 100 万人,其中高校毕业生规模达到 680 万人,是 21 世纪初的 6 倍多。大学生就业形势异常紧张,高校毕业生与"农民工抢饭碗"现象时有出现。大学生面临就业难问题,企业却面临招工难困扰,这种就业结构性矛盾是大学生就业观念、高校教学模式仍然不与时俱进的必然结果。国际金融危机影响还未消除,经济不确定性对未来就业影响会更加明显,拓展就业渠道,加强大学生创业教育,引导更多大学生加入创业队伍变得刻不容缓。

4. 大学生自我发展的内在要求

通过创业教育,能够培养学生的创业意识、创业思维、创业技能等各种创业综合素质,并最终使受教育者具备一定的创业能力。创业教育被联合国教科文组织定义为继学术能力、职业能力后的第三种能力,又称"第三本教育护照"。创业教育是高等教育改革中培养学生综合素质的重要组成部分,能够挖掘大学生创业潜质,培养学生创新精神,磨砺学生意志,能为大学生进一步发展提供条件。高职创业教育的"引领者"贾少华曾认为加强创业教育,建立学生创业实践平台可以培养学生自信心,责任心及待人接物基本礼仪,有利于锻炼学生自我管理能力,为学生日后发展积累宝贵财富。

二、我国当前大学生创业教育存在的问题

1. 创业教育定位不准确

2004 年开始,国家和教育部出台了很多有关高校创业教育政策,鼓励大学开展创业教育,提高人学生创业比例。这种政策引导明确了创业教育地位,但是却具有强烈的功利色彩,导致高校、学生对创业教育目标定位偏离素质教育理念。在高校中,教学任务仍以学科专业知识为主,把创业教育看成"可学可不学"的边缘课程;仅把创业教育当作促进就业手段之一,未理解创业教育对培养创新素质的意义;创业教育属于精英阶层,创业教育未全面展开,各种教育形式宣传力度不够,只有极少数人参加,大部分学生只是旁观者。学生对创业教育本质认识不清,认为参加创业教育目的仅在于为创业做准备,不打算创业就没有必要参加创业教育,未真正认识到对自己创新能力的熏陶作用;只有家庭条件富足的学生才有创业基础,才有参加创业教育的必要;只要有创业意识和点子就能成功,

未充分认识到创业过程的艰辛。

2.专业师资队伍匮乏

目前,高校创业教育教师有两个来源,一是本校老师兼职或全职任教,二是聘请的企业高层。相对于本校老师,企业管理人员具有更强实践能力,能够以亲身体验传授学生创业思想,但是企业管理人员工作繁忙,一般只采用讲座形式教学,次数少,时间不固定,彼此所讲内容不衔接,教学效果不明显。高校创业教育教师虽然科研能力较强,绝大部分却未经历过创业实践,只是参加了就业课程或者 SYB/YBC 创业课程等简单培训,其执教的创业课程教学质量并不高。据报道,截至 2008 年 11 月底,举办了 6 期的"教育部高校创业教育骨干教师高级研修班"为全国高校培养创业教育骨干教师总数不到 1000 名,而全国普通高校有1908 所,平均一所大学只有 0.5 位创业教育骨干教师,何况中、东、西部教师队伍存在较大差异,中西部骨干创业教师更加少。由于利益机制驱动,高校教师更愿意兼职 EMBA/MBA 教师,一定程度上加重了高校创业教育师资队伍原有短缺度。

3.创业教育保障体系不健全

据有关数据显示,中国大学生成功创业率平均为 3％,而美国大学生创业成功率有 23％—25％,两者相差 7 倍。大学生创业率低的主要原因是我国大学生创业教育保障体系不健全。资金是影响大学生创业难题,资金缺乏会导致高校创业教育设施不完备,未能提供实际体验或模拟创业基地和场所,不能让大学生在创业前期真正体验创业过程,影响大学生对创业全面认识;虽然政府建立了一些大学生创业保障机制,但是由于各方面原因,并没有得到很好落实,创业贷款、税收减免等程序复杂,寻租代价大,大学生在创业实践中很少能享受到这一优惠。对于大学生创业过程,国家还没有建立指导和培训机制,现阶段大学生创业完全是独自摸索过程。家庭、社会对大学生自主创业认同度不高,大学生回家养猪、卖菜被大部分家长认为是全家耻辱,缺少家庭支持和社会舆论鼓励,在精神上挫败了大学生创业激情。

4.课程体系不完善

美国的创业教育发展最早,到目前已经具备完整的创业教育课程体系,而我国高校创业教育经过了十多年发展,却仍未形成合理的课程体系。在我国绝大部分高校,创业教育仍然未引起重视,属选修课课程,安排的课时少;创业课程与专业课程分离,不纳入个人培养计划,也没有融入专业教育。很多院校利用讲座、竞赛、参观等方式进行创业教育,整个创业教育过程显得非常零散、无组织化。当前结合我国实际经济环境的创业教材很少,更多的是讲授美国等西方国家大学生创业经验,仅有的教材也都是作者从自身经历出发进行创业经验交流,内容大致相同,可复制性较低;书本内容未体现创业专业特点,创业内容一致,没有针对性。政府有必要集中各阶层意见,编制一套价值高、适合国内经济环境的专业创业教材。

三、新形势下加强大学生创业教育的对策建议

1. 明确创业教育定位

创业教育定位影响创业教育各方面。我国大学生创业教育应融入素质教育理念,把创业教育功利化色彩淡化,把创业教育定位为培养开创性人才,培养创业意识,提高创业能力,塑造创业者人格,提高学生综合素质,素质教育与技能教育统一的现代化教育思想,而不是仅仅当作培养未来老板的速成教育和解决学生就业临时对策。停留在精英阶层的创业教育固然有其存在理由,但是学校更应该从教育公平和全民素质提升角度考虑,重视全体学生创业潜能挖掘,扩大创业教育覆盖范围。但是,扩大范围应该以学生兴趣导向为基础,学生参加学习,有的是只想了解创业,有的是想通过学习具备更高的创新精神,有的却想要更多实践,成为真正企业家,学校应确立多重性质的教育目标,根据不同意向群体确定培养模式,"一刀切"的做法既浪费资源,也存在事倍功半的可能。针对创业意识特别强烈的学校,高校还可以探索成立专门的创业教育学院,华南理工大学于2010年专门成立了创业教育学院,就专门招收具有强烈创业意识的学生,重点培养创业精神和创业品格,成立投资基金,支持学员"真枪实干",为广东省产业结构升级提供人才支撑。

2. 优化师资队伍建设

由于我国目前高校创业师资队伍实力限制,创业教育师资队伍必须"专兼结合",实行专业化和多元化战略,积极引进各界精英,形成一支以专业教师为基础、兼职教师为骨干的相对稳定教学团队。对于学院派教师,政府、学校要建立激励机制,鼓励有创业实力的教师积极参与到创业教育当中;学校要鼓励教师利用空闲时间参加校外企业实地调研;建立表彰机制,激发教师进校外企业实践动力;在一定条件约束下,允许教师参与企业管理和创办企业,增强教师创业实践能力,提高创业教育教学质量。在现有条件设施下,提高高校创业师资力量的重要方法是扩大参加创业指导培训研修班教师的数量,增加培训次数和周期,如东

营职业技术学院组织的大学生创业教育高级研修班。兼职队伍建设方面,高校应该聘请一大批成功的有知名度的创业名人担任创业教育兼职教师,对各位兼职教师的教学内容给予一定限制,建立各内容的衔接性。另外,地方政府应支持建立创业指导服务机构,聘请有实战经验的成功创业者担任创业导师,建立"双导师"制度,对有创业意向和正在创业者提供个性化、专业化咨询服务和跟踪辅导,提高创业成功率。

3. 完善创业教育课程体系

学生专业知识结构和综合素质高低受课程设置影响。完善创业教育课程体系的核心是将创业教育嵌入专业教育当中,调整当前教学计划和课时安排。创业教育课程应由理论课程和相关创业实践课程组成。理论课程需围绕提升学生创新思维、提高综合素质而展开,开设如"社会学""心理学""创新学"等课程。相对理论课程,实践课程是培养学生创新创业能力的关键,实践课程可以由以下三个方面构成:一是应与创业活动密切相关,同时逻辑性较强、实际意义丰富的核心课程,如"创业教程""创业名人传记""创业成败案例教学",可以借鉴哈佛大学、纽约大学等课程经验,开设"新创企业管理""创业方向"等。二是以培养学生创业素养为目的,以鼓励和提倡创业为特征的实践课程,如社团活动、"挑战杯"创业竞赛、企业精英开设讲座等。三是培养学生综合运用知识能力,完善创业知识结构,增强和巩固创业能力和技能的实践性课程,如全真模拟创业过程、建立平台促使学生亲身创业等。

4. 政府、社会、学校联合推进

创业就业教育的成功开展需要良好的后勤服务和制度保障,这就需要高校、政府及社会形成联动机制。高校层面,要建立创业教育指导体系、实践活动体系和激励体系,调动教师在创业教育中的积极性、主动性和创造性;加大创业教育各种形式宣传力度,鼓励学生积极参加企业名人讲座、创业设计大赛、SIYB,建立辅导机制,多和学生进行创业交流,帮助其深入了解自己,挖掘创业潜能,激发创业热情。政府可以简化大学生创业审批手续,不让审批过程成为大学生创业困扰问题;制定相应的税收减免扶持政策,增强对新生企业保护;对有意向创业的大学生提供专门创业培训,进行开业指导、政策咨询、项目论证、跟踪辅导等服务,提高其创业成功率,例如北京交通大学与北京市工商局海淀分局共建大学生"自主创业指导中心",为学生创业注册提供绿色通道和上门创业指导服务。企业应主动给大学生提供实践基地,锻炼大学生的动手能力;定期派遣企业高层对大学生进行创业教育讲座,加深大学生对创业过程了解,为日后创业打下基础;社会也需要重新认识大学生创业,营造积极创业氛围。另外,大学生自己应认清当前经济社会发展趋势及就业形势,树立正确价值观,树立正确就业、择业、创业观。

总之,新形势下加强我国大学生创业教育是创新型国建战略的需要,是就业形势的迫切要求,有利于大学生自身发展。对于现阶段大学创业教育存在的若干问题,政府、社会、高校要组成联动机制,从保障体系、课程体系、师资队伍、舆论导向等方面进行解决。在教育部高等学校创业教育指导委员会领导下,各主体须认真履行职责,大学创业教育工作才能真正落实,才能有效提高我国创新能力。

(作者单位　谢凤华:浙江财经大学工商管理学院,翟晓叶:湘潭大学商学院)

[参 考 文 献]

[1] 欧阳伦四,郭岚.对我国高校创业教育课程体系存在问题的理论思考[J].职教论坛,2011(9):74-76.

[2] 丁养斌,杜宴会.论创业教育环境下如何开展师资队伍建设[J].吉林广播电视大学学报,2010(3):18-19.

[3] 李振山,孙振武.实施创业教育是高等教育改革与发展的必然选择——论大学生创业教育[J].昆明理工大学学报:社会科学版,2003(3):80-84.

[4] 钱玉霞,吴春庚.试论我国大学创业教育的定位[J].法制与社会,2011(9):231-232.

[5] 刘平,廖康礼.创业禀赋视角下的地方高校就业创业教育问题研究[J].教育与职业,2012(15):81-82.

[6] 黄林楠,韩增芳.对创新创业教育嵌入专业教育的思考[J].教育与职业,2012(14):87-88.

[7] 雷俊霞.高职院校创业教育存在的问题及对策[J].教育探索,2012(4):149-150.

[8] 朱慧斌.浅谈大学生的创业教育[J].教育探索,2012(4):151-152.

[9] 周宏强.高职院校学生创业教育的研究与实践[J].中国成人教育,2012(8):53-54.

[10] 李莉.湖南省高校大学生创业教育的现状调查与对策研究[D].湖南师范大学硕士学位论文,2011:51-53.

[11] 卢保娣.试论新形势下的高校创业教育[J].教育与职业,2012(14):85-86.

[12] 徐玉成,陆娜,贾少华.高职创业教育的"引领者"[J].教育与职业,2012(13):56-58.

主题活动教学模式在"土地经济学"课堂教学中的运用

杨雪锋

[摘　要] "土地经济学"是一门理论性与实践性非常强的课程。教学模式发展趋势、主题活动教学方式的独特优势和土地经济学课程特点,决定了该课程适合采取主题活动教学模式。在教学过程中,该课程实施主题活动教学模式,可分为主题选定、方案设计、组织实施、表演互动、点评反馈五个阶段,构成教学模式体系。通过主题活动的教学实践,能够加深学生对知识的理解,激发了学生的学习兴趣,增强学生创新能力。

[关键词]　土地经济学课程;教学改革;主题活动;教学模式;教学方法

一、当代教学模式的发展趋势及其对土地经济学教学改革的启示

高校本科教学面临新的发展趋势,教学模式主要呈现以下三种改革趋势。

1.从单一教学模式向多样化教学模式发展

20世纪50年代以后,由于新的教学思想不断更新,以及新的科学技术革命使教学产生了很大的变化,教学模式出现了"百花齐放、百家争鸣"局面。据乔伊斯和韦尔1980年的统计,教学模式有23种之多,其中我国提出的教学模式就有10多种。就土地经济学而言,课堂教学已经规范采用案例分析、互动教学、演讲比赛、情景剧等多种形式。

2.由归纳型向演绎型教学模式发展

归纳型教学模式重视从经验中总结、归纳,它的起点是经验,形成思维的过程是归纳。演绎型教学模式指的是从一种科学理论假设出发推演出一种教学模

式,然后用严密的实验来验证其效用。它的起点是理论假设,形成思维的过程是演绎。归纳型教学模式来自于教学实践的总结,难免有些不确定性,有些地方还不能自圆其说。而演绎型教学模式有一定的理论基础,能够自圆其说,有自己完备的体系。本科阶段的学习更适合采取演绎方法,把土地经济学的基本原理与现实问题相结合,解释现实,分析问题。

3. 由以"教"为主向重"学"为主的教学模式发展

传统教学模式都是从教师如何去教这个角度来进行阐述,忽视了学生如何学这个问题。杜威的"反传统"教学模式,使人们认识到学生应当是学习的主体,由此开始了以"学"为主的教学模式的研究。现代教学模式的发展趋势是重视教学活动中学生的主体性,重视学生对教学的参与,根据教学的需要合理设计"教"与"学"的活动。土地经济学教学虽然理论性很强,也大可不必满堂灌,可充分发挥学生的主体作用,通过多种形式的主题活动,激发学生兴趣,在快乐中学习,在实践中体验。

基于上述分析,土地经济学可以采取多样化教学模式,通过演绎思维训练,重塑学生主体地位,对传统填鸭式教学方式进行改革。鉴于教学方式多样性,本文在借鉴他人研究的基础上,提出主题活动教学模式,融合教学方式的差异性,凝练规律性。主题活动式教学的核心是师生的活动,由活动的目标、方式和内容组成;"活动"是载体,出发点为学生的主体性,通过主题活动式教学实现四大转变:从"学"到"做",从"单一"到"多样",从"孤立知识"到"整体能力",从"小课堂"到"大学校"。

二、主体活动教学模式的特点和要求

1. 主题活动教学模式的优势

教学设计更加符合教学规律,容易达到更好的教学效果,特别是在知识视野、自主意识、创新能力等方面更能帮助学生提高。主题活动式教学与传统课堂教学的比较优势。

(1)学习任务的综合性。主题活动教学围绕主题来组织学习内容,以一些综合性的学习任务来驱动学习,偏重于对活动的设计,让学生在活动过程中体验知识的形成过程。

(2)知识体系的完整性。主题教学内容是在选择并提炼与主题相关课本教学内容的基础上,进行知识关联和知识嫁接,拓展增加与主题相关的课外教学内容,经整合后形成高度结构化的学习内容。

(3)学习资源的广泛性。学习者可以自由探究与主题相关的任何学习材料，学习资源的内容更为广泛。

(4)学习动力的内源性。主题教学设计则以问题探究、任务驱动式的学习活动为主，学生学习具有强烈的兴趣和内在驱动力。

(5)学习效果的多重性。主题教学对学生发展有多重意义：①全面发展，从单纯技能到综合素养。②回归生活，从科学世界回归生活世界。③发展高级思维，主题教学很好地解决了任务驱动带来的操作单一、模仿教条等问题。

2.主题活动式教学模式的特点

(1)实践性。主题活动教学是问题导向和任务驱动，强调学生的亲身经历和解决问题能力的培养；以学生参与主题活动为主要开展形式，强调学生的亲身经历，要求学生积极参与到各个环节中去，在一系列的活动中发现和解决问题，体验和感受创作过程，发展实践能力和创新精神。

(2)成果性。通常主题创造教学要求学生在一节课或多节课要完成一件作品，即课前教师提出的表象目标。表象目标是课堂教学本质目标的外在表现形式，通过表象目标的完成过程实现课堂教学的"本质目标"。通过成果呈现把表象目标转化为本质目标。

(3)综合性。以学生原来的知识经验、现实生活和社会实践为基础发掘课程资源，体现对知识的综合运用，而非仅在本学科知识的逻辑序列中构建课程，做到学科的相互渗透，因此知识结构比较丰富。

(4)自主性。充分尊重学生兴趣、爱好，为学生自主性的充分发挥开辟了广阔的空间。他们自己选择活动的主题、内容，自己决定成果呈现形式，指导教师只对其进行必要的指导，不包揽学生的工作。

3.主题活动式教学模式的要求

主题活动式教学方法，是指围绕一定的教学主题，以学生活动为主来设计和进行教学。学生作为学习活动主题，在一定知识的基础上，综合应用多学科的成果，在完成一个个学习任务的同时达到学习新知识和获取直接经验的过程。

主题活动式教学是解决过去课程脱离实际的充分方式，但不是必要方式。就是说，是充分条件，但不是必要条件。因此需要在以下几方面作出科学安排。

(1)在教学设计上，与传统教学方法以某个学科的"知识点"为中心开展教学活动不同，主题教学设计是围绕主题来组织学习内容，通过综合性学习任务来驱动学习，偏重于对活动的设计，让学生在活动过程中体验知识的形成过程。

(2)在教学目标上，与传统教学方法侧重于知识获取的目标相比，主题教学设计是围绕主题制定相关的知识、情感和能力多重教学目标,它更强调学习者在体验知识形成的过程中培养高级思维能力和科学的探究态度,关注学习者多元智能的发展。

(3)在学习资源上,传统教学方法限于一堂课时间,学习资源主要是以教材为依托组织的资源,非常有限,而主题教学设计的学习者可以自由探究与主题相关的任何学习材料,学习资源的内容更为广泛。

(4)在学习活动上,传统课堂学习活动以教师的"传递——接受"式为主,而主题活动教学则以问题探究、任务驱动式的学习活动为主。

(5)在学习评价上,传统学习评价的核心是评价学习者对某个知识点的掌握情况,它偏重于学习者学习结果的评价,评价形式采用最多的是测验。而主题教学设计的学习评价则是学习者对主题理解的评价,以及对学习者参与主题活动的过程性评价,是一种面向学习者学习过程的评价。而且,在评价中,增加学生点评、自评、互评和教师评价,不仅对知识点评价,还对理论理解评价和活动组织评价。评价方式的多样化,评价内容的综合性能够获得更全面的评价结果。

(6)在教学组织形式上,改变传统的课堂集体教学,增加课外学习环节和分组开展学习,形式灵活多样。重组课堂,给学生充分实践的时间和空间。以解决实际问题为教学主线,整体设计课程。从培养信息素养出发,基于问题解决设计教学情境。

(7)在师生角色上,教师由"主角"转变为"导演",学生由"观众"转变为"主角"。学习者的积极性、主体参与性能得到更充分地发挥,学生不再是知识的被动接受者,他们可以联系自己的知识背景、生活经历、兴趣爱好参与到主题的设计过程中;教师也不再只是知识的传递者,而是成为学习环境的创建者、学习资源的提供者及学习者学习活动的合作者和促进者。

三、土地经济学学科特点和课程特点

1. 土地经济学学科特点

土地经济学是一门交叉学科,是土地科学与经济学的结合,是经济学理论在土地学科中的应用。它研究的是土地利用中形成的人与土地的经济关系及人与人的经济关系。学习研究"土地经济学"需要一定的抽象思维、系统思维,同时也需要具有问题意识和对现实的洞察力。该学科发展呈现出以下两大特点。

(1)土地经济学学科的渗透性强。土地经济学领域的研究内容与城市规划、公共管理、金融财税、产业政策及法律等学科领域关系日益密切,呈现出学科交又性特征。

（2）土地经济学研究内容具有现实性。特别是"三农"问题，尤其是农村土地制度、土地产权、农地流转等土地市场问题及关系到农民权益与保障等方面的问题得到了更加广泛的关注。土地宏观调控、城乡统筹发展、土地流转、新农村建设、新型城镇化成为当前土地经济学研究领域的重要关键词。

2."土地经济学"课程特点

（1）理论性和实践性。土地经济学是运用经济学理论分析土地问题的学科，涵盖土地资源利用理论、土地产权理论、土地市场理论、土地租价理论、土地税费理论和土地金融理论等，既有深厚的理论基础，也各自形成内在完备的理论体系。同时，土地经济学的研究土地经济问题也具有强烈的实践性和应用性，无论是土地资源开发利用保护，还是土地产权界定和流转；无论是土地价格、租金、税费，还是土地市场运行和宏观调控，都可以通过对现实问题的分析达到对基本理论的掌握和基本知识的理解，实践性很强。这种特点要求教学活动不能仅仅局限于课堂灌输和死记硬背，还要能够通过学生实践活动，参与问题的分析过程，体验知识建构的乐趣和魅力。

（2）抽象性和现实性。土地经济学对经济学原理要求较好的理解和运用，其理论具有一定的抽象性，知识难以通过简单的记忆获取。比如土地"资源—资产—资本"三位一体属性对土地宏观调控的理论支撑，区位理论对区位地租的分析，土地集约度对产业政策的协同支持，土地租价税费对房价的影响，土地金融对房地产市场稳定性影响，等等，都具有严密的逻辑过程和理论要求，没有良好的经济学功底，分析就很难到位，总有雾里看花的感觉。同时，由于土地资源具有国度和地域的差异性及发展阶段的差异性。这些理论所对应的问题又具有鲜明的时代背景和区域特色，显示出土地这种资源独特的经济属性。在工业化和城镇化快速推进的今日中国，土地这种要素在现代化进程中的作用至关重要、无可替代，如何发挥好土地要素的作用，是一个极具现实性的理论命题和实践课题。这一特点要求学生积极关注现实问题，采取问题导向的思维方式和研究性学习方式，去探究问题的现实逻辑。

（3）系统性和结构性。土地经济学课程内容由三个部分组成：土地资源利用、土地财产制度和土地资产流转，基于土地"资源—资产—资本"三位一体属性，层层递进，相互呼应，形成一个完整而严密的理论体系。同时，这三个部分各自又有相对独立的理论结构。土地资源利用这一部分包括分区利用、集约利用、规模利用、计划利用和可持续利用，分别从空间、要素、规模、时序、生态等角度加以阐述，形成对土地资源属性及其经济功能的全面认识；土地财产制度这一部分由土地所有制、土地使用制和土地管理体制组成，分别在所有权、使用权和行政权三个层面解释了土地产权的制度性框架；土地资产流转这一部分包括土地市场、土地供求、地租地价、土地金融、土地税收等，揭示了土地市场运作的一般机制和条件。因此，每个部分甚至其中某一章节都适合作为一个主题展开学习，通过主题活动体验理论运用过程。

四、"土地经济学"课程教学中主题活动模式的流程与结构体系

1. 主体活动教学模式的流程

（1）选定主题。选定主题这一环节正是要求学生与教师要共同完成主题学习内容的选择与主题的确定。具体做法如下：教师通过访谈、问卷等形式了解学生感兴趣的内容；教师通过对学生感兴趣的内容进行，以综合实践活动课程的标准筛选、归类与重组，布置难易适中的实践内容，为学生提供选择；学生选取主题；评价学生所选择的主题，并适当地对学生所选择主题提供调整与另选的建议。

（2）设计活动方案。在确定了主题活动的内容与主题后，制定一个主题活动的学习方案，包括该主题学习的学习内容，学习目标，开展该主题所需的一些准备，主题学习开展的具体流程，主题学习开展的时间安排与人员分工等。各组展开讨论协商，达成共识；完成书面形式的主题学习方案；教师有意识地指导学生通过阅读、听、调查、访谈、收集、分析，形成概要、组织、保留、制造等形式来收集兴趣的主题有关的资料，直到作品完成。

（3）活动组织实施。学生的活动探究可以在真实情境或虚拟情境中完成（如通过网络），教师则应做好适时、适地的指导工作。学生根据实际情况组成学习小组，并明确分工；根据确定的形式与主题收集相关的材料，并进行整理，使其成为演讲稿、辩论词及剧本。学生深入实地探究，包括对必要地点、对象，或进行调查、考察研究；初步安排主题学习的基本流程与开展过程中的时间安排；学生对活动内容及自身活动的看法或感想进行必要的记录，提出解决问题的假设；学生借助一定的研究方法和技术工具来收集信息，对收集到的信息进行处理和加工，对开始提出的假设进行验证或推翻开始的假设，最终得到问题解决的方案或结果。这需要一个认真加工的过程，学生通过对材料的加工，把书本知识逐渐与实际结合，并且不断地去理解掌握。排练是对具体知识的反复练习和印象加深，这个阶段教师

应提供丰富的教学资源；给出详细的学习指导；提供有针对性的技术支持。

(4)表演(或成果展示)及互动。表演活动是主题教学区别一般活动教学的典型特征，其成果展示有时会与活动探究交融在一起。成果形式不定，如研究报告、实物模型、图片、录音、录像、电子幻灯片、网页，也可以是演讲、辩论和情景剧表演等。主题活动表演是对学生运用知识的检验。与其说学生在表演，不如说学生在剖析问题、解决问题。通过活动成果反映他们在主题学习中所获得的知识掌握技能。学生运用在学习过程中所获得的知识和技能来完成成果设计；学习小组对他所学习的主题进行描述，并且展示他们的研究成果；教师给予适当的指导与帮助。

交流互动。各个学习要相互进行交流，交流学习过程中的经验和体会。并且分享成果创作的成功和喜悦。在主题活动互动的过程中，观看表演的学生就主题点、知识点、兴趣点和质疑点与表演者的互动较多。

(5)评价反馈。点评方式通过学生点评、自评、互评和教师评价，在主题学习中做到定量评价和定性评价、形成性评价和终结性评价、对个人的评价和对小组的评价、自我评价和他人评价之间的良好结合。点评的内容主要包括主题点评、知识点点评和表演点评，即对知识点评价、对理论理解评价和活动组织评价，给出及时而全面的评价与反馈。

2. 主题活动模式的结构体系

本文选取了主题辩论、主题演讲、主题分组讨论和主题社会调查四种形式，分别以房价地价关系、保护土地、土地流转、区位地租为主题，按照上述五个步骤分别展开活动，从而构成主题活动模式的结构体系，见图1所示。

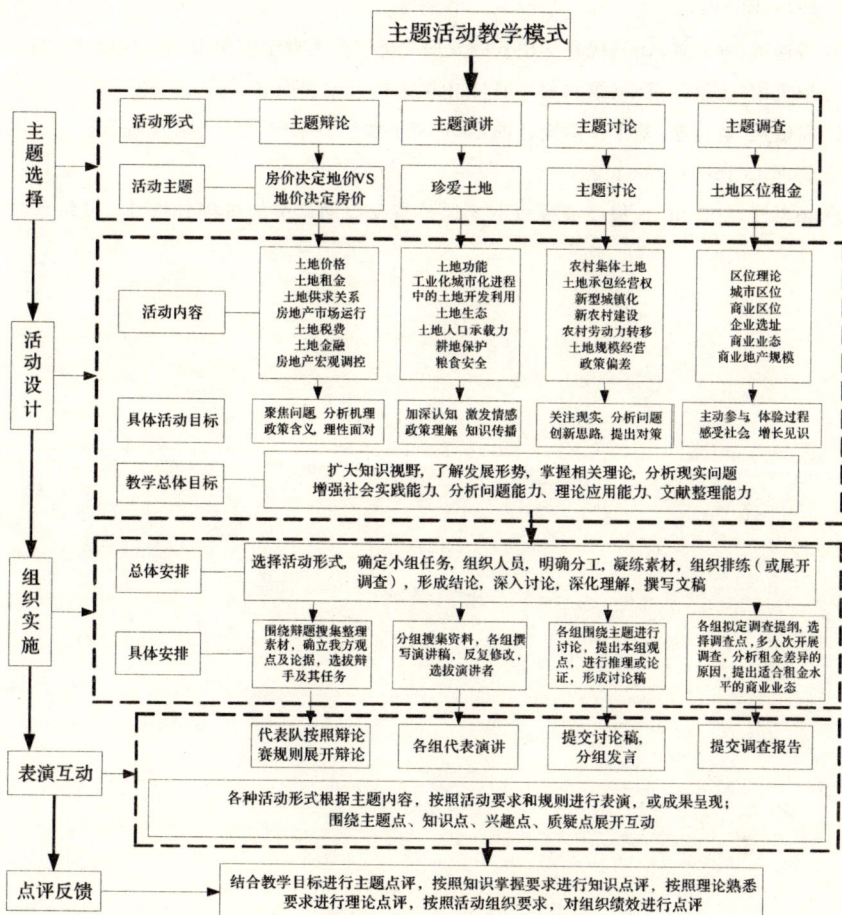

图1　主题活动教学模式结构、体系与流程

（作者单位　浙江财经大学工商管理学院）

[参 考 文 献]

[1] 曹银贵.基于主题活动的"土地法学"课程教学模式初探[J].中国地质教育,2012(1):
　　71-74.

[2] 雍新琴,黄朝明,尧德明,等.《土地经济学》教学与考核方法改革及效果分析[J].华南热
　　带农业大学学报,2000(4):79-81,93.

[3] 於忠祥,杨梅.土地经济学实践教学改革研究[J].高等农业教育,2003(10):69-71.

[4] 戴丽萍,陈忠英.主题活动在教学方式中的变革[J].江苏教师,2011(11):36.

[5] 韩申山,赵敏宁.讨论式教学法在《土地经济学》教学中的应用[J].新西部:理论版,2011

(24):215-217.

[6] 褚远辉,罗云娣.谈当代教学模式的发展趋势[J].大理学院学报,2003(4):23-26.

[7] 毕宝德.土地经济学(第六版)[M].中国人民大学出版社,2010.

[8] 高敏燕,黄贤金.基于文献统计的 2008 年土地经济学学科特点与发展分析[J].国土资源管理,2010(1):136-142.

[9] 杨雪锋,史晋川.地根经济视角下土地政策反周期调节的机理分析[J].经济理论与经济管理,2010(6):5-11.

高校课堂教师中的"导演"角色浅析

梁 磊

[摘 要] 在高校课堂中,教师处于不可或缺的主导地位。如何实施有效、高效的课堂教学活动,针对学生的身心发展规律进行教学,需要教师与学生具有良好的课堂互动,教师则要扮演好"导演"角色。

[关键词] 高校课堂;教师"导演"角色

韩愈在《师说》中曾对教师有过这样的定义:"师者,传道,授业,解惑也。"还有人把教师职业比作太阳底下最光辉的职业,更有人把教师比喻为蜡烛、铺路石。热情讴歌教师的无私奉献精神,这都从不同角度反映了教师教学为生、服务为生的本质。而当下逐渐被认同的"学生中心,学生主体地位"等理念也极力表明了教师的出发点和落脚点要以受教育者——学生为主。但这并不说明在高效课堂中,教师处于附属地位,相反,恰恰强调教师作为教育活动的施加者,对高效课堂负有极高的掌控权。要想打造高效课堂,师生均能从中受益,教师更应发挥主导作用,扮演好导与演的角色。

教育学认为,教育活动由教育者、受教育者和教育媒介构成,三者缺一不可。因此,作为受教育者的学生若想学到新知,肯定要通过作为教育者的教师通过教育媒介即课堂教学施加影响,这也一定程度上证明虽然高效课堂中要以学生为中心,真正落实他们的主体地位,但在教育活动中教师则是不可或缺的主导。

因此,教师首先应扮演好编导和引导的角色,主要是如何设计高效课堂教学。具体说来,其主要内容包括以下几方面。

一、做好课前备课功课

首先,教师要对一节课的教学有一个总的进展轮廓。其中包括本节课讲什么,重点是什么,难点是什么,学生可能会在听课过程中遇到哪些问题,采用什么方式完成教学,大约需要多少时间能讲授完理论上的知识,假如提前讲完剩余一部分时间,该如何利用这些时间,帮助指导学生完成一些什么问题,等等。

其次,教师要对一些重点和难点问题有一个细的筹划。具体包括对这些重难点问题该如何解释说明,怎样让学生能较为充分理解这些问题,部分学生可能对这些重难点问题暂时不能理解的原因是什么,以后该如何注意类似的问题等等,都要做一个比较充分细致的思考和准备。

最后,教师要对教学中可能出现的一些"意外"有一个细的对策。所谓的教学"意外",即指在实际的教学中出现了与课前教学安排不同的进度。比如讲解某些问题的时间大大超过了事先设定的时间,甚至可能会影响到整节课堂教学的进度,出现这种现象的原因主要是因为学生可能对这些问题接受起来有难度。与之相反,也有可能出现课堂进度非常顺利的"意外",整堂课的教学任务较早地完成,离下课时间还有一定距离,这时教师如果课前没有考虑周全,也极易造成教学被动。对于这些教学上可能的"意外",教师不妨提前准备好对策。可以让学生对本堂课的教学进行梳理回顾,可以与学生交流,查看学生对本堂课教学内容的掌握情况,也可以留出一些思考题激发学生的探究意识。

二、打造高效课堂教学

作为一节课的开始,课堂导入语要鲜明。导入语既应注意与上节课的关联度,还需更加简洁明快,使学生能通过教师课堂导入语的引发,尽快进入课堂学习的状态,激发起自身的求知欲。

其后,课堂教学方式要先进。高效课堂教学中,教师应切实转变教学理念,摈弃教师主导课堂话语权的传统弊端,而应围绕学生做文章,切实让其参与到课堂教学中,赋予其充分的话语权。同时,教师还需加大自身的语言感染力和表达力,通过形象的比喻和对比等,进一步强化学生的感知力。

最后,课堂练习方式要实效。在高效课堂教学中,应坚持最大可能地让每一个学生都能得到锻炼的原则。因此,不妨在实际教学中多给学生分配一些任务,多增设一些情境。让学生按照操作水平高低搭配分组完成任务,并把完成任务的情况小组先总结交流,然后再选代表陈述。

三、完善课后反馈

课堂教学完成以后,教师还需通过写教学反思、布置作业和个别学生辅导等方式,进一步梳理本节课的得失。

写教学反思,就是自己对自己本节课的教学有一个评价,包括时间的掌握,教学方式的运用,学生课堂的反应,课堂气氛,等等,既是对本节课总结,又可防止下节课教学不足的重复出现。

布置作业,就是让学生能延续巩固本节课的知识学习,避免他们产生上完课就结束学习的错觉。布置作业时,还需考虑不同层次学生的实际,尽量做到好的学生"吃好",差的学生"吃饱",丰富作业的内容。

个别学生要专门辅导,一节课下来总会有的学生某方面掌握不到位。对此,教师可通过适当课后找适当时间在教室辅导,或集中一些学生经常犯的错误专门进行专题辅导的方式,使学生都能掌握一定的知识,避免部分学生加重学习心理负担,影响下一节课堂教学的知识学习。

综上所述,在高效课堂中教师还应扮演好演员角色,即多与学生一起参与到高效课堂中,根据课堂教学情境的变化,扮演好主角、配角和群众演员等多重演员角色。

所谓主角,即有的知识也许需要教师以自我讲授和演练为主,学生才能较易理解。这时,就需要教师充分扮演好主角,尽情释放个人才能,使出十八般兵器,目的只为学生较快掌握新知。比如讲解一些试题的破解技巧等,就需要教师多方举例验证,再让学生实际操练,才能更易强化学生学以致用的能力。所谓配角是指涉及一些需要通过实际演练才能更好掌握新知的教学情境时,教师应在适当地讲解后,更应在实际演练过程中扮演配角,让学生唱主角,借此增强学生对新知的感悟力。而所谓群众演员则是指在有的课堂教学中,完全还权于学生,学生是这堂课的主宰,学生想怎么上,完全由学生决定,也即让学生做教师,而教师则甘当群众演员的角色,完全配合学生的课堂教学需要,以此在真正落实学生课堂教学中心主体地位的同时,更能丰富教学方式,提高教学效果。

作为高效课堂的两大参与者——教师与学生,教师应切实做好编导和引导,并根据课堂教学情境变换演员角色,如此才能真正实现以学生为课堂教学中心和主体的同时,有力彰显自身教学魅力,实现教学人生价值。

(作者单位　浙江财经大学工商管理学院)

基于人本管理思想的房地产估价课程教学改革探索①

王直民

[摘　要]　房地产估价是工程管理、土地资源管理、资产评估等专业的核心课程。由于相关学科发展时间不长,房地产估价课程的教学还明显滞后于房地产业发展的需要。浙江财经大学工程管理专业在长期的教学实践中,运用人本管理思想对房地产估价课程的教学理念、教学内容、教学方法、考核方式以及实践教学等方面不断进行改革与创新,取得了较好的效果。本文总结的教学改革经验可以为其他高校同类课程的建设与改革提供借鉴。

[关键词]　房地产估价;课程建设;教学改革;人本管理

伴随着房地产市场的发展,我国从 20 世纪 90 年代中期开始建立房地产估价制度。各高校也相继开设了房地产估价课程。目前,房地产估价是工程管理、土地资源管理、资产评估等专业的核心课程。但是由于相关学科发展时间不长,房地产估价课程的教学还明显滞后于房地产业发展的需要。浙江财经大学工程管理专业开设房地产估价课程已有十年,本专业在长期的教学实践中,运用人本管理思想对房地产估价课程的教学理念、教学内容、教学方法、考核方式以及实践教学等方面不断进行改革与创新,取得了较好的效果。

人本管理就是以人为核心、以人为本的管理。人本管理思想将人看成是一切管理活动的主体和主导因素,是管理活动的出发点和归宿。人本管理思想要求教学活动必须围绕如何调动学生学习的积极性、主动性和创造性展开,以提高学生综合素质与能力为目标。

---

①　王直民,基于人本管理思想的房地产估价课程教学改革探索,"房地产估价与实务"浙江财经大学一类课程建设项目,YL201004。

一、课程特点

1.课程实用性强、应用面广

房地产作为社会和家庭最大的物质财富,既是普通百姓的生活必需品,同时又是比较常见的投资工具。房地产价格问题不仅仅是单纯的学术和技术问题,在当前的舆论背景下更是一个社会问题。学习本课程,既可以为将来从事房地产估价工作提供知识储备与技术支持,又可以为非专业人士的房地产买卖和租赁提供咨询,还可以为客观认识房地产泡沫、房地产宏观调控等社会现象提供理论依据。

2.课程内容丰富、综合性强

首先,房地产估价对象类型众多,包括住宅、商业、办公、酒店、餐饮、体育、工业、农业房地产等类型;第二,估价方法多样,包括市场法、收益法、成本法、假设开发法、基准地价修正法、路线价法等传统方法以及其他创新方法;第三,相关学科和课程多,房地产估价涉及经济、管理、工程技术、法律政策等相关领域以及房地产经济学、房地产开发与经营、房屋建筑学、土木工程、工程造价、房地产金融、房地产营销、房地产基本制度与政策、城市规划、技术经济等相关课程。

3.课程实践性强,需要理论联系实际

本课程的教学目标是培养学生掌握房地产估价基本理论、熟练运用常规估价方法进行房地产估价以及撰写房地产估价报告的能力。因此,本课程的教学内容既包括估价理论,更突出估价实践,要求学生既要掌握估价技术、又要了解房地产市场,既要遵循估价规范、更要熟悉估价实务。

4.授课对象专业类型众多

浙江财经大学目前为工程管理、农林经济管理、资产评估、土地资源管理等专业的本科生和研究生开设了房地产估价类课程。由于不同专业以及不同层次学生的专业背景和培养目标不同,需要对其进行因材施教。

5.课程教学难度较大

除了教学内容的综合性、实践性、动态性等特点外,由于房地产以及房地产估价市场发展的不成熟、不完善、不统一,进一步增加了课程教学的难度。比如,出于招商引资的需要,工业用地出让价格往往受政府行政力量的干预,运用市场法估价的结果通常与其实际市场价值存在较大差异,需要进行特殊处理;又如,由于房地产市场供求失衡,房地产的实际"租售比(即年租金与售价之比)"甚至

低于银行存款利率,给收益法中报酬资本化率的取值造成了很大的困难;再如,估价行业分割严重,住建部、国土部、财政部等部门制定的《房地产估价规范》《城镇土地估价规程》《中国资产评估准则》等标准在房地产估价的专业术语、技术标准、报告规范等方面均不完全统一。

二、课程教学中的问题

我国房地产估价教育始于 20 世纪 90 年代初,与欧美房地产估价教育发达的一些国家相比历史较短,还没有形成完善的房地产估价人才培养机制,课程教学也存在不少问题。

1.教学课时偏少,教学内容不全面

有不少专业仅安排了 34 或 36 课时,即每周 2 节课。由于第一周和最后一周通常进行课程介绍和考前复习,再加上可能存在的法定节假日冲突,真正能够用来组织教学活动的时间也就 30 课时左右。为此,有些学校只能大大压缩教学内容,比如只讲授基本的房地产估价理论与方法,不涉及不同类型和不同估价目的的房地产估价要求,也不安排实践教学环节,更不进行房地产估价职业道德等教育。

2.重技术轻市场,重理论轻实践

具体表现为重视估价理论与方法的教学,忽视房地产市场以及房地产价格影响因素等内容的教学,实践教学课时偏少,实践教学的广度和深度不足,实践教学以训练估价计算能力为主且只针对部分估价方法,真实的房地产估价模拟环节不多,实践教学成了变相的估价练习。据调查,造成上述现象的原因在于:第一,教师受传统教学观念影响,侧重于书本知识介绍、公式计算和解题技巧的训练,忽视了估价理论本身存在的问题以及估价方法在实践运用中面临的技术难题;第二,教师本身没有估价实践经验;第三,缺少房地产估价实践教学的客观条件,比如缺少房地产交易案例和房地产估价案例资料、稳定的估价实践教学场所和实习基地等。这些情况导致学生只会生搬硬套书本公式来做题或考试,却不能灵活运用估价理论与方法解决实际估价问题。

3.教育理念落后,教学方法单一

教学活动完全以教师为中心,教师机械地将预先设定的教学内容填塞到学生的头脑中去,学生只能被动接受知识,学习的主动性和积极性不高,这不仅会使学生滋生厌学情绪,而且禁锢了学生思维,影响了其独立思维和创新能力的培

养。另一方面,针对不同专业和层次学生的教学内容与教学方案一成不变,无法实现因材施教。此外,教学过程中不注重方式方法的运用,照本宣科,无法激发学生兴趣。

4. 课程考核方式不完善

房地产估价课程通常采用闭卷考试或者采用估价报告进行考核。闭卷考试只能反映学生对房地产估价基本理论的掌握程度,容易出现死记硬背等现象,无法训练和体现学生的创新能力和思维能力。但是如果以估价报告作为课程考核方式则很有可能导致学生不重视估价理论的学习,而把主要精力放在如何依据《房地产估价规范》等编制一份规定内容和格式的估价报告,这种模板式的学习方式缺乏探索性和创新性。

三、课程教学改革要点

浙江财经大学工程管理专业针对房地产估价课程教学实践中存在的问题,运用人本管理思想对本课程的教学理念、内容、方法、考核以及实践教学等方面进行了改革与创新。

1. 转变教学理念

本专业在长期的教学实践中逐渐实现了三个理念的转变:第一,教学主体从以教师为中心转变为以学生为中心,突出学生的主体地位。学生既是教育的对象,更是学习的主体。教师的角色则从过去的"演员"转变为现在的"导演"。第二,从以传授知识为中心转变到以能力培养为中心,要融"教、学、做"为一体,将理论知识学习、实践技能培养和综合素质的提高紧密结合起来。第三,从以课堂教学为中心转变到课堂教学与课外自学相结合的轨道上来,通过激发学生兴趣,实现从被动学习到主动学习,改变填鸭式的教学模式。

2. 改革教学内容

第一,合理组织教学内容,实现因材施教。针对工程管理、农林经济管理、土地资源管理、资产评估等专业本科生和研究生开设的房地产估价、房地产估价实务、房地产估价理论与实务、不动产估价、不动产估价理论与实务等课程在内容上均有所侧重。比如,房地产估价以理论教学为主,房地产估价实务则强调实务,房地产估价理论与实务则理论与实务并重,不动产估价侧重土地估价理论,不动产估价理论与实务则兼顾土地估价理论与实务。

第二,根据行业发展实际更新教学内容。目前的房地产估价教材均在《房地产估价规范》、《城镇土地估价规程》等基础上编写,但是随着我国经济社会的快速转型与发展,现行规范及教材已经不能完全反映房地产估价行业发展的实际。随着近几年新的估价业务(比如房地产损害赔偿评估、房地产税基评估等)和估价技术(比如房地产批量评估技术等)的不断涌现,本课程采用自编讲义、组织专题讲座等形式不断充实和更新教学内容。

第三,增加行业和职业发展前景等内容。兴趣是最好的老师,是学习的动力。培养学习兴趣、激发学习的主动性是提高教学质量和教学效果的关键。由于学生都非常关注今后的就业机会与职业发展,本课程为此增加了房地产估价就业机会、行业发展前景、职业发展特点、行业薪酬水平、执业资格考试等内容,大大激发了学生的学习兴趣。

第四,将职业道德教育纳入课程教学内容。良好的职业道德是估价人员的立身之本,也是房地产估价行业发展的基石。虽然当前房地产估价领域存在的不正当竞争、诚信体系不健全等问题与高校专业课程教育没有必然联系,但是作为为社会培养合格房地产估价人才的高校,也有义务、有责任加强学生的诚信教育,使职业道德教育成为提高房地产估价课程教学质量不可或缺的组成部分。比如在讲授房地产估价的独立、客观、公正原则时,通过估价师和估价机构违反该原则而受惩处的案例对学生进行警示教育。

3.创新教学方法

第一,大量采用案例教学。通过案例将学生引入一个特定的情境中,从而激发兴趣、培养理论联系实际的能力以及增强对房地产估价的感性认识。采用的案例类型主要有问题评析型、分析决策型、理论说明型以及实践演练型。问题评析型案例由教师给出案例材料,然后让学生参与讨论、分析,评价各种解决方案优劣,通过分析从中选择最佳方案,这种案例强调对各种解决方法的分析比较,以达到培养学生分析、判断能力的目的。分析决策型案例是指只描述案例事件本身而不给出具体的解决方案,由学生通过对案例的分析、讨论和思考后得出结论,或者根本就没有标准答案,这类案例主要是培养学生的思维创新能力。理论说明型案例通过选择可以用来说明某种概念和理论的事件作为案例内容,让学生通过分析讨论最后达到揭示案例当中所隐含的理论问题和基本原理的目的。实践演练型案例通过对真实环境的模拟,向学生展示真实的估价实务(详见下文的综合模拟估价实践教学)。

第二,开展研究性学习。鼓励学生从房地产估价领域申报大学生"新苗"项目、"挑战杯"等学生科研项目,或者参与教师承担的估价课题研究与社会服务项目。通过选题设计与课题申报,激发了学生的创新思维与创新意识,培养了学生发现问题的能力;通过课题实施锻炼了学生组织协调能力,提高了团队合作能力;通过课题研究可以培养了学生分析问题、解决问题的能力;通过研究报告撰写,锻炼了学生的总结和写作能力。

第三,改革实践教学方式。本课程的实践教学原先采用实训方式。由于缺少场地,实训课程只能安排在普通多媒体教室进行,致使许多实践项目无法开展。本课程为此将实训课程改为实验课程,并安排在我校经管中心实验室进行。通过配置光汇评估、凯立德、ArcGIS 等多种专业估价软件,完善了房地产估价模拟实验室的仿真环境。通过这个实验室,教师可直接指导学生的整个估价活动,特别是估价软件的操作与应用以及估价报告编制等,可以及时发现学生在估价活动中的技术问题并予以解答,学生则可以提高资料收集与报告撰写的效率,更好地遵循估价作业流程,从而大大提高了实践教学的效率和效果。

第四,充分利用网络课堂。为帮助学生更好地消化课堂知识、解决课程信息量大而课时有限的矛盾,本课程正在建设一个内容丰富、界面友好、功能多样的网络课堂,其主要功能板块将包括课程介绍、教学团队、教学资源、教学录像、课程实训、估价报告、制度政策、市场信息、在线问答、在线作业、课程论坛等。本网络课程不是对教学资源简单地电子化,而是通过对教学活动的重新设计、教学流程的重新构建以及专业知识的重新组织,使网络课堂不仅成为房地产估价专业知识和房地产市场信息的资源库,而且是一个能够实现互动教学的开放式共享服务平台,也是本课程今后进一步改革的物质基础和工具。

4. 构建多层次的实践教学体系

本课题设计了由简单到复杂、由局部到整体的多层次、循序渐进的实践教学体系。

第一,认知性实践。主要内容包括:(1)选择合适的区域或项目开展房地产价格现状及其走势的调查,了解房地产价格的影响因素。(2)收集房地产估价可比实例。(3)阅读行业中相对规范的房地产估价报告,增强学生对房地产估价成果的感性认知。(4)根据中国房地产估价师学会制定的《房地产估价报告评审标准(试行)》对实际的房地产估价报告进行评析,任课教师还需要对学生的评审结果进行分析,使其充分了解估价报告中常见的问题。(5)参与估价机构的市场调查、数据采集、系统维护等活动,学生从中不仅可以熟悉房地产市场状况,而且还能接触估价机构的具体业务流程,为今后的就业与创业打下基础。

第二,验证性实践。主要通过设计的估价算例让学生练习并验证所学的估价方法,为真正的估价测算打下基础。验证性实践教学穿插于理论教学过程中,通常安排在每一种估价方法教学完成之后进行。设计的估价算例不能过于简单,而是尽量贴近估价实例。

第三,综合模拟估价实践。要求学生在规定的时间内,根据所学理论知识,模拟房地产估价师的角色,按照《房地产估价规范》或《城镇土地估价规程》的要求,完成实际房地产估价活动的全过程。具体实训内容包括制定估价方案、搜集估价资料、实地勘察估价对象、选择估价方法并测算、撰写估价报告等流程。通过为学生提供与真实房地产估价活动尽可能相似的模拟估价情景,提高学生解决实际估价问题的能力。综合估价实训安排在课程最后几周进行,实训时间通常为3—5周(不同专业实训时间长短不同)。

第四,企业生产实习。模拟估价实践毕竟只是在一个虚拟的估价环境下进行,对学生估价技能的训练还是零碎的、不完整的。要使学生对企业真实的估价工作形成一个全面、完整、清晰的认识,毕业后能够快速进入工作状态,需要给学生提供企业生产实习的平台。本课程已经与浙江省多家一级和二级房地产估价机构建立了合作关系,并在其内部设立了教学实习基地,鼓励学生在课外或寒暑假期间到相关企业参加真正的估价活动。当然,本项实践教学活动为非强制性安排,主要面向对房地产估价具有浓厚兴趣的部分学生。

5.改革考核方式

第一,考核内容的多样化。本课程不仅要考核估价理论知识,还要考核实际估价能力、沟通协作能力、团队合作能力、写作能力、课堂纪律等。第二,考核形式多样化。改变传统单纯采用理论考试或估价报告考核的方式,而是将多种考核方式结合起来,包括作业、提问、小组讨论、笔试、估价报告、组长打分、报告互评等。第三,考核工作过程化。课程考核贯穿在整个教学过程中,而不是仅仅局限于期末考核。

四、教学效果评价

近5年来,采用学习成绩、"学评教"成绩以及学生就业指标来衡量的房地产估价课程教学效果正逐步显现。第一,学生学习成绩稳步提高。以面向工程管理专业开设的"房地产估价与实务"课程为例(下同),2006—2010工程管理专业学生的平均课程综评成绩分别为74分、83分、83分、85分、87.8分。第二,课堂"学评教"成绩逐年提高。2006—2010学年的"学评教"成绩分别为86.2分、91分、92.3分、94.2、96.1分。第三,选择房地产估价岗位的毕业生人数逐渐增多。

2008—2012 届工程管理专业毕业生从事房地产估价的人数分别为 1 人、0 人、2 人、4 人、3 人、5 人。可见,经过多年的教学改革与实践,房地产估价课程取得了较好的教学效果。

[参考文献]

[1] 莫海明,杨小雄.关于不动产估价课程教学存在问题及改革思考[J].广西科学院学报,2009,25(2):138-140.

[2] 赵华平.案例教学法在不动产评估课程教学中的应用[J].高等教育研究,2010,27(1):42-44.

[3] 王建兴,韩申山."不动产估价"课程实践教学改革研究[J].新西部,2012(8):25,31.

[4] 赵华平,张所地.不动产评估课程教学方法探讨[J].中国城市经济,2011(29):192,194.

教学方法探索篇

体验式教学模式与教学方法探讨

张 荣

[摘 要] 体验式教学模式是迎合知识经济时代发展需要的新型人才培养方式。本文主要从宏观、中观和微观三个层次,以及教学理念、教学目标、教学方法和教学评价四个环节,对体验式教学模式的设计予以阐述,并对情境体验教学法、活动体验教学法、模拟体验教学法、实训体验教学法和社会实践体验法进行了归纳总结。旨在体验式教学模式与教学方法的有效实施与运用提供有益借鉴。

[关键词] 体验式教学;体验式教学模式;体验式教学方法

一、体验式教学模式及内涵

体验式教学模式相对于传统教学模式而言,它有自己独特的教学理念、教学目标、教学方法、教学评价和教学策略。

体验式教学理念主要体现在"以人为本",这也是体验式教学的核心思想。"以人为本"就是要关心学习者的内心感受,教学从学习者的需求出发,而不是以学校和教师自身条件与能力出发,使学生真正处于体验的主体地位。

体验式教学目标不局限于学生对所学知识掌握的程度,以及把学生培养成拥有一定知识与技能的专业人才的单一目标,而是树立把学生培养成具有学习能力、实践能力和创新能力,以及具有生命成长性等多重目标,把学生培养成具有生存能力和发展潜质的"完整人"。

体验式教学方法主要突出"体验"和"情景"两个概念,打破传统的课堂灌输方式,采用案例分析、情景设置、角色扮演、小组学习、实验实训等多种新颖的教学方法,使学生"身临其境"地感受知识、领悟知识。

体验式教学评价应对多重教学目标的实现情况进行多元化评价,主要表现为:评价主体的多元化,不像传统教学模式只采用教师评价学生,而是教师评价学生,学生评价教师,教师互评,学生互评等;实施教学过程与教学结果相结合的评价体系,不能只注重教学结果评价;教学评价方法与指标的多元化,不能只对学生智商采用定量评价,还应对学生的情商进行评价,充分利用定性评语式评价,有利于帮助和指导学生发展。

体验式教学策略包括师生教学理念的转变,学校教学管理的转变,以及借助现代信息技术手段保证体验式教学模式的实施。

体验式教学模式是对上述各项因素的整合与概括,本文将其界定为:在现代教育思想和教学理念指导下,教师运用情景创设和接触实际等教学方式,采用现代信息技术手段和多元化评价体系,激励学生投入身心、情感、理智去亲身经历,达到构建知识,发展能力,产生情感,生成意义教学目标的一种新型教学模式。体验式教学具有亲历性、个体性、趣味性和创造性等特点。

二、体验式教学模式设计层次与逻辑

体验式教学模式的有效实施与运用,必须先进行全面、整体地构建与设计。作者将体验式教学理论与以往教学实践相结合,认为应从教学价值观、教学方法论和教学方式与策略三个层次对体验式教学模式进行设计。

1.教学价值观的宏观层次

从宏观上说,体验式教学模式实际上是一种教学价值观,一种充分重视人主体精神的教学价值观。这种教学价值观强调人的价值,强调人的主观能动性的充分发挥。在这里,教师的主体精神和学生的主体精神均得以充分体验,其本质是综合能力培养的教育价值观在教学领域中的具体反映。

2.教学方法论的中观层次

"在体验中发展"是体验式教学的精髓和切入点。因此,从中观上说,体验式教学是一种以师生发展为旨归的教学方法论。

(1)对学生来说,体验是从"知识"到"教养"的中介。对学生的发展来说,无论思维、智力的发展,还是情感态度和价值观的形成,都是通过主体与客体的相互作用实现的,而主客体相互作用的中介正是学生的体验。唯有体验,才能提供学生主体发展的最佳途径和手段;唯有体验,才能实现多种潜在发展向现实发展确定性的转化,发展只在体验中才能真正实现。

(2)对教师来说,体验是从"教学"到"学教"的中介。体验式教学模式意味着教师通过对教学的体验而获得专业成长与成熟。正如南京师范大学杨启亮教授所说:"如果说体验良心可以称之为教师道德成长的一种高度境界的话,我以为教师专业化成长的高境界则可以概括为体验智慧。"在这个过程中,教师把"教学过程"作为一个事件去经历,去体验,并通过体验,形成课堂教学中的师生互动,进而自觉使自己的专业获得发展。

3. 教学方式和策略的微观层次

从微观上说,体验式教学模式是一种教学方式与策略,一种以"体验"为核心达到教与学的目的的基本方式、方法和策略。

在教学过程中,教师首先是"体验"的编导者,同时也是参与者。实施体验式教学模式需要教师投入更多的精力,预先精心策划和设计体验式教学内容、方式、方法与策略等。但是,无论使用何种方式与策略,必须突出教师和学生在教与学过程中的双方、双向体验。

教师在教学过程中,将特定教学内容与所处社会环境相联系,运用案例讨论、情景创设、角色扮演、实验模拟等体验教学方式,开展体验式教学。在体验式教学过程中,教师对教学情景细心地观察,敏感地聆听,深刻地思考融入教学情景之中,指导和评价学生表现。学生学习体验必须以学生的经验与活动为基础,以学生的积极参与,身心投入为前提,以学生的自主体验为核心,以提升学生的生命质量,促进学生的和谐发展为目标的教学活动的实现。教学过程不是师生简单的知识授受过程,而是师生间共享生命意义、共同成长的过程。

综合上述研究,我们再结合教学模式所包含的要素,可以用图1来表示体验式教学模式设计的一般逻辑。

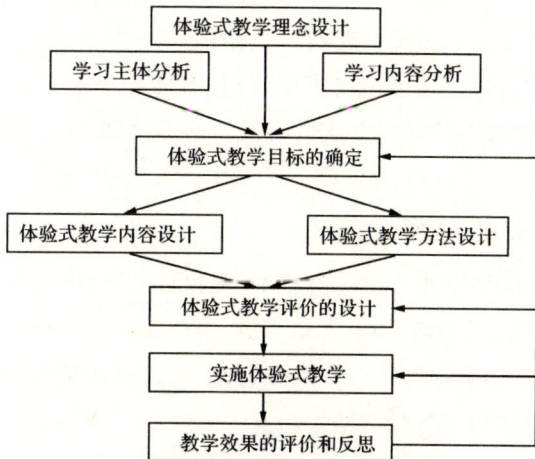

图1 体验式教学模式设计逻辑图

三、体验式教学方法及具体方式

体验式教学模式中体验式教学方法的设计至关重要。首先,它在传统教学方法基础上有很大的创新;其次,教学方法涉及许多具体方式与内容,设计工作量比较大;最后,教学方法设计的好坏,直接影响体验式教学模式的实施效果。因此,我们必须根据课程特点,有针对性地选择和实施以下有效的体验式教学方法。

1. 情境体验教学法

情境体验教学法就是针对某一知识点,利用音乐、道具、特定的游戏,进行一定的情境设计并引导创造出场景,把学习主题与学生的生活实际结合起来,师生运用协作探讨的方式进行切入性的深层分析,用直观的形式让学生自己感受、吸收、领悟理念和知识。

情境体验教学法在课堂教学中运用,主要包括两个阶段。第一阶段,创设情境。创设一个好的情境是引导学生进行情境体验的关键,它直接关系到学生在情境体验中的效果。创设情境可以采用语言、多媒体和角色扮演等多种方式。运用语言创设情境是指教师用富于哲理、情趣、生动和形象的语言,描述事件发生的场景,叙述事情的经过,勾画人物的内心世界等,使学生在教师的语言描绘中入情入境,产生深刻的体验。对一些时空跨度较大的营销实际问题不便于进行真实情境的体验,而采用语言创设情境让学生从中获得体验是最佳选择。第二阶段,引导体验。创设情境之后,教师要引导学生挖掘情境的内涵,分析情境的特征,探究情境的问题,从各个方面对情境进行体验。引导体验的关键问题是找准情境中的体验点。所谓"体验点"是指能够建立新旧知识的联系,引起学生情感共鸣的一些情境。情境丰富多彩,但具有体验价值的往往只是其中一两个点而已。因此,找准"体验点"是实现有效体验的关键,它在很大程度上决定着情境利用的效果。

2. 活动体验教学法

活动体验教学法是指在教学过程中,构建具有教育性、创造性、实践性、操作性的学生主体活动,以鼓励学生主动参与、主动探索、主动思考、主动实践为基本特征,以实现学生多方面能力综合发展为核心,以促进学生整体素质全面提高为目的的一种新型体验式教学方法。相对于讲解、分析或说教,亲身参与活动而获得的体验是深刻甚至刻骨铭心的。正如华盛顿博物馆墙上所刻的格言:"听到的,过眼烟云;看见的,铭记在心;做过的,沦肌浃髓。"(I hear, I forget. I see, I remember. I do, I understand.)在教育实践中,我们也发现让学生投入到活动中,比平静地学习或仅仅旁观更容易产生情绪体验。

活动体验教学设计可以考虑以下具体内容:(1)考察与调研活动。考察与调研的形式有多种,如实地考察与调研、座谈、采访和网络调研等等。其中,实地考察与调研是运用最多的方式,网络调研是学生乐于采用的新形式。考察与调研活动把学生带入现场,使学生全面体验现实生活,可以拓宽学生的视野,是课堂学习的延续和深化。(2)各种竞赛活动。竞赛是激发学生情绪体验的活动之一,它能够建立一个广阔的心理场,调动学生的主体性,使他们积极参与教学活动。竞赛能唤起他们的内驱力,激发斗志,获得奋发向上的积极体验,对培养学生的意志力、团队意识、荣誉感及正确应对成功和挫折的态度,都有重要意义。

3. 模拟体验教学法

模拟体验是在教师指导下,让学生在模拟的环境中,综合运用已掌握的专业知识和积累的经验,处理和解决遇到的各种"实际"问题,使学生受到专业技能的训练和决策能力的培养。模拟体验是学生巩固和深化理论知识的有效途径,更是学生进入社会之前的"实战演习"。

目前,对于模拟体验的界定比较模糊。本文把模拟体验教学法的范围限定在具有规范的教学计划及教学方案,并在教师全程控制之中进行的实验室模拟。模拟体验教学法的具体形式很多,可以分为单项课程和综合性模拟体验两大类。

(1)单项课程模拟体验。单项课程模拟是最简单和基本的模拟体验。它主要针对某门课程的具体内容、环节进行模拟。其目的是为学生提供一个仿真情境,加深对理论知识的理解或专业知识的运用。课程单项性模拟体验实际上属于理论课体验教学中的一部分。

(2)综合性模拟体验。学生完成一定量的专业课和选修相关专业课程以后,为了使他们能够将所学知识融会贯通并灵活运用,可以开展综合性模拟体验。例如,目前高校中广泛开展的 ERP 模拟实验课就是典型的范式。

4. 实训体验教学

实训,即"实习(践)"加"培训",是两者的有效结合。实训是职业技能实际训练的简称,是指在学校控制状态下,按照人才培养规律与目标,对学生职业技术与职业素质进行训练的教学过程。它与课堂教学和实验模拟相比,更具有开放性和独立性;与社会实践相比,对学生的约束性和指导性更强。对于实践性强的专业,学生对各种技能的掌握和职业素质的培养要通过实训来完成。实训一般以市场人才需求为导向,最终目的是全面提高学生的职业素质,最终达到学生满意就业、企业满意用人的目的。合理的实训教育本应该是大学教育的一个重要组成部分,但是目前却成为了社会培训机构、企业内训的责任。因此,在体验式教学模式中,必须增强实训环节的安排、设计与实施,弥补目前高校中实训环节的缺失。

实训课程的形式有:(1)课堂与实训点合一。有些专业的学生很难有机会到实际工作岗位训练的机会,如会计专业因为财务信息的秘密性和财会工作的特殊性,决定了学生在毕业实习前很难有机会进入公司财会岗位从事业务操作。这就需要学校建立实训基地,按照会计工作环境和工作规范提供手工技能操作的各种实训资料和工具,模拟企业的实际经济业务操作流程。(2)实训与生产合一。适用技术性很强的职业院校学生。通过校企合一生产性基地,学生进行专业技能的集训,在真实化的生产环境中完成生产与实训任务,掌握了综合操作技能,具备了校外顶岗实习能力。如学校建立生产车间、汽车修配厂等实训基地。(3)教学与技术开发、服务合一。主要在教师指导下,学生通过承担一些具有社会价值的具体项目,使学生的创新精神和能力得到锻炼,并满足了实现校企双赢和实现高校社会服务职能的内在要求。如有的院校通过成立 IT 公司形式,为学生提供计算机编程实训岗位。

除此之外,还可以开展户外拓展训练。户外拓展训练是一种户外的体验式培训,利用自然界的崇山峻岭、瀚海大川和场地内的特殊训练器材,通过一些精心设计的和富有挑战性的活动,让团队和个人经历一系列的考验,磨炼克服困难的毅力,培养健康的心理素质和积极进取的人生态度,增强合作的团队意识,启发想象力与创造力,从而达到自我学习和自我提高的目的。

户外拓展的课程主要由水上、野外和场地三类课程组成。水上课程包括:游泳、跳水、扎筏、划艇等。野外课程包括:远足露营、登山攀岩、野外定向、伞翼滑翔、户外生存技能等。场地课程是在专门的训练场地上,利用各种训练设施,开展各种团队组合课程,比如,攀岩、越障碍等心理训练活动。

5.社会实践体验

社会实践教学是与理论教学紧密联系的。学生在教师指导下以实际操作为主,获得感性知识和基本技能,提高综合素质的一系列教学活动的组合。

实践与体验具有天然的密切联系,实践是认识客观世界的来源,也是体验产生的前提。但是,体验是一种认识世界的特殊心理活动过程。由于它在实践过程中具有不可预测性、随机性、不可把握性等特点,人们在实践过程中是否产生认识的深化和情感的递进无法确定。实践与体验既有联系，又有区别，相互影响，相互促进的关系。基于以上分析，社会实践体验与一般意义的社会实践有所不同。我们要转变传统的实践教学观念，不仅强调学生积极参与社会实践活动，注重学生在社会实践过程中的行为和表现，而且更要强调学生在社会实践中的理性思维，培养学生的批判和反思意识，使学生的社会实践从技能的传承提升到思维的创新。

社会实践体验是指学生在社会生活实践中，通过学生的亲身参与，对情感、行为、事物和策略的内省体察，从而掌握某些技能、策略，最终形成能力和某些行为习惯，建立某些情感、态度、观念的过程。目前大学生的社会实践主要包括两部分，一是纳入教学计划的各种实习任务，它是教学过程中学生必须参加的重要环节；二是学生利用课余时间或者假期自愿参与的各种社会实践活动。

社会实践体验的具体形式主要有：(1)参与学校和社会管理活动。(2)义务性社会服务。(3)勤工助学。(4)创业或竞赛活动。(5)学校教学计划中安排的各种实习。

（作者单位　浙江财经大学工商管理学院）

[参 考 文 献]

[1] 钟志贤.大学教学模式革新:教学设计视域[M].北京:教育科学出版社,2008.

[2] 魏军梅.体验式英语听力教学的评价体系[J].华章,2010(30):71-73.

[3] 杨启亮.体验良心:教师道德成长的一种境界[J].师范教育,2003(1):10-13.

[4] 于恒,张幼琴,王惠丽.浅谈理论教学与实践教学的关系[J].实验室科学,2006.(4):175-176.

[5] 卢曼萍,潘晓华,张继河.体验:实践的重要内涵——体验式实践教学模式解析[J].教育学术月刊,2011(3):105-107.

[6] 辛继湘.试论体验性教学模式的建构[J].高等教育研究,2005(3):64-68.

工商管理类大学生日语教学创新
复合型人才培养与实践

刘 学

[摘 要] 我国经济和社会的全面发展,带动了中日两国旅游、贸易,以及其他各方面的文化交流的日益深入,特别是受金融危机的影响,学生就业问题日益严峻,社会对日语专业人才的需求提出了更高的要求。为了扩大学生就业面,应对世界形式的新变化,按照社会主义市场经济对涉外从业人员的素质要求,充分发挥地域学科专业优势,有必要探讨培养既有扎实日语语言文学功底又有其他专业知识、国际化、创新复合型高级日语人才,提高教育现代化,办出本专业特色的新模式。

[关键词] 日语;创新复合型人才;培养模式;探索

培养创新复合型外语人才模式是当今教育界的一个热门话题,特别是自2008年发生的世界性金融危机以来,学生的就业深受影响,各企事业单位对外语人才的需求也呈现出多元化趋势。为此,单一的外语专业知识已不能满足社会对人才的需求。为了应对社会对人才的要求,有必要探讨实施调整专业结构和课程设置,培养复合型、创新型外国语人才,提高教育现代化的实践。

目前关于外语人才培养模式的论点很多,对创新型外语人才的培养模式,许多专家提出了自己的看法。沈骑在《研究型大学通识外语教育模式与创新人才培养》中认为"创新人才是懂外语、有专长、能够从事国际交流并且具备较高文化素质的人才"。杨青青在《创新复合型外语人才培养模式下的教学管理改革》中认为"培养创新复合型外语人才,即培养学生的自主管理和自我发展能力,培养学生的创新意识,努力培养具有国际视野的创新复合型领导人才"。夏宏芳在《二十一世纪高校创新复合型外语人才培养模式探讨》中认为"创新复合型人才是我国在新的时代背景下提出的人才培养新目标……创新复合型外语人才是复合型人才,不仅要精通政治、经济、社会体制,也要了解自己的历史,既要精通外语,又要精通一门专业或几门相关学科的知识。现在,口译技能是高校外语专业培养的复合型外语人才的标志性特征"。

对复合型外语人才的培养模式也有许多专家提出了自己的看法。

张冲在《高校英语专业复合型人才培养对策的思考》中提出"培养复合型人才是英语专业教学的发展方向"的观点。杜瑞清在《复合型外语人才的培养及实践》中认为"复合型外语人才指既熟练掌握一门外国语的各种技能,懂得该门外国语基本知识,也具有其他一门学科的基本知识和技能的一专多能的人才"。

上述观点给我们提供了很好的指南,关于就日语专业自身特点以及区域经济发展的实际需要进行相应的人才培养模式探索的论文很少,笔者就此基于工商管理类院校自身特点,从浙江省经济发展对日语专业高级人才的实际需要出发,为建立日语专业创新复合型高级人才培养模式进行了一系列的调查研究和实践。

一、创新复合型人才概念界定

在不同的历史时期,人们对创新复合人才的理解都会有一些异同。当代社会的创新复合型人才,是指立足于现实而又面向未来的合格人才,必须具有创新素质和复合型的知识结构。创新素质包括创新精神、创新能力和创新人格。复合型的知识结构包括宽阔的专业知识和广泛的文化教养,具有事业发展实际需要的最合理、最优化的知识体系,以及和谐发展的个性和创造性的人才。创新复合型人才,是能根据当今社会发展和职业的具体要求,将自己所学到的各类知识科学地组合起来,适应社会要求的人才。

二、我国传统的工商管理类院校日语专业人才培养模式

改革开放以来,我国高等教育中的日语专业作为小语种专业始终被当作是具有基础学科性质的专业教育。特别是随着国民经济的快速发展,由此派生出来的工商管理类院校的日语专业应运而生,虽然打着经贸方向的旗号,而实际依然被定位于文学学科门类中的"日语语言文学类"。而此类外语专业教学模式是独立于其他学科之外的单科教育模式,即日语语言义学专业,下设文学、语言学与应用语言学、翻译、文化等研究方向,学制4年。1—2年级为基础阶段,重点培养学生的语言基本功。从3年级起,增开专业方向课程,传授专业知识和技能,学生可选修1个专业方向。即"日语+X"的人才培养模式。对合格毕业生授予文学学士学位。但是随着改革开放和现代化建设,特别是进入21世纪后,

伴随着世贸组织的加入,社会对人才的需求发生了巨大变化,特别是 2008 年发生的世界性金融危机以来,社会对人才的需求呈现多元化趋向,传统教育模式下培养出来的日语人才已不能适应社会的需求。在这种形势下,我们势必要对传统的教育模式进行改革,更新观念,解决传统教育中存在的诸多问题,克服过去专业口径过窄、知识结构单一、教学内容陈旧、教学方法过死等问题,主动适应社会的需要。

三、当前工商管理类院校日语专业培养人才存在的问题

目前,国内工商管理类院校日语专业人才培养存在以下几个方面的问题:

1. 课程结构不合理,理论与实践脱节

课程结构是指高等学校专业所设置的课程相互间的分工和配合。课程结构是否合理,直接关系到人才培养的质量。课程结构通常涉及几个比例关系,一是基础课程、专业课程、方向课程的比例关系;二是理论性课程与实践性课程的比例关系;三是选修课程与必修课程的比例关系;四是隐性课程与显性课程的比例关系。

从事实的层面来看,我国工商管理类院校日语专业课程设计存在的问题主要表现在三个方面:教学计划存在着“一多三少”现象,即必修课多,选修课少,辅助课少,文化素养课少;现行课程体系存在着“四重四轻”问题,即重理论、轻实践,重专业、轻基础,重知识、轻能力,重分化、轻综合;在一些发展快速的学科领域,没有突出特色教育。课程设计往往过分关注社会的一面,而没有注意学科、学生和社会三者之间的相互关系。目前日语专业课程所表现出的分割和各自为政的局面,如公共课程和专业课程之间、必修课课程与选修课程之间、专业课程与非专业课程之间的分割,恰恰是因为在进行课程设计时过多考虑社会的各种需求,而忽略学生未来的发展需求、终身发展的需求以及学科自身发展的内在逻辑。

2. 课程内容陈旧、缺乏创新

大多数院校在课程内容上,一方面,依然运用传统的课程体系,课程内容陈旧;另一方面,由于经济和社会发展日新月异,新的学科不断增加,课程分化越来越细,各学科内容越来越丰富,学科分化越来越多。然而,由于部分院校对学科内容缺乏整合,致使日语专业课程在量上不断扩张,其结果是,在进行具体的课程设计和教学计划的调整时,面临着旧课程难以删除而新课程难以安排的两难境地。但一些课程之间还存在内容重复的问题。

3.传统日语专业教学模式的不足

传统型的外语人才培养,是培养具有听、说、读、写、译语言技能的工具型人才。这样的人才培养,把外语教学变成纯语言技能的工具性培训,仅掌握日语知识和技能。因而,外语专业毕业生逻辑思维能力比较差,专业知识能力比较弱。这就导致高校培养的外语人才在知识结构上不够全面,在发展潜力上存在不足。

4.日语专业的师资队伍不够强大,教师综合素质有待提高

尽管师资队伍成梯队排列,拥有一定数量的教授博士,但拥有懂专业(如经贸)的资深教师数量还远远不够。教师的全面素质(包括语言水平和技能、语言理论及外语教学理论水平,外语教学组织能力和教育实施能力、较高的理论和科研能力、掌握现代教育技术能力、较高的人格修养等)有待于提高。

四、解决路径

1.改革教学内容与课程体系

培养新时代的创新复合型人才,就要改变过去的课程体系和教学内容。根据课程设置存在的问题,我们发挥财经院校现有优势,提出面向 21 世纪的新的培养计划,探讨规范合理的课程设置、淘汰陈旧过时的教学内容,有探索性地开设新课程,合并相近课程,确立合理的课程,完善精品课程建设,适当增加应用型知识课,尤其是实用性和操作性课程,以提高学生适应市场需求的能力。

经研究,我们认为有必要建立一整套除日语本专业以外的专业方向课程和其他相关学科知识模块的思路。在课程设置方面,我们既要考虑到让学生打好坚实的日语基础及获取必备的日语语言文化知识,又要顾及专业倾向,尽量使学生学习到较系统的经、管、法类课程知识。教学分为两级阶段,即基础阶段教学和高年级阶段教学。确立"以工商管理类院校为依托,突出财经方向",努力促使日语学科和专业的健康发展,培养充分发挥工商管理类院校的学科专业优势,培养出既有扎实日语语言文学功底和广博的文化知识,又有经贸知识的,并能熟练地运用日语从事学校、科研以及外事、外贸、旅游、教学、翻译、国际贸易、对外交流、企业管理、金融业务等工作的创新复合型人才,办出本专业的特色。

在实践中,我们认为基础阶段教学任务和目的是传授日语专业基础知识,对学生进行全面的严格的基础技能训练,培养学生实际运用语言能力,培养学生良好的学习作风和正确的学习方法,培养学生逻辑思维能力和独立工作能力,丰富学生社会文化知识,增强学生对文化差异的敏感性,为学生升入高年级打好扎实

基础的阶段。在高年级教学中,我们把如何突出专业特色摆在了首要位置,即把日语专业课程与经、管、法类课程有机地结合在一起。在高年级教学中,坚持以素质教育为核心的教学方针,培养创新复合型高级人才为目标,根据教学需要和学生反馈信息进行有必要的改革、调整教学内容和课程设置。此外,为迎合社会对创新复合型人才要求,我们采用主辅修和双学位制,确立"主从复合"或"主次复合",最终达到"专业渗透、方向交叉、知识宽厚"的目的。鼓励学有余力的学生,在学好本专业的同时,辅修第二个专业,学校为学生开设了多种热门专业供学生选修,经考核成绩合格颁发辅修专业证书。

2. 提高教学方法,实行开放式教学

封闭式教学方法是以"教师为中心"、以"教授为中心",老师讲、学生听,老师写、学生抄,老师问、学生答甚至老师自问自答。而开放式教学法则是以"学生为中心"、以"学习为中心"、以"学生置疑"为核心的相互交流、主动参与、激发能力、积极思考的课堂学习氛围,突出学生在教学活动中的主体地位,注重培养学生在实际语言环境中的语言交际能力。教师在教学活动中要大力实践启发式、讨论式和研究式等开放式教学方法。

开展网络课堂,整合现代网络信息技术,也是实行开放式教学,提高学生学习效果的很好方法。在日语教学中首先引入多媒体教学方式,自制教学课件,抓住教学重点,突破难点。利用和开发多媒体与网络技术为日语教学提供了广阔的空间,这样既可以缩短教学实践的过程,还能创造浓郁的日语氛围,激发学生的学习兴趣,从而达到自主学习的目的。通过利用和开发多媒体与网络技术,构建基于网络的日语学习共同体,实现真正意义上的"以学习者为中心"的日语开放性的教育模式和教学方法。

3. 建立完善的师资队伍、提高教师的综合素质,树立教学研究意识

有了合理的教学计划,还要有与之相适应的师资队伍。外语教学与其他学科不同,它不是以传授专业知识为主要目的,而是要培养学生应用知识的能力。应用能力的培养只有经过学生在课堂内外大量的外语实践来实现。因此,外语教师教学要注意调动学生积极参与日语实践活动,并有效地培养其自主学习能力。

日语教师的全面素质主要指日语水平(包括语言水平和技能、语言理论及日语教学理论水平),日语教学组织能力和教育实施能力及较高的人格修养。日语教师应不断更新知识,提高素质,以便逐步提高自身的理论和科研能力,在精通专业知识的同时掌握现代教育技术,才能适应复合型日语教学的要求。从这个意义上来说,首先,外语教师除了自身需要有扎实的语言基本功外,更需要加强

对现代教育理念的理解，对应用语言文字学、教育心理学和课堂教学管理的基本把握，以及调动学生学习兴趣和培养其自主训练的能力。其次，充分利用国内外人才资源建设一支教师队伍。要开展较大规模的招聘宣传，不惜花大力气聘请从重点高校刚退下来的既懂管理又在该领域有一定影响的教授、学者，请他们为外语专业建设出谋划策，量体裁衣以提高我校的知名度。第三，要抓紧对现有外语教师的培训。可组织每年假期的游学，时间可三周至一月，轮换派出。

4. 以工商管理类院校为依托、突出办学特色

在知识经济与信息技术时代，培养大批日语专业创新复合型高级人才，必将促进我国的经济发展，加速与世界接轨。在我国，有很多外经贸企业，贸易活动频繁。许多单位都有自主进出口权，急需大批既懂经贸知识、又有扎实日语语言基本功的创新型复合型人才。为适应社会经济发展和建设的需要，突出以理工类院校为依托，与经贸结合的办学特色很重要。坚持与时俱进、开拓创新，以"人无我有，人有我优"为宗旨，即体现"厚基础、宽口径"的办学思路，为使理工类院校日语专业的教学与科研达到更上一层楼的建设目标而努力。

五、结束语

综上所述，随着社会对各类专门人才层次的要求越来越高，需要工商管理类院校日语专业办学模式在加强跨系、跨学院合作，在加强自身学科建设的同时，实现文理工科专业与日语专业之间的复合、交融与渗透，从而优化人才培养模式。这种密切课内外结合，更新拓宽专业设置，优化课程体系建设，提高教师队伍素质建设等措施，会促进日语专业在办学思路、专业定位、课程体系、教学方法、教学管理、学科建设等诸多方面领域建设的提高，从基础素质、专业素质和心理素质三个方面来有效地进行素质教育，培养学生的开拓精神和创新能力。

（作者单位　浙江财经大学外国语学院）

[参 考 文 献]

[1] 杜瑞清. 复合型外语人才的培养及实践[J]. 外语教学，1997(2):33-36.

[2] 顾蓓熙. 金融危机背景下高职院校教学管理组织模式的调适[J]. 黑龙江高教研究，2009(8):116-118.

[3] 沈骑. 研究型大学通识外语教育模式与创新人才培养[J]. 现代教育科学，2008(1):132-134.

［4］夏宏芳. 二十一世纪高校创新型外语人才培养模式探讨［J］.才智,2009(26):27.

［5］杨凡.社会主义初级阶段与有中国特色的高等外语教学［J］.外语界,1998(3):55-59.

［6］杨青青.创新型外语人才培养模式下的教学管理改革［J］.现代企业教育,2009(10):228-229.

［7］张冲.高校英语专业复合型人才培养对策的思考［J］.外语界,1996(1):6-9.

［8］赵云海.培养复合型外语人才提高外语教师的综合素质［J］.吉林教育,2009(11):9.

高校教师以教学服务社会公众
理论与实践探讨

陈世斌　　胡孝德

[摘　要]　本研究目的是探讨高校教师以教学服务社会公众的理论基础和具体路径。本文阐释了高校教师的以教学服务公众的理论内涵，如何扩展高等院校的社会影响力，在网络时代下公众对于人文社会科学知识的需求，以及人文知识的普及对于人才培养的意义。基于路径依赖的角度，本文探讨了高校教师在以教学服务社会的过程中，教学内容的选择，讲师团队的构建，教学范式—视频公开课，教学反馈及网络的应用等制度构建问题。对于高校教师服务公众的思想认识、政策扶植、差别化对待、资金保证等制度构件上提出设想。

[关键词]　高校教师；社会公众；教学模式；视频公开课

国外高等学校功能传统定位是人才培养和科学研究，为了争取社会资源对高等教育的支持我国高等学校功能定位长期以来是以人才培养、科学研究及社会服务为目标。2011 年 4 月 24 日胡锦涛同志在清华大学百年校庆大会上发表重要讲话，明确提出高等学校的四大功能"必须始终贯穿高等学校人才培养、科学研究、社会服务、文化传承创新"。2010 年 7 月 13 日党中央国务院召开了新世纪第一次全国教育工作会议，发布了指导我国未来十年教育改革和发展的《国家中长期教育改革和发展规划纲要（2010—2020 年）》，纲要中关于高等学校发展规划提出："增强社会服务能力。高校要牢固树立主动为社会服务的意识，全方位开展服务。""开展科学普及工作，提高公众科学素质和人文素质。积极推进文化传播，弘扬优秀传统文化，发展先进义化。"目前高等学校在人才培养、科学研究、科研成果社会化转让等方面有一定成果，深化服务社会公众特别是以教学服务社会公众值得深入探讨。本文旨在深入探讨高校教师以教学服务社会公众的理论思路和制度化保证，深化高校的社会服务功能，力争在高等学校针对社会服务的深化及社会大众的文化传播方面理论研究上有所建树。

一、高校教师以教学服务社会公众的意义

1. 扩大高等教育服务功能的要求

在高等学校社会服务方面目前大家普遍认为以科研为抓手,针对企业、管理部门等存在的现实问题,以横向课题和纵向课题方式为企业、政府等相关部门提供具有建设意义的对策建议。这一方面体现高校的一个传统职能,实现高校教师在人才培养上的针对性,促进科研成果转化为教学理念的自觉性,另一方面也是扩大高等学校社会影响,提升高等学校竞争力,扩大高等学校教学资源的有效途径。然而,在高等学校服务社会上可以大有作为的通过教学实践活动,在服务社会公众上有所作为,开辟一条新的路径,对于扩大高等教育服务功能,提升其办学水平,更好地有针对性地开展学校教育工作都有积极的意义。

2. 提升高等学校社会影响力的要求

当今社会,高等学校间的竞争日益加强,高等学校的竞争力除了其人才培养规格高低及科学研究成果之外,更重要的表现为其社会影响力,国外高校近些年已经通过各种面向社会公众的视频课方式扩大学校的影响,试图通过有影响的公开课方式提升高等学校的社会影响力,国内高校在竞争中也以此为突破口试图在竞争中占有一席之地。教育部"十二五"规划建设中设置的国家级视频精品公开课项目,把高等学校服务社会公众作为高等学校取得竞争优势的项目,这是我国高等学校面临的新情况。从这个角度来看,高等学校开展更加广泛的社会服务特别是以教学服务,一方面传播先进的文化知识,另一方面提升高等学校的社会影响力,进而提升其竞争力。

3. 社会公众对高等学校知识期待的要求

高等学校教育教化功能的社会化,不仅是未来高等学校发展的一种趋势,更是大众对高等学校的期待。在高等教育发展中,社会公众给予了极大的关注,不仅社会公众关注其人才培养,更加迫切需要其文化传播功能的发挥,为此胡锦涛同志在高等学校传统的三大功能基础上,又提出了高等学校文化传播功能,而高等学校的文化传播途径进一步拓宽和制度化建设,特别是通过规范的教学实践活动来实现其文化传播是时代对高等学校的渴求。因此,通过理论研究和广泛的社会实践活动,特别是通过面向最广大的社会公众,开展视频公开课教学公众,可以在最短时间里、最有效率的传播文化知识,把高高在上的"象牙塔"——高等学校立足于社会实践之中,取得高等教育源源不断的发展动力。

4.网络时代人文社科知识普及的要求

网络时代是文化快餐阶段,人们获取方方面面知识途径更加便利,获取知识能力更强,但是获得的知识结构往往缺乏完整性甚至在价值观取向等方面存在严重问题。在网络时代,如何通过有计划的视频公开课方式向社会公众传达人文社科知识,对于我们这个社会发展迅速变化,人们的世界观、价值观经常会受到来自其他人的影响的时代具有更深刻的影响。在我国当今社会中,由于社会发展阶段处于矛盾凸显期,各种思潮的影响日益扩大,人们的处世哲学和价值观等受到了很大的冲击,特别是遇到个人利益与集体利益、个人利益与国家利益出现矛盾的时候便不知所措,社会矛盾解决不好甚至带来严重的社会问题,亟须高等学校资深学者从人文社科知识角度,把握其思想脉搏,破解社会问题,化解矛盾于未然,对构建和谐社会,实现科学发展都有积极的作用和意义。

5.高校教师以教学服务社会公众与人才培养互动关系

高等学校教师主要来自高等学校高规格的人才培养,然而高等学校教师社会实践能力普遍缺乏,教学内容更新能力不足,特别是针对社会发展现实问题的教学内容更新亟待加强,而通过高校教师以教学方式服务社会公众,可以与社会实践有更加紧密的联系,对社会现实问题的了解更加深入,教学的针对性更加强,对于培养合格的人才,使得毕业生很快就能够适应社会发展的需要有积极的作用。高校教师以教学服务社会公众,在教学中可以通过不断了解社会发展需求,更新教学内容,针对社会实践中的问题,设计一些教学内容,对于提高毕业生的社会实践能力,提高毕业生就业率和合格率都有积极的推动作用。因此,从高等教育现实发展角度设计一些服务社会公众的教学模式,不仅对于更好地实现高等教育社会功能起着很重要的作用,而且对于人才培养的针对性,使得培养的人才更好适应社会发展,使得高等学校不断引领社会文化健康发展起着积极的作用。

二、高校教师以教学服务社会公众模式构建

1.教师科研成果转化为课堂教学成果

严格意义上讲,未来高等学校教师都要有能力选取一些题目作为向社会公众开放的讲座。然而由于以视频公开课方式向社会开放教学模式的社会影响力和广泛的作用,实现高等学校以教学服务社会公众首先要在教师的选取上有所甄别,教师应该在某个社会公众领域上有所专长,要以学术研究成果和能力作为

一个非常重要的标准,特别是在某个领域上要有相应的影响力和地位,其深思熟虑的思想核心内容经过精心研究和整理,变成为课堂教学成果,使其思想深化为核心教学,通过多轮校内教学实践和提升其学术性和大众性,内化为一定水平的视频公开课,在校内扩大教学对象,征求来自专业师生的意见和建议,不断提升其水平。

2. 内容精炼为社会公众开放讲座

随着课堂教学影响力的扩大,教学方式的变革,教学内容充实提高,在学术研究基础上,找到社会热点问题,挖掘这些问题存在的深刻社会基础,有效探索一些问题的解决思路,加强教学内容的社会针对性,在严格把关的前提下对社会公众开展讲座,经过适当的技术处理和网络化过程,把讲座内容录制成为视频材料向更加广泛的社会群体传播,真正实现为社会公众开放讲座。在这个过程中,讲座内容精炼至关重要,一方面要结合教师自身的研究特点,另一方面要深入挖掘社会热点问题,深入探讨改革中涉及最广大社会公众身心关切问题,这样才能提高广大社会公众参与热情,提高服务社会公众广泛性、现实性和解决人们思想深处的认识问题和处理问题的方式、方法与能力,实现以教学服务社会公众的社会影响力和效率。

3. 开放式教学内化为校内教学资源

在对社会开放的视频课程教学过程中,教师要不断地总结实际工作中的经验,针对当前的热点问题进行深入的研究,把社会公众面临的实际问题作为研究工作的出发点和落脚点,把经过一轮循环教学得到的社会问题研究提升到新的高度,再把这些内容运用于学生课堂教学实践之中,有针对性地提升研究内容为教学内容,使得学生很快接触到社会问题,开展广泛的学术探讨,内化为校内教学资源,达到高等学校主要功能即是人才培养的目标,同时要把校内教学与社会热点问题整合为新的视频素材,作为新一轮教学活动的起点,使得讲座和教学内容不断升华和提升,达到精品资料的目标。

4. 形成校内外融合式循序渐进互动双赢的格局

高校教师以教学服务社会公众,对学校教学的推动主要体现在通过往复螺旋式上升的过程形成一种高等学校服务社会公众的新格局,形成校内外融合式循序渐进互动,在教学方式、教学内容选择、教学针对性研究、学术研究、人才培养、内容更新、学生解决现实社会问题能力提升等方面,实现新的突破和创新,全面提升学生理论水平和实践能力。同时针对社会客观存在的一些热点问题,运用学术研究最新理论和方法深入浅出地进行剖析,提出一系列的新认识、新观点、新思维方法,化解社会矛盾,促进社会和谐建设。实现人才培养和社会公众影响双赢互动的格局。下图为以经济·快乐·人生为主题的以教学服务公众课程为例展示高校教师以教学服务社会公众互动双赢结构图,见图1。

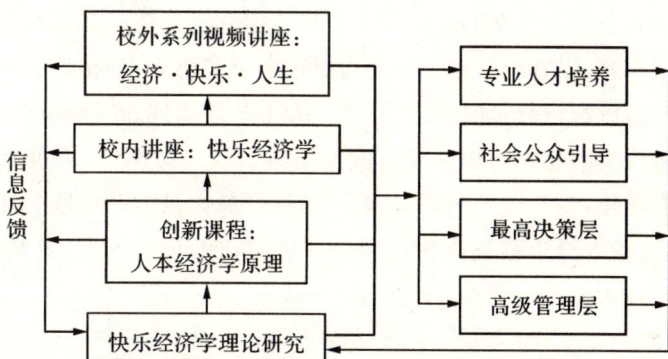

图1 校内外良性互动结构图

三、高校教师以教学服务社会公众的路径依赖

1.教学内容选择

笔者认为,并不是所有的课程都适合开展面向社会公众的视频公开课教学活动,课程选择及教学主题的选择十分重要,要选择那些与社会公众关注点吻合的课程和教学内容作为教学建设的重点,而且在选题上要做到三个结合:结合社会热点问题,结合教师研究成果,结合专业课程内容。只有那些人文社会科学研究的热点问题,那些与人文社会科学关系十分密切的课程,那些与教师研究成果紧密联系的内容才可能成为教学内容。这种教学内容要有一定的理论支撑,但是更重要的是要与现实社会问题相结合,属于多数人关注又无法解释、矛盾较深又无从思考的问题。由于教学对象大众化,因此教学内容要深入浅出,要进行案例式教学,要博古通今,要融会贯通,通过理论的讲解和实际案例的展示化解社会问题,达到服务社会公众的真正目的。

2.讲师团队背景及构建

高校教师以教学服务社会公众成功的关键是教师团队的背景和结构。首先,要选择学生造诣高深,社会影响力广泛,学术地位较高的带头人作为讲师团队的核心成员,还要求其具有较高的政治敏锐性,具有较好的社会认知能力,在一定范围内能够引导社会公众思想方向；同时要配备对相关课题有一定研究成果，教学能力较强，很受学生欢迎的教师担任成员，从年龄结构、学历结构、职称结构和国际化上打造一支服务社会公众的教学团队。

3. 教学范式

以教学服务社会公众的教学范式与传统课堂教学范式有很大的区别。要精心设计教学内容，以符合社会公众为主要出发点和落脚点，在教学范式上要体现社会公众对高等学校教学的要求，除了内容上与现实问题紧密结合外，对于社会公众的很多现实困惑作为理论和实践上的深入浅出的阐释，更重要的是在表达方式上要多样化，要利用好网络课堂手段，要开展大量的针对性十分突出的案例教学，通过生动的身边案例阐释社会公众所关注的现实问题，要精心设计 PPT 教案，在 LOGO 设计上要花大力气，做到寓教于乐，寓教于融洽的氛围，避免说教式、教导式的教学，特别要强调教学课堂的公平性，教师与社会公众的互动性；精心设计课堂提问，精心准备可能出现的课堂问题，避免出现唯师独尊的课堂环境，避免一言堂的教学方式，对于社会公众的提问要精心回答，不可以敷衍了事，对于一时无法回答的问题要明确告知，不可以回避矛盾，不可以避重就轻；要直面问题，要直面社会，要上升到理论高度，又要深入到社会现实，与社会公众的密切关注紧密结合，真正做社会公众的知心朋友。总之要建立一种公开、公平、平等的互动环境，及时掌握大众的心理需求，开展针对性的研究和讨论。

4. 教学反馈

采用视频公开课方式开展以高校教师服务社会公众的方式，教学反馈十分重要，要突破教师唱独角戏的单向传递信息的传统信息传递模式，教育教学内容和教学方式方法等许多问题的深入研究都必须以信息反馈为基础。对于精品视频公开课方式的教学反馈，由于其广泛的社会影响，因此更要加强信息反馈。教学反馈的主要渠道是教学课堂、讲座听众、讲座组织者单位、其他受众途径，在现代社会网络更是一种极其重要的途径，要通过网络反馈广大受众的舆情民意，要注意收集整理网络上听众、观众的反馈信息，及时研究讨论社会大众密切关注的问题，运用现代学术研究成果，深入浅出地进行解释和回答，要把各种途径反馈的内容及时梳理，整理成为下一个视频公开课的教学内容，再通过深入的研究和解析，回答大众的关切点，使得教学内容与时俱进，内容新颖，保持久远的吸引力，使得不同的受众对象都有各自的收获和良好的心里体验，达到在更深的层次上教化作用。

5.多媒体应用

现代社会一个突出特点就是网络对社会生活方方面面都有深刻的影响。网络时代的教学模式离不开多媒体技术的广泛应用,要充分利用多媒体技术,开展多种多样的教学内容表达,教学要掌握多媒体制作技术和表达方式方法,学会用现代各种教学软件编制多媒体课件,做到图文并茂,音频、视频等多种素材的有机结合,力求表现方式的多样化。同时要利用好网络资料,对于现实案例可以通过网络搜索手段获取及时信息,避免教学内容主观化,使得教学内容新颖、鲜活、生动具体,拉近与听众观众的距离,增强亲近感,增强亲和力。

四、高校教师以教学服务社会公众保障体系构建

高校教师与教学服务社会观众的受众面更大,层次更复杂,解决社会现实问题更具体,涉及内容更有针对性。相对于以其他方式服务社会的模式保障来讲,构建高校教师以教学服务社会观众的保障体系任务更加艰巨。笔者认为主要要体现在如下几个方面。

1.舆论宣传,达成共识

在高等学校内部的各级各类人员中,高校服务社会的认识基本上是有共识基础的,大家都认为这是高等教育的基本功能之一。然而以教学服务社会公众的认识尚处于初步认识时期,高等学校领导、学者、教学等各级各类人员都认为高等学校服务社会就是要针对政府、企业等存在的现实问题,以纵向和横向课题的方式开展学术研究,为政府、企业解决现实问题,而解决社会公众每天面临的大量现实问题感觉到无从下手。其中一个重要的原因就是舆论宣传不到位,没有在高等学校各类人员中达成共识,还有一些错误的认识,认为高校教师如果以社会公众为教学对象会淡化校内的教学,影响人才培养质量。因此加强舆论宣传,形成各类人员的共识极其重要。

为了改变目前的状况,近日教育部等部门联合印发了关于《高等学校哲学社会科学繁荣计划》的文件,计划中提出,要面向社会开设"高校名师大讲堂",开展"高校理论名家社会行"活动,组织动员名家、大家撰写高质量社科普及读物,积极宣传哲学社会科学优秀成果,弘扬优秀传统文化。相信不远的将来,高等学校以教学服务社会公众增强高等学校社会服务功能会形成高等学校普遍共识。

2.打造精品,构筑团队

高等学校要有计划地孵化一批有实力、有影响力、有鲜明主题的面向社会公

众的精品视频公开课,要围绕一个主题精心设计教学内容,要把教师的研究成果与教学内容有机整合起来,要精心筛选每个主题、内容和表现方式方法,要形成精品。讲师团队也是十分重要的,主讲教师要有核心研究主题,主题内容要与大众关注的热点问题紧密结合,要以人文社会内容为主,要一针见血地针对社会现实,因此团队要与科研团队建设紧密结合,围绕一个核心主题分工负责研究,分化研究热点问题,形成有特点的研究方向和研究成果,构筑一个精品讲师团,不仅做到可持续发展,更加注重知识、人员的更新,保持永久的战斗力。

为此,要围绕教师的研究成果,精心设计主题,围绕主题内容精心设计团队,围绕团队成员特点和个性精心设计教学内容。这些工作得益于高等学校的政策扶植和重视。

3. 差别对待,鼓励创新

高等学校以教学服务社会功能的实现成功与否,政策导向至关重要。目前在人才培养、学术研究和以研究服务社会等方面特别是学术研究上鼓励政策非常突出,广大教师科研积极性十分高涨,都在积极争取新的研究项目和课题,争取更多国家资金和企业的资金支持,而作为一种新的创新模式——以教学服务社会公众,社会上没有一个对应的部门设立项目或者课题的支持,社会公众又以开展的讲座作为公共产品不会给予经费上的支持,所以单靠教师自身的热情是难以长期维持的。高等学校要像鼓励教师人才培养、鼓励教师学术研究那样鼓励教师开展面对生活公众的讲座等形式,对于在不同的环境下的开展视频课堂给予相应的鼓励,保障其教学活动的收益至少不低于从事学术研究带来的收益。

4. 资金保证,设备更新

高等学校以教学服务社会公众要有大量的设备支持,这是因为视频讲座的制作要求十分精细,而这些设备的采购需要大量的资金作为保障。因此高等学校在实验室建设上就要及时跟上时代的步伐,及时更新视频课程制作设备,在技术力量方面要加强人员的引进和培养力度,保证拍摄的教学内容符合网络时代的要求,其表达方式符合社会大众的认识水平和认识习惯,吸引更多的社会公众关注,力争更广大的社会支持。

四、结束语

总之,高等教育教学资源竞争趋势日益加剧,精品视频公开课建设迫在眉睫,网络时代发展对高校教师教学提出了严峻的挑战,学习型社会发展提出了对高校教师以教学服务社会的新要求。面对这些林林总总的社会问题,把高高在上的"象牙塔"——高等学校教学研究成果与社会公众密切关注紧密结合,构建一种新的服务社会范式确实意义重大。

本文对于教师科研成果转化为课堂教学成果,然后把相关内容精炼为社会公众开放讲座,再把开放式教学内化为校内教学资源,经过几轮循环上升路径形成校内外融合式循序渐进互动双赢的格局,并对构建这种教学模式体系进行了理论探讨。

由于现在国际化竞争加剧,网络发展加速,高等学校走向社会功能的要求,以教学服务社会公众已经开始纳入教育主管部门的视野,也引起了专家学者的广泛关注,理论和实践的研究尚有待深入,打造一个良好的以教学服务社会公众新局面,使得高等学校开门办学扩大社会影响力的新局面必将改变高等学校现有的格局。

(作者单位:浙江财经大学工商管理学院)

[参 考 文 献]

[1] 彭拥军.高等教育功能研究的思考[J].理工高教研究,2003,22(2):1-3.
[2] 李殿仁.高校服务社会的四个着力点[N].光明日报,2012-8-22.
[3] 李卫红.高校要开创文化传承创新新局面[J].中国建设教育,2013,3(5):95.
[4] 欧阳玲琳,论高校图书馆面向公众开放式服务的可行性[J],科技信息,2011年(5):626-627.
[5] 肖烨.国外高校图书馆社会服务的启示[J].高校图书馆工作,2011,31(4):57-60.
[6] 邬大光,赵婷婷.也谈高等教育的功能和高等学校的职能[J].高等教育研究,1995(3):57-61.
[7] 陈志英,陈志伟,李梦玲.以沈阳大学为例探讨地方高校在地方发展中的作用[J].沈阳教育学院学报,2010,12(6):57-58.
[8] 周济.高校科研要扎扎实实为地方经济社会发展服务[J].决策导刊,2007(2):9-10.
[9] 张恩.谈高校图书馆为社会公众服务的必要性和可能性[J].河北科技图苑,2013,16(5):82-84.

"合作性学习＋角色扮演"在"管理沟通"教学实践中的应用

唐春晖

[摘　要]　管理沟通课程是管理专业院系的重要专业课程之一,是一门技能性非常强的课程,其基本目标是希望通过教学帮助学生建立管理沟通理念,提高管理沟通技能。"合作性学习＋角色扮演"作为一种动态的、开放的教学模式,以学生为中心,"合作性学习＋角色扮演"以能力为中心、以学生为主体的原则来设计课堂教学,能更好地提高教学效果,实现沟通理念与实践应用的有机结合。

[关键词]　合作学习;角色扮演;管理沟通;教学实践

"角色扮演"(Role-Play Teaching Method)是美国精神病学家 Moreno 于 20世纪 60 年代创建的一种社会心理技术,使人暂时置身于他人的社会位置,并按这一位置所要求的方式和态度行事,以增进人们对他人社会角色及其自身原有角色的理解,从而学会更有效地履行自己的角色。"合作性学习"是目前世界上许多国家普遍采用的一种富有创意的教学理论与方略,由 20 世纪 70 年代美国教育家 David 首先倡导和实施,他以教学中的人性合作和互动为基本特征,把个人之间的竞争变为小组之间的竞争,是学生在小组中为了完成共同的任务,有明确责任分工的互助性学习。

一、本科管理沟通的教学特点

管理沟通是国内外管理专业院系的重要专业课程之一。现代管理实践证明,管理者大约有 70% 的时间用在与他人进行沟通上,沟通的技能直接决定着管理的绩效。对企业的管理者而言,如何提高沟通的能力,是既切身又切实的重要课题。管理沟通课程的理论基础是包括人力资源理论、人际关系理论等在内的行为科学理论,沟通理念的本质是要求沟通者能站在对方的立场思考问题,传递信息,获取对方反馈,以解决具体的沟通问题,强化积极的人际关系,具有一定的抽象性;同时管理沟通又是基于技能与技巧的注重能力培养的实践课程,通过系统的学习使学生在不断检讨自身在管理过程中的思想、行为和技能,将得到的感悟和技巧方法应用到实际工作中去,培养既能掌握管理沟通理念又了解管理沟通技能的应用型人才。

针对管理沟通课程特点,如果采用简单的课堂讲授方式进行教学,将课堂讨论和实际工作脱离开来,本课程的学习就会失去 90％以上的价值,因此我们在教学过程中掌握两个基本原则:一是学生为主,教师为辅的原则;二是实际应用为主,课堂讨论为辅的原则。"合作性学习＋角色扮演"作为一种动态的、开放的教学模式,以学生为中心,在整个教学活动中由教师起着组织者、指导者、帮助者和促进者的作用,学生通过角色扮演在假设逼真的情景中,身临其境地根据指定角色的职责、任务、工作程序等提出观点、方案或进行情境模拟,有利于创设生动、活泼、有趣的沟通环境,充分发挥学生的自主学习潜能,领悟"换位思考"的沟通理念本质,充分锻炼学生综合运用各种理论知识、经验分析和解决问题的能力。

二、教学程序

1.情境和角色设计

教师根据教学需要设置情境,情境设置不能过于简单,否则就起不到锻炼学生的作用,失去了演练的意义。情境环节也不能过于复杂,力争在课堂上完成,要求有一定的难度,能给学生提供一个广阔的思维空间,让学生多角度、多层次地去发现问题、思考问题,提出自己的见解,发挥学生的想象力,锻炼他们分析问题、解决问题的能力,促进学生之间的相互学习。情景设计好了以后,教师应围绕教学目标和教学重点、难点设计不同的角色。角色应该具有典型性和差异性,即每一个角色都有自己独特的使命,不同角色之间构成一个相对有意义的整体。

例如在"沟通理念"这一模块中,课程设计了这样的情境:刚从一所国内著名大学获得硕士学位的陈欣加入了由 8 位男性工程师及项目经理李明组成的设计小组,虽然陈欣十分勤奋,但她的加入却给原本十分融洽的小组带来了不满,尤其是以丁正予为代表的老员工,并引发了一系列并不愉快的谈话。陈欣、李明、丁正予该如何正确沟通才能解决这一问题。该情境模拟要求学生对这 3 位进行角色扮演,同时指定 2 至 3 名组员担任观察员对各个角色扮演情况予以观察和评判。

2.准备工作

(1)团队组建。管理沟通通常采用"大班"授课,一个教学班的学生人数少则八九十人,多则120人,采取分组形式有利于全员参与角色扮演。在学期第一次上课时,教师通常会要求学生组建成6人左右的团队并选出组长,分组时以学生自愿为原则,教师辅助协调。团队组建后在整个课程期间均以此开展小组合作学习,小组合作性学习优点在于,由于以自愿原则采用异质分组方式,每个学生的学习能力、学习兴趣、知识面宽度都不一致,因此在学习的过程中互相启发、相互讨论,都会将另一些同学的思维导向一个新的领域,出现一些新的视角,提出一些值得争论的问题。

(2)角色分配。教师于课堂开展角色扮演前两周左右将所设计的专题情景放在网络课堂,各团队在组长的领导下对情境进行深入分析、讨论,并根据角色要求、学生意愿以及学生的个人特征确定角色人选,角色的分配一方面要考虑学生的兴趣和个性特征,另一方面还要参考学生的理解能力,表演能力及表达能力,充分发挥团队中每个学生的潜力。除参加角色扮演的学生外,还要将其余学生分配作为观察员。

3.课堂演练

(1)课堂角色模拟。课堂模拟演练过程要充分体现以学生为主、教师为辅的原则。首先由教师完成情境引导,唤起学生的角色意识。这一环节重点通过情境设置和情境画面展示,调动学生的情绪,唤起角色意识,引导学生尽快进入虚拟场景并入戏。然后,由学生在小组内展开沟通模拟,这一步骤是教学的关键,除参加角色扮演的学生外,其余学生分配作为观察者和记录者,进行沟通内容记录,重点记录演练细节,包括一些非语言沟通。每一次角色模拟训练结束以后,观察者和扮演者可以互换角色,重新进行沟通练习,直至各小组成员都担任观察者和扮演者的角色。演练过程中,教师也可以作为观察员在旁观察各组表现,但应把握以下几个原则:第一,不打断学生的演练,不影响学生的思路,以保证演练的完整。第二,暂不评论。

(2)分析总结。各团队演练结束后,要进行分析总结。首先,各团队内部进行讨论总结,角色扮演者对扮演角色的体会,观察员分别对每一位小组成员扮演的角色予以评价,并展开讨论;其次,请各小组派代表对本组的演练进行介绍、分析及总结,以便相互了解;最后,教师要对情境进行深入分析,并对各演练小组的方案和演练过程及结果进行总评,尤其要找出学生在演练过程中的闪光点和创新之处,及时予以鼓励和表扬,同时依据学生在整个的角色扮演活动中反映出来的问题,教师进行补充知识讲授,基本知识够用为度,并对演练过程中出现的问题和不足加以分析,查找根源,给学生以启迪。课程结束后,各团队提交角色扮演演练实训报告。

4.效果评估。由于管理沟通课程的特点,更加关注团队活动的过程而非结果,有时候并没有统一的标准答案,"小组合作学习＋角色扮演"课堂的关键在于创造逼真的情境,锻炼学生综合运用各种理论知识、经验分析和解决问题的能力。因此,其评价体系应注重以下几点要素:一是评价主体的选择。可以由学生自评、学生组成评委小组、教师评价三方面组成,具体可根据课堂具体形式来决定。二是评价的标准。应主要考虑学生分析解决问题的能力、语言表达能力、创新能力、团队协作、沟通能力等方面。三是评价结果的运用。应该告诉学生每次在小组学习中的表现将直接影响到最终的课程成绩。四是评价的技巧。模拟演练考核以团队的成绩为评价标准,既要充分发挥每位学生自己的主动性,还要兼顾团体协作,培养学生的团队合作能力。此外,教师不要轻易否定学生的观点,以免挫伤学生参与角色扮演的积极性,应该进行一些正面积极的引导。

三、结论

"小组合作学习＋角色扮演"教学模式下的管理沟通课程,坚持"以学生为中心、以能力为目标、以体验为主线"的总体原则,在专业理论精简的基础上,注重体验与实践相结合,提高学生自主学习的能力,激发学生的学习兴趣,使学生在参与中体验与感悟。这种教学模式较好地实现了由传统的以教师为主体的知识传授型教学模式向以学生为主体的能力培养型教学模式的转变。

(作者单位　浙江财经大学工商管理学院)

[参 考 文 献]

[1] 吕书梅.情境模拟法在高职"管理沟通"课程教学改革中的应用[J].职业教育研究,2010(5):92-93.

[2] 杨佩群,吴雁彬:角色扮演法在"市场营销学"课程教学中的应用[J].北方经贸,2011(2):112-114.

[3] 邓子鹃,林仲华:角色扮演法在"管理沟通"课堂教学中的应用[J].职业教育研究,2012(3):87-88.

[4] 陈俊,王艳:管理沟通课程合作性教学模式研究[J].新课程研究,2011(8):56-58.

基于创新型人才培养的课程教学方法研究

——以浙江财经大学工程管理专业为例[①]

吴 慧

[摘 要] 工程性与创新性的缺位,使得我国财经类院校高等教育难以满足国家发展对创新型工程管理专业人才的迫切需要。本文通过三门课程的教学实践,提出工程管理专业课程教学方法的构建应以有利于学生创新能力发展为根本原则,改革的宗旨就是以教师为主导,学生为主体,提倡采用"探索—思考—实践—认识—再实践—再认识"这一更加符合认识规律的教学方法,综合运用项目教学、三维教学、体验式教学、案例教学等各种形式。

[关键词] 创新型人才培养;理论课程;实验(实训)课程;教学方法

一、引言

培养和造就创新型工程科技人才,是增强自主创新能力,促进我国经济转型升级、全面提升国家竞争力的必然要求,意义重大。随着我国科技事业的快速发展,更加迫切需要的是具有多样化特点的人才,"理论+技术实践+创业与市场能力"型的工程管理与经营人才就是其中之一。近年来,随着国际化进程进一步加快,对工程管理人才也提出了更高的要求,需要的是复合型、创新型的综合工程管理人才。

创新型工程管理人才是指具有创新意识、创新思维、创新能力和一定工程实践能力的高级管理人才。工程管理以具体的工程项目为对象,具有鲜明的务实性和精确性。工程管理行业需要的是有专业技术功底和实际操作能力的管理

① 吴慧,基于创新型人才培养的课程教学方法研究——以浙江财经大学工程管理专业为例,"工程造价管理(含实验)",浙江财经大学一类课程建设项目,2010XJJPKC07;"建筑工程概论",浙江财经大学精品课建设项目,2011XJY103。

者,实践性强是工程管理专业一个显著特点。根据中国工程院 2007 年对我国工程管理人才素质的调查显示,我国创新型工程管理人才严重缺乏。为此,培养学生的创新能力是关键。

2003 年设立的浙江财经大学工程管理专业的人才培养模式是致力于"知识、能力、素质"三位一体的应用型人才培养。由于自身办学的资源条件限制,工程管理专业发展中尚存在着工程性缺失和实践环节薄弱,评价体系导向重论文轻设计而缺实践,对学生的创新教育与创业训练重视和投入不足,产学合作不到位使企业不重视参与人才培养过程等四个方面的主要问题。为此,课程教学应着重强化工程性内容的设计,着力提升学生工程项目管理的实践能力。

二、"以教师为主导,学生为主体"的课程教学实践探索

2010 年以来,笔者在课程教学中,选择了"理论＋实验"的"工程造价管理"课程、"理论＋实训"的"建筑工程概论"课程、独立性实训课程的"工程项目管理沙盘模拟"三门不同结构形式的课程进行了实践探索。本着"以教师为主导,学生为主体"的教学宗旨,遵循充分重视学生的主体性,发挥学生在教学过程中的主动性、积极性和创造性的教学理念,在课程内容设计、课程教学方法及手段方面,进行了大胆的尝试与探索。

1."工程造价管理"课程教学

"工程造价管理"是高等财经院校工程管理专业的必修课程,该课程主要针对项目建设的不同阶段介绍各种工程造价的确定与控制方法。课程建设初期,以理论课堂教学为主。近年来,根据社会对工程预算电算化人才的需求,本着以服务浙江经济、提升学生就业技能为目的,进行了一系列的课程教学内容改革,具体包括以下方面。

(1)教学结构:采用"理论＋实验"课程体系,85 课时,课时量大。"工程造价管理"课程内容包括理论部分和实验部分。其中,理论部分为 54 课时,实验课为 34 课时。理论课程教学重点是建筑工程造价在不同阶段的各种确定方法。实验课程教学重点是工程预算电算化编制的主要程序及方法。

(2)教学内容设计:以提升学生就业技能为目的,重点强化工程预算电算化教学的内容。"工程造价管理"课程是实践性很强的综合性学科,教学内容不仅包括工程造价确定与控制的方法基础知识理论,还涵盖了工程技术、经济、管理等学科内容,尤其加强了工程预算电算化知识技能的培养。实验课教学内容设计注重提高学生的创业技能培养,以实际工程为案例,通过实验课教学,使学生

掌握工程预算电算化编制的主要程序及方法,能利用预算软件编制实际工程的预算,掌握现行实际的预算编制方法。

(3)教学方法运用:理论部分采用案例教学法、团队协作式教学法,实行小班讨论教学形式;实验部分采用项目教学法,实行以学生为主体的开放性实验教学模式。在"工程造价管理"课程教学中较早地开展了教学模式的探索,在教学中尤其注重学生自主学习、自主探索环节,采用课堂讲授、实验室教学、网络教学相结合的教学模式。

在课程理论部分教学中,根据课程内容的安排,在每一核心章节中均安排了综合性的工程项目案例,以案例串联起整个课程体系。每次三节课时中,一般教师讲授时间控制在1—1.5个课时,其余时间都是以学生为主体,采用学生团队协作完成综合案例,提高了学生投入学习的积极性和趣味性,课堂气氛较好。

在课程实验部分教学中,实行以学生为主体的开放性实验教学模式。为此,实验项目的设置是以一个完整的商住楼工程项目为例,让学生通过软件的操作,编制这一工程的预算。在实验课上,教师讲授的时间很少,大部分时间都是让学生自己通过看工程图纸,自己操作,着力培养学生解决实际问题的能力。

(4)课程运用:建立课程实习基地,强化实践环节,进一步提高学生创业技能。北京广联达慧中软件技术有限公司杭州分公司是本课程的实习基地,迄今为止已经有3位学生在公司就业,学生综合素质受到了用人单位的好评,还有20多位学生进行了课程实习,为学生提升创业技能提供了良好的基础平台。据了解,2004级工程管理专业毕业学生中,已经有10位考取了造价员资格证书,具有从事工程造价管理的职业资格。

通过课程教学改革,可以让学生学到工程识图、AOTOCAD制图、建设项目的成本构成与估算方法、工程预算编制等方面的知识,学生反映该门课程内容充实、实用性强,是大学四年中专业知识与技能收获较多的一门课程。

2."建筑工程概论"课程教学

"建筑工程概论"课程作为专业基础课,已经开设多年,一直采用课堂讲授教学模式,主要系统介绍建筑工程的有关技术知识,包括建筑设计、建筑材料、建筑构造、建筑结构等内容。由于课程内容覆盖面广,知识点较杂,学生反映较难掌握。为此,本着以素质教育为核心,以提高学生实践动手能力为宗旨,进行了一系列的课程教学内容改革。其具体内容包括以下几个方面。

(1)教学结构:采用"理论+实训"课程体系,努力构建以提升学生实践能力为目标的课程教学体系。为了增强学生感性认识,将课程内容调整为理论与实训两部分,增加了实践环节,具体安排两次实训。一次是在建筑材料部分理论教学结束后参观建筑材料超市;另一次是建筑构造与结构部分理论教学结束后参观建设项目的施工现场。

(2)教学内容设计:突出实用性,提升学生专业认知能力。在课程理论部分,针对专业人才培养目标的具体要求,进一步优化课程内容,强化课程实用性。在课程实训部分,根据紧密结合理论部分课程教学内容的指导思想,进一步充实与完善实训内容。例如:在建筑材料水泥部分理论教学结束后,教师通过自购水泥材料,让学生进行水泥水化的自主实验,从而认识水泥的材料特性。

(3)教学方法运用:采用三维教学法、体验式教学法。三维教学是指教师在传授知识的过程中,边讲授、边演示、边动手,使学生做到眼看、耳听、手干。利用实验室、实践基地进行现场教学是实现三维教学的最好途径。在实践教学过程中,启发学生的兴趣和创造意向,激励他们的创新思维,锻炼他们进行创造的实践能力。在本课程建筑构造部分内容教学中,就充分利用建筑模型实验室,进行三维教学。

体验式教学模式与传统教学模式相比,它把"以知为本"变为"以人为本",充分体现对学生的尊重与人文关怀。在教学过程中,强调知识融于思考之中,快乐融于体验之中。本课程实训部分设计目的,就是通过现场体验式教学,由实习部门专职讲解师傅全程带领,给学生系统讲解各种材料的施工工艺、选材的方法、建筑施工流程等方面的知识,巩固课堂理论教学内容,增强学生的感性认识。实践证明,采用现场体验式教学,大大提高了学生专业学习的兴趣和积极性。

(4)课程实训基地建设。根据现有课程内容的教学要求,专门建立了两个课程实习基地,并编制相应的实训内容大纲,确保了实训课程的开设。近四年来,已经有 300 多名学生参加了课程实习。实践证明,"理论＋实训"的课程结构形式教学效果显著,学生反映较好。

3."工程项目管理沙盘实训"课程教学

工程项目管理沙盘模拟实训课程,是工程管理专业的一门综合性实训课程,也是将沙盘实验引入工程项目管理教学。工程项目管理沙盘模拟课程的建设目标定位,就是以工程管理专业各个理论课程:"工程项目管理""工程造价管理""工程合同管理""施工技术与管理""工程监理"等专业知识为基础,以提高学生项目管理实践能力为目的。

该课程内容设计的目的就是希望完善现有专业课程体系,让学生体验岗位角色,面对模拟的工程环境,在整个工程项目管理过程中,体验如何运用自己所学到的知识去进行决策,从而得到更多管理层面的实践体验。

具体内容见笔者撰写的论文《基于创新型人才培养的综合性实训课程教学方法探讨——以工程项目管理沙盘模拟课程教学为例》。

三、课程教学实践的启示与建议

通过以上课程实践教学的探索,得出在创新型人才培养的课程教学上应加强以下方面的建设。

1.理论课程教学上增设突出工程性,以促进学生创造性思维、创新能力的实训(实验)教学内容,综合运用工程项目教学、三维教学、案例教学等各种方法。

当前课程教学仍然以传统的课堂讲授教学模式为主,在教学中,教学内容要求主要以教材理论知识的授受和知识考查为主,教师在授课中注重教材理论知识的逻辑性,采用了案例教学、互动式教学、实践教学、探究式教学和创新式教学等多种教学形式,辅之以多媒体等现代教学手段,大量穿插图片展示、视频播放等内容。然而,学生仍然感到学习兴趣不高,甚至认为教师只是理论代言人,案例离他们比较遥远,无法使他们从中有所认知和感悟。如何使教学内容更加生动,使学生进入寻求和探索知识的"佳境"?

通过"建筑工程概论"和"工程造价管理"两门课程的教学,笔者认为,构建基于创新型人才培养的教学方法需要在教学中控制教师讲授理论知识的时间,建议一般以 1/3—1/2 为宜,剩余时间应提倡以学生为主体的学习,教师可以通过提出相关工程实际问题,或者一个综合性工程项目案例,让学生自己通过理论知识的学习思考解决问题的方法。除了课堂学习外,可以更多地增设突出工程性,以促进学生创造性思维、创新能力的实训内容。在课程教学方法上,提倡课堂讲授、实验室教学、实习基地现场教学、网络教学相结合的教学模式,改变灌输式为主的教学,代之以"探索—思考—实践—认识—再实践—再认识"这一更加符合认识规律的教学方法。综合运用工程项目教学、三维教学、案例教学等各种形式。

2.实验(实训)课程教学上,需要增加提升学生实践能力的综合性、自主性实验内容,需要增加提高学生分析与解决实际问题能力的综合性训练课程。综合运用项目教学、体验式教学、沙盘教学等各种形式。

通过"工程项目管理沙盘模拟实训课程"的教学,笔者认为,构建基于创新型人才培养的教学方法需要在实验课程教学中更多地增加提升学生实践能力的综合性、自主性实验内容,需要增加提高学生分析与解决实际问题能力的综合性训练课程。围绕强化工程性内容的设计,着力提升学生工程项目管理的实践能力,需要综合运用项目教学、体验式教学、沙盘教学等各种形式。

此外,构建基于创新型人才培养的教学方法需要加强"双师型"课程师资队伍建设和多层次的实习基地建设。因为,学生实践创新能力的培养与教师综合素质的提高及实习基地的建设息息相关。构建基于创新型人才培养的教学方法还需要专业教师加强与企业的联系,不断积累实践经验,从而提高自身的综合素质,勇于探索。

四、结束语

综上所述,工程管理专业课程教学应突出工程性,着力提升学生工程项目管理的实践能力。课程教学要逐步淡化"理论课程论"的影响,更多地增设以促进学生创造性思维、创新能力的实践环节。应采用"理论＋实验"、"理论＋实训"、独立性实验课程及独立性实训课程等多种类的基于创新型工程管理人才培养的实践教学体系结构形式。课程内容设计应以"强化战略思维以及提升创造力与设计能力"为核心,加强创造意识、创新工程管理能力和创业方法的培养环节。以"知识传递""融通应用""拓展创造"为一体的多种教学方法相结合是课程教学方法改革的有效途径。为此,建议学校关注对工程项目训练的建设力度,加强工程训练中心的建设,以鼓励更多的师生参与"以设计为核心"的工程训练。

(作者单位 浙江财经大学工商管理学院)

[参 考 文 献]

[1] 闫建.加快创新型工程管理人才当的培养[J].中国培训,2009(2):152-154.

[2] 郭树荣.工程管理人才培养现状分析与对策[J].高等建筑教育,2009(6):89-92.

[3] 吴慧.基于创新型人才培养的综合性实训课程教学方法探讨——以工程项目管理沙盘模拟课程教学为例[J].时代经贸,2011(4):219-220.

任务导向的体验式教学法在人才测评课程中的应用

刘国珍

[摘　要]　人才测评是一门实用性、实践性很强的课程,在培养学生的理论素质的基础上,更注重培养学生的实践应用测评能力。本文提出了"任务导向,体验驱动"的课程设计理念以及具体的设计思路,并就如何实施提出了五条措施,以期在工商管理课程的人本管理教学改革活动中作一些积极的探索。

[关键词]　任务导向;体验式教学法;人才测评

随着企业基础管理模式的深刻变革,人力资源已经逐渐成为一项重要的战略资源。企业对人力资源的获取和利用越来越追求高效性和匹配性,这使得人员素质测评的工作越来越受到重视。人才测评课程正是为了适应企业管理对于人力资源开发的需要而逐步发展起来的,集心理学、管理学、统计学、社会学、计算机科学为一体的跨学科体系。它是现代企业管理中的一门新兴学科,如今,人才测评技术已经成为人力资源开发与管理的重要基础,也是人力资源管理工作者必须掌握的一种基本技能与工作手段。

"人才测评"课程是人力资源管理专业学生的专业课程。通过人才测评课程的学习,学生能以现代心理学和行为科学为基础,通过心理测验、面试、情景模拟等技术手段对人员的素质状况、发展潜力和个性特点等心理特征进行客观地测量和科学地评价。人力测评是一门实用性、实践性很强的课程,既要培养学生的理论素质,更要注重培养学生的实践应用能力。

一、人才测评课程的特点

1. 实用性强

人才竞争日益激烈的今天,如何准确快捷地甄别优秀人才成为企业管理的重中之重,人员素质测评工具由于在人力资源管理各个环节的出色表现而备受青睐。据有关人力资源公司调查,在欧美企业中,招聘、选拔过程中使用测评手段的比率达到80%以上,甚至有的跨国公司设立了自己的测评机构。在美国,测评可以是说形成了一个产业,每年仅人才测评服务的直接收入已多达十几亿美元,如果包括与测评服务相关的咨询和培训费用,则多达100多亿美元。在我国,组织和个人对人员素质测评有大量的潜在需求,高中毕业生考大学时挑选合适的专业,大学毕业生求职前选择恰当的职位,等等。上海任职资格评价中心早在1988年8月就率先应用人员素质测评方法甄别人才。此后深圳市企业高级经理人才评荐中心、北京市人才素质测评考试中心等相继成立,并纷纷开设了人员素质测评业务。近20年来人员素质测评机构经历了从"门可罗雀"到现在"门庭若市"的变化。

2. 实践性强

人力测评的核心是测评方法的设计与运用。测评的三种主要方法:面试、心理测验和评价中心都体现了实践性非常强的特点。在各种测评方式中,面试涉及"问""听""观""评"等方面,沟通通道最多,需要掌握的信息也最全面。心理测验主要包括对应试者的品质及心理健康测评、需求与动机测评、能力及发展潜能测评。评价中心是以测评管理素质为主要内容的一组测评方法的综合,包括纸笔测验、管理游戏、公文筐测验、角色扮演、小组讨论、演说、案例分析等,其突出特点是它的情境模拟性,观察受试者如何与他人互动、如何分析解决问题等复杂行为。无论是面试中的技巧、心理测评结果的分析与判断,还是评价中心技术都需要在实践中去领会。

二、任务导向的体验式教学法的设计思路

人才测评课程从内容上讲,主要解决两个问题,一是"测什么",二是"怎么测"。"测什么"主要解决的是测量的对象问题,人员测评实际上是对人员的素质进行测评。"怎么测"主要解决的是测评方法问题,现代人员测评技术主要包括三大技术:心理测验、面试和评价中心。其他还有背景调查、履历分析、工作样本测试等方法。在整个教学体系上,素质的内涵及构成,测评方法与技术是教学重点,熟练掌握岗位素质的构建方法及人才测评技术是学生应用技能培养的主要目标。

由于"人才测评"是一门实践性很强的专业技能课程,因此在课程设计时体现"任务导向,体验驱动"的课程理念,构建出基于任务导向的集群体验式教学模式。

"任务导向"的指导思想是打破以往人才测评课程学科化的知识体系,从岗

位胜任素质模型的构建出发,依据不同的人才测评技术组建一系列学习任务。学生在完成学习任务的过程中理解理论知识、锻炼实践技能。依照人才选拔与测评的具体工作流程,将课程设计为 5 个任务项目,即胜任素质模型的构建、履历分析、心理测量、面试实施与评价、评价中心操作,其中每一个项目又依据工作步骤拆分为若干个子任务,具体见图 1 所示。

"体验驱动"的指导思想是突破传统"讲授"的教学方式,从"教师授课为中心"转变到以"学生体验学习为中心"。依据人才测评课程的特点,可以采用项目合作教学法、案例分析教学法、软件测评教学法、角色扮演教学法、实习实训教学法、沙盘游戏教学法等体验教学的方式,给学生充分的实践体验和操作的机会,使学生所学理论与实践得到更好的结合,毕业后能更快地适应实际的人才测评工作。

具体的教学设计思路主要体现为以下三点:

1. 以任务为导向,集合多样化体验式活动

在教学过程中,每个子任务均对某个特定典型情景项目作描述,学生从分析项目中寻找完成任务的步骤、技术、技能和方法,同时教师运用不同的教学方法构建出不同的教学活动,学生需要在不同教学方法设定的不同情境中亲身体验完成各项具体任务,以此重点训练学生的技术、技能,使学生具备完成该任务的能力。学生自身则以完成某一个具体的工作任务并形成相应的工作能力为目标,围绕该任务开展制订计划、实施计划、撰写报告、总结交流等一系列活动。

2. 以学生为主体,教师起引导性作用

以学生为主体,学生在教师的指导下自主完成各项学习任务,增强了师生间的互动。这与人才测评中主试与被试之间的关系相呼应,使得学生更能切身体会人才测评中的"人际技巧"。在任务导向的集群式教学体验活动中,体现教师精讲、学生多练的原则。教师只需讲清基本原理、工作步骤、工作方法,并精心设计合适的教学任务,甚至有些任务也可以由师生共同设计。在完成任务的活动中,从计划制订、信息收集、方案设计、项目实施到最终的交流评价,都由学生自己完成,体现"做中学"的原则。

3. 以能力形成目标,重视过程性评价

传统教学的检验方法是以掌握知识为目标的结果性评价,本课程采用以技能与能力形成目标的过程导向评价。在任务实施过程中,根据每个学生在该项活动中的参与程度、承担任务、合作意识及工作成果等进行自评、小组互评、教师综合评价,据此对每一位学生进行评分,而且在成果交流、检查、评选的过程中,

学生可以学习到其他小组的优点,发现自己小组存在的问题并加以改进。

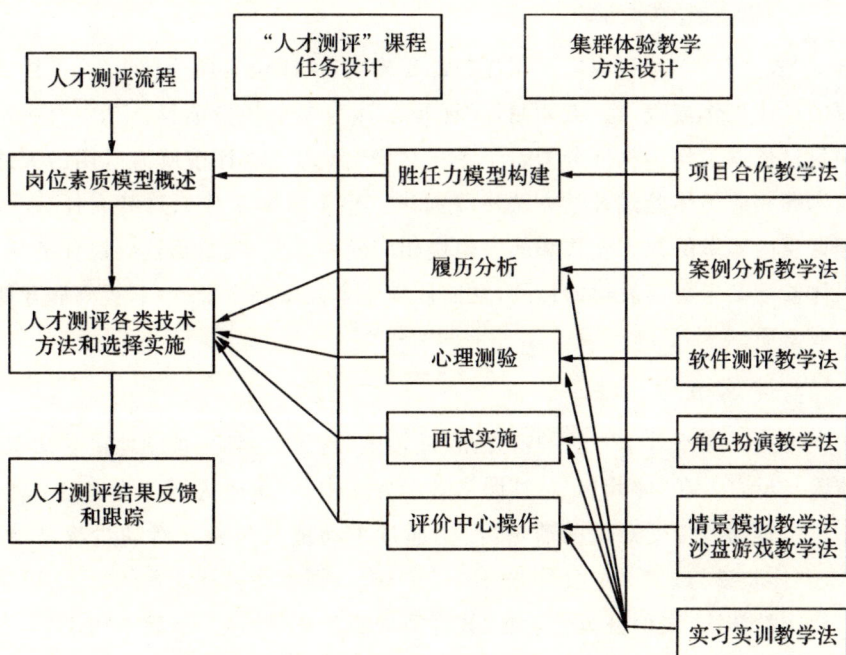

图 1 "人力资源测评"课程工作流程与课程设

二、任务导向的体验式教学法的具体实施

1. 明确教学目标

由过去培养基础扎实的专业型人才转向培养具有团队合作精神,善于自主处理问题,掌握人才测评基本原理及测评技术的高素质技能型的综合人才。"人才测评"课程的教学目标不再是由教师将掌握的现成知识传递给学生,而是要达到学生对工作技能的把握及工作态度的养成为最终目标,学生在完成教学任务的过程中主动获得所需的知识和技能。

2. 探索教学模式

改变传统"填鸭式"教学模式,采取更加具有创造性,能激发学生潜能和求知欲望的教学模式。在基于任务导向的集群体验教学模式中,以学生主动完成工作任务的主线替代教师的知识传授主线。教师在教学中不再处于主导地位,而成为学生学习过程中的指导者、帮助者和监督者。在教师设计的多样化体验式教学情境中,学生积极参与各项教学任务,在实践体验活动中加深对于专业知识和理论的理解,提高人才测评的技术与技能。

3.完善教学内容

"人才测评"课程内容采用任务课程模式,从岗位素质分析出发,依照人才测评的具体工作流程,将"人才测评"课程设计为 5 个任务项目。其中每一个任务项目又依据工作步骤拆分为若干个子任务,将人才测评中所需运用的人才测评技术和相应的体验式教学方法串联起来。整个教学工作以这五大任务为驱动,把课程内容里的知识模块和能力模块相应地融入其中,最后达到以任务为导向,以体验活动来驱动教学的目的,从而使学生牢固掌握专业知识,提高职业能力和职业素质。

4.丰富教学方法

传授式课堂教学方法的特点是:灌输式、封闭式,学生被动地接受知识,缺乏体验与反思。在"体验参与式"课堂教学方法中,学生成为真正的学习主体,他们不再是被动地接受知识的灌输,而是通过主动地参与教学活动过程来观察、体验。"体验参与式"课堂教学方法形式多样,根据人才测评课程的特点,可采用项目合作教学法、案例分析教学法、软件测评教学法、角色扮演教学法,实习实训教学法、沙盘游戏教学法等教学方法。教师通过精心设计的教学情境和活增强学生的参与的兴趣,增强学生学习的真实感,使学生变间接经验为直接经验,有助于对教学内容的学习、理解、掌握、深化。

5.改变考核方式

积极探索基于过程的能力评价制度,建立以考核能力为核心的教学考核内容体系,改变传统试卷内容和试卷形式,不再仅仅注重"学分"和学生试卷考试成绩,而是更加注重学生在完成教学任务过程中"能力分",设计出高素质学生所应该获得的"能力分"数值和"能力分"结构。同时,积极扩展考核主体的界定,改变以往教师主导的评价形式,引入学生互评的机制。

(作者单位　浙江财经大学工商管理学院)

[参 考 文 献]

[1] 刘轩,顾全根."人才选拔与测评"实训课程开发模式探析[J].现代企业教育,2010(4):43-44.

[2] 赵春清.《人员测评》课程实践教学环节设计[J].北方经贸,2010(12):105-106.

[3] 孙步宽.对高校人才测评课程教学改革的思考[J].人才资源开发,2011(11):91-92.

［4］杜勇,杜军,鄢波.基于任务驱动的人才测评实验教学研究[J].重庆科技学院学报:社会科学版,2010(6):177-179.

美好课堂开讲的审美场域建构研究

赵　昶

[摘　要]　课堂教学的审美情境化正成为后现代课程教学的一种新范式。本文探讨课堂开讲审美场域的构建策略,在美好课堂教学活动中,师生关系具有互动性、交流性、情感性。并以研究与开发课程的二次创新课堂教学为例,阐明如何营造美好课堂。最后提出应该注意的几个问题。

[关键词]　美好课堂;课堂开讲;审美场域

一、引言

现代课堂教学方式正遭遇到很多替代品的挑战,高水平的网上公开课,无形中树立起优秀课堂标杆;各种分散学生课堂注意力的诱惑也在不断涌现如玩手机等。多种因素交织在一起,打破原来单一生态的学习环境。不可阻挡的趋势是学生主动学习意识日益淡化,更容易感染上课堂学习审美疲劳综合征。

传统课堂教学属于一种唯理智性教育范式,它以传授知识、开发理性能力为唯一目的。在整个教学过程中,受教育者探求知识的过程与寻求审美愉悦的过程往往是被截然分离的,其带来的结果是"知识丰富但缺乏真正的感动之心和'体谅'",属于泰勒式传统课程范式。在权威消解后,一切创新涌现均成为可能。派纳从词源学着手对课程进行批判和概念重构,提出著名的"非跑道论",即课程不是跑道,而是跑的过程和跑的经验,强调学习者对自我经验进行概念重构特性。课堂教学变革势在必行,在这场概念重构运动中,许多课程理论学者结合了现象学、诠释学、后结构主义、批判理论、多元文化主义等多种理论,将后现代哲学方法引入课程研究领域,提出多样的课程新概念和新主张。创设课堂审美教学是其中一个课程范式,远景在于让一个个心灵诗意地张开!

古今中外教育家,都主张无论在目的手段、内容形式,还是在思维方式等各个方面,要把受教育者的认知过程与其个体审美心理过程视作一个整体。孔子就提出乐学浑然一体主张,"知之者不如好之者,好之者不如乐之者"。席勒提出"通过美把感性的人引向形式和思维,通过美使精神的人回到素材和感性世界","只有美的观念才使人成为整体"。陶行知更是深刻地指出:"教育者不是造神,不是造石象,不是造爱人。他们所要创造的是真善美的活人。"

美是人在欣赏客观事物和现象的过程中得到的一种心理体验。康德认为美与愉快有着必然的联系,它是人类对自己的智慧和力量的肯定。这种体验能引发出愉悦、舒畅和幸福的心里感觉,并可升华为高品位的精神享受。由于美具有这一特殊功能和属性,教学活动中的美育,不仅可以使得学习对象变得亲切、生动,而且增强了教学内容的情感性、联系性和完整性,是消除教学过程中的焦虑感、倦怠感和压力感的一帖良药。恰如托尔斯泰论述教学的美学名言"只有学生们满意的那种教学方式,才是正确的"。可见,美感介乎现象世界与实体世界之间。教育要达到自己的目的,必须依靠美育。如果说智育形成的知识只能为意志提供实用的、有限的目标,那么美育陶冶的感情却能为意志提供超越性的目标和更深厚的动力。

课堂教学的审美情境化就是指通过挖掘教学内容的内在美和运用教学艺术形式的外在美,将教学中的诸多因素转化为审美对象,由此整个教学活动自为地成为内在逻辑美和外在形式美高度和谐统一的审美活动。很自然,审美教学减轻学习负担,获得身心愉悦,是提高教学效率的一种教学思想、理论和操作模式。本文仅从课堂开讲美学场域建设开展研究。

二、课堂开讲审美教学构建策略

课堂教学中,受教育者的审美心理活动过程是这样一个客观过程:在教师引导下,教材知识体系的审美客体进入审美主体,从而产生新的审美客体——经过受教育者审美心理加工后再创造的审美客体。在这种教学氛围中,活动主体有强烈的审美感受,能够形成审美愉悦、良好的心境和情绪。随着这种心境和情绪向外扩散,相互影响共同塑造课堂审美气氛,学生会注意力高度集中,提高学习效率。与此同时,教师的思维也高度活跃,不断激发教师创造性的教学活动,学生为真理所震撼,会主动积极配合参与期间的教学活动,学习不再是一种从属于外部压力的苦事,而是充满吸引力和审美情趣的创造性劳动。正是由于教学各要素之间的有机整合,各环节之间的流畅配合,营造出其张弛相间的节奏,完完全全赋予在场者的美的享受,从而让教学的全过程处于美的氛围中,使师生共同拥有美感体验,而学科本身的认识任务则在审美愉悦中高效地完成。

1. 三个基本美学法则

无论就教学内容还是教学模式,多样统一、和谐奇异、情感转移都是应遵循的美学法则。首先,多样统一性。学生经历了最初的感性认识,经过理性思考,归一于理论框架之中过程,必然会产生对知识间的内在联系所蕴藏的"神韵"有所领悟,获得一种美的感受。知识多样统一性呼唤出一个"课程审美眼"问题。其次,和谐奇异性。教学内容的有序性和波动性是这种审美特性的有力保证,课程内容的系统性体现了有序性,而教学重点和难点却反映了波动性。通过把难点、重点创设为问题情景,激起学生参与热情,沉浸在通过智力活动获得精神上满足的"超我"高级别欢乐之中。这种师生心理相容,教与学协调一致,节奏鲜明,无疑会使师生都感受到和谐奇异的审美愉悦。最后,情感转移。教师对情感转移起着重要作用,教师必须在课堂上保持着饱满的情绪,稍有懈怠,学生就能够感触到。当学生通过观察、讨论和实验领悟到新的概念,或利用新方法得到新规律,或应用科学知识完备地解释了现象等。这是经历苦闷到战胜未知而欢乐的过程,它会使学生感受到难以抑制的喜悦、激动和全身心的陶醉。我们在运作管理实验中引入系统实验方案后,很多学生都有类似的心路历程和喜悦体验。应该说,完美的课堂教学往往会产生这种崇高的审美体验。

2. 教材要素的有机剪裁和审美化组合

教学内容既是认知对象,又是审美对象。各科教材中凝聚着厚重的文化底蕴和精深的科学内涵,这为审美教育提供了取之不尽的素材和宏大的舞台,具有丰富的审美资源和美育价值。如科学美的简洁性,艺术美的想象性,社会美的现实性,形式美的独立性,自然美的亲和性等,都是教学内容中随时存在的美学因素。教师不仅要善于发现和发掘,而且通过有机剪裁使教学活动成为一种审美活动。

教师将教学材料的组织尽可能审美化和艺术性组织处理,乃是使教学臻于美境的不二法门。英国著名美学史家鲍桑葵曾引述歌德的话:"古人的最高原则是意蕴,而成功的艺术处理的最高成就是美。"这就是说,当有意蕴的内容得到适当处理后,而不是有意识的和抽象的目的的时候,美就在不经意间会到来。教师审美化组织的有效技术有:通过精练方法使教学内容体现简洁美、表述美;网络系统化使教学内容体现形式美、和谐美;使教学内容形象化处理,更为生动直观,充分体现视觉审美效应；通过归纳与概括来揭示出内在联系，使教学内容体现规律美。

因此，我们就必须明确确立起审美教学目标，主要是通过对所要讲授课堂知识的钻研，挖掘其中的美的因素，并选出一个或几个重要的审美点或"审美眼"。在目标表述中，特别提示学生在审美方面应该执行的行为或应该达到的结果。如辅助性地让学生了解或理解一些必要的审美知识，推荐阅读审美入门书，形成一定的审美能力，培育审美态度、审美情感等。只要善于发掘，教师既能开辟出有待探究的广阔领域，又能给学生提供一个崭新的文化视角，从而使课堂教学在情趣盎然的美好气氛中进行。

3. 美好课堂"审美眼"的善用

"课眼"是指教材中起决定作用的基本概念、原理等。只有抓住了关键，才能在课堂教学中突出重点、突破难点，收到事半功倍之效。"课眼"一般来说是整门课程，且贯彻于教学全过程的"课程眼"。但是考虑到"课眼"只是出于知识属性而给出的一种人为规定，不一定与学生认知接受过程自然相联结，那么"课眼"就无法担当"课堂审美眼"的角色。"审美眼"首要任务是完成一个场景切换的引导功能，让学生心灵诗意地张开迎接课程场域，自然过渡到新知识点的讲授。每次课堂场景中都需要动用自己的一双"审美眼"，时而明眸善睐，时而目光如炬，时而望眼欲穿，时而闭目养神，消化目不暇接的信息，宛如一幅浓淡相宜的中国传统山水画意境，欣赏者与画中人融为一体，山水真性互相辉映。

4. 美好课堂开讲的设计

美好课堂教学的开讲，在整体教学活动中起着衔接作用，起着开启学生心智之门、诱发学生兴趣乃至激情的作用，事关整堂课程的学习情绪。我们知道一堂富有成效的教学课，是在身心愉快中完成的。也只有这种课堂气氛才能使课堂"大放异彩"，才能牢牢地抓住大学生躁动的心境，"知止而后有定，定而后能静，静而后能安，安而后能虑，虑而后能得"，让其始终沉浸于教学场域的审美情趣中。而这种良好课堂气氛的形成，不仅离不开灵活多样、随机应变的教学方法应用，而且课堂开讲设计功不可没。课堂开讲，是课堂中第一次信息流畅的起点，教师根据促发的信息点进行调控。好比是小说家匠心独具的开场白，也像是音乐家神采飞扬的第一个音符所追求的准确、悦耳。因此，在进行美好课堂教学设计时，必须考虑课堂的开讲，以便达到一个先声夺人、"吸功大法"似的心理共鸣状态，从而为本次课堂教学的顺利创造审美条件。

恰当的开讲设计，一般会不着痕迹地交代课程内容的历史背景、知识难点和重点、相应的学习方法。因此,设计开讲时,对怎样开始,先讲什么,设什么疑问,搭什么桥如何过渡,如何使用教具,什么神情等都要考虑周密,组织精当,疏密相间。比如采用启发式教学方法,恰如其分地激发思维,不失时机地点拨,或板书,或演示,或讲解,或讨论,使学生在轻松中紧张地思考与学习,在活泼中自觉锻炼和发展能力。对于提出异议的学生,多鼓励、多引导,会起到意想不到地带来轻松的课堂气氛,创设审美情境,达到教学目的。"我所致力的目标,是要探索这样的一种教学方法:不是把知识'填入'你们的脑袋,而是让你们自己设法向我'夺取'知识,从与我的智力'搏斗'中掌握知识,通过始终不渝的探索和对知识的孜孜不倦的渴求来获得知识"。

美好课堂的提出要求教师博览钻研,奉行"为学日益,为道日损,损之又损,以至于无为,无为而无不为"。吃透教材,把书读薄。教师丰足,学生才能有所得。

三、"二次创新"课堂开讲审美场营造案例

研究与开发课程是工商管理专业课程,它是一门依据科学发展规律和经济规律,研究在科技领域中发现、发展与发挥各种管理功能的规律性的知识体系的一门交叉性应用科学。二次创新基于引进、消化的技术变革模式,我国学者做了开拓型工作,对于发展中国家来说,是一种重要的创新动态模式。"反者道之动,弱者道之用",二次创新是整个技术进化中应然环节,通过二次创新领地抵达自主创新,二次创新的飞跃使命;二次创新又是在一个有范式明确的领地里开展,地位似乎很低,但是又具有很强丰富多彩的内容,完成二次创新应用的使命。因此,研究这个主题对于我们认识技术创新、了解和应用技术创新具有不可或缺的功能。

本次课堂开讲审美方式不仅遵循上述理论要素,还结合布卢姆在《教育目标分类学》中提出体验性目标,进行课堂开讲设计,充分体现出学生的三个层次水平体验。

1. 感受水平

感受水平是指学生通过亲身经历的实践,对对象建立一定的感性认识。体验目标的陈述可以是"观察某种事物,了解其主要的特征""在与某种事物的接触中,形成个人的感受"等。

2. 反应水平

反应水平是指在经历后表达感受、态度和价值判断,形成相应的反应。其目

标表述可以是"对某种事物产生兴趣"等。

3.领悟水平

领悟水平是指形成相对稳定的态度,表现出持续稳定性的行为方式和价值观念等。目标表述如:"养成某方面的行为习惯""热爱某种事物"等。

二次创新课堂开讲设计是从学生发生在身边,看似熟悉但又陌生的话题开始。

丰田汽车起诉吉利汽车仿造发动机,为何不了了之?

雪佛兰起诉奇瑞公司 QQ 仿冒,为何又不了了之?

作为国产汽车"长子"一汽,引进了,自主研发了,市场换技术了,但目前为何沦落为替他人做嫁衣裳?

苹果的 Phone5 手机为何被冠以"山寨版"的雅号?"山寨版"真是低能的代名词吗,有积极意义吗?

当抛出这些问题时,并在课堂上运用网络百度,直接回放相应的文献和报道。

学生一般都有相应的背景知识,会七嘴八舌地从不同学科而且直观地来阐述自己的观点和想法。学生的注意力显然已经被吸引,引出了很多话题,他们的想法都具有一定道理,促发了对原来知识回顾,伴随着这种对前面知识的回顾,一切往事瞬间呈现眼前,勾起他们无限而有限的那种短暂定格美好回忆,浮现和酝酿成一种安全、温馨和满足感。但是作为教师重点在于把他们拉到技术课程的情景,用一种陌生的但更具解释能力的知识框架来试图为他们打开另外一双审美窗户——技术美。由于技术范式和其他课程范式有联系有区别,往往带来很强的冲击效果,使得学生获得一种新鲜感觉。顺势引导点出或提出二次创新课程的几个关键知识点和理论,扫除技术抽象性和枯燥性的误读,恢复技术本来可怜、可爱的清秀面容,让学生领略现象背后的那只无形手的魅力。整个讨论开篇,乃至收回到正题会花费 15—20 分钟时间。

技术解释范式的建立绝非一时之功,根据多年教学经验,学生往往会本能地用其他一些通用术语和概念来解释技术性问题,这种思维方式何其强烈,直到上完课了还有许多学生依然不自觉滞留在原来的非技术性话语中,而不得各种奥妙。因此,在二次创新课堂上,一定要蕴含和破除这个学生学习的惯性思维方式。

四、几个注意点

真正的美育标准,并不在于是否在教育中借用了艺术作为内容,而在于教育自身是否具有美的精神和形式,这包括三个方面:教育内容是否能传达出人类历史和智慧之美;教育操作方法是否符合受教育者的审美心理需求;教育结果和目的是否有助于培养具有美的心灵和行为的自由个性。

在审美化教学这种特殊的审美活动中,由于审美活动是以审美主体与客体的交互作用为基础的,而且随着情境的变化和相关因素的影响,以及主体审美态度、知觉、方式的不同,使得审美活动成为一种随机发生的、开放自由的活动,这样的活动是不能绝对地奉行备课设计,而要考虑到一些不能完全预设的情景出现,这本身符合技术创新的要旨,很多创新就在偶然性中被挖掘创造出来,如大家极为熟悉的便携贴。即审美化教学既要探讨多样化的教学模式,又要研究在动态教学过程中如何捕捉随机生成的教育因素"相机而教",如何根据学生的实际表现"因材施教"等问题。特别是过程之中师生的共同参与、亲身经历所获得的审美体验,对于提升师生双方的审美情趣和审美能力起着关键性的作用。我已经领略到这些情景的发生和其所具有的特殊价值。课堂需要意外和惊喜,唯有一份创新空间,课堂才具有流动的活力素,学生在场,教师尽心。

另外,还需要回避一个误读,认为审美场景建设对教师要求非常高,以至于完美无缺,那样的话又是走向另外一个极端。其实每个教师都有自身特点和弱项,弱项有时候的存在也无所谓,并且可以转化成一个教师本人的独特符号。老子云:"大成若缺,其用不弊"。如果再采用分而化之的方法,在每次课堂设计中来规避和中和原来的弱点,就达到了"万物负阴而抱阳,冲气以为和",课堂必定将时时散发出一种独具匠心的魅力。

有感于时代变迁、技术的快速发展。我由衷地感叹道"有一种美,叫教育;有一种悲,作为终身职业的教师死了!"这全是呼啸而至的信息技术,摆在我们面前的两个巨大且有冲力的重磅炸弹。学生不能做"肯德基的传人",被填塞"垃圾知识"快速长大但心智缺失,按照大前研一的说法,"只关心自己半径三米以内的事情",我们更要为他们开辟一个个性空间,用他们自己的审美眼去通感精彩;教师也将被从三尺讲坛的知识霸权推翻掉,教师保留一个符号名分,一个静默。尼采已说"上帝死了"! 我们都应成为自己的导师。

"当我细细看,呵,一棵荠花,开在篱墙边。"

(作者单位 浙江财经大学工商管理学院)

[参 考 文 献]

[1] Pinar W F, Reynolds W M, Slattery P, Taubman P M. Understanding Curriculum[M].

New York ：Peter Lang Publishing，1995.

［2］席勒.审美教育书简[M].南京:译林出版社,2012.

［3］赵伶俐,等.审美化教学原理与实践[M].长春:吉林人民出版社,2000.

［4］刘惠国.课堂教学的审美要求与设计[J].教育理论与实践,1999(2):61-63.

［5］鲍桑葵.美学史[M].北京:商务印书馆,1985.

［6］李如密.教学内容审美化:课堂增魅的有效策略[J],教育探索与实践,2006(3):37 37.

［7］阿莫纳什维利.孩子们,你们好[M].朱佩荣,译.北京:教育科学出版社,2002.

［8］许庆瑞.研究、发展与技术创新管理[M].北京:高等教育出版社,2000.

［9］陈建翔.有一种美,叫教育[M].成都:四川教学出版社,2006.

［10］范蔚.新课程标准视野下的课堂教学审美化[J].西南师范大学学报:人文社会科学版,
2003(5):83-87.

高校市场营销专业实践性教学方式新探

赵广华

[摘　要]　高校市场营销专业实践性教学是培养复合型、应用型市场营销人才的重要途径。加强实践性教学的师资力量,实现实践性教学管理的程序化和规范化,构建适合实践性教学的教学体制,加强校企合作,改进教学方法,以及建立多元化的实践成绩评估机制,有利于培养学生的策划能力、沟通能力、团队合作能力、创新精神和综合素质。

[关键词]　高校;市场营销;实践性教学

市场营销是一门综合性、应用性非常强的学科。目前社会对市场营销专业人才的需求,越来越重视实际运作能力和开拓创新精神。这就要求在市场营销教学中把知识复合、能力培养作为重中之重,尤其是市场营销的实践性教学,要深入社会和企业的市场营销实践中,让学生运用学到的知识和方法去发现问题、分析问题和解决问题,从而掌握市场营销专业技能,提高实际操作能力和综合素质。由于实践性教学在培养学生实际操作能力方面具有重要的功能,所以其在整个市场营销专业的教学过程中不再是辅助性的教学手段,而成为主体性、支柱性的教学过程。然而在我国,市场营销实践性教学毕竟是近几年来才逐渐兴起的教学方式,虽然各高校都非常重视,但大都程度不同地存在着缺少管理经验、师资不足、与传统的课堂教学相冲突、时间受限、教学计划和指导不到位等问题,这些问题在一定程度上影响着市场营销人才培养的效果。近几年来,我们在市场营销实践性教学方面进行了研究和探索,取得了较好的效果。

一、市场营销实践性教学探索

1.采取两条腿走路的办法,加强实践性教学师资力量的培育

实践性教学的关键是要有一支双师型师资队伍。目前,市场营销实践性教

学首先遇到的问题就是缺乏师资。在我国,相比国外发达国家而言,市场营销专业进入高校课堂的时间相对较短,从事这门课教学的教师大部分是年轻教师,他们从学校到学校,从学生到教师,缺乏市场营销实践经验,而一些年龄稍大的教师也多是从教其他学科转教市场营销专业的,不能有效开展实践性教学活动。为解决缺乏实践性教学师资问题,我们采取了两条腿走路的办法。一是送出去,将现有专业教师送到企业直接参与企业经营管理活动,提高教师对实践的认识和操作能力,同时鼓励教师考取营销师、高级营销师等职业证书,培养自己的双师型教师。二是请进来,聘请企业的高、中层管理人员组成实践性教学指导委员会,定期来校指导教师进行实践性教学,并聘请一些有经验的营销人员担任客座教授和实践指导教师,给学生开讲座、做专题报告、举行各种座谈会等,让学生聆听来自一线的市场营销经验,增加其真切感受。在学生实习时,校外的指导教师手把手地进行传、帮、带,学生觉得收获很大。在实践中,我们体会到,利用社会资源建设实践性教学师资队伍是成本低、效果好的办法。

2. 完善实践性教学计划,实现管理程序化和规范化

目前,我国市场营销实践性教学尚处在探索阶段,教材和教学指导书基本上还是空白。教学前,缺乏具有指导性的实践性教学计划;教学中,缺乏可操作的实践性教学组织管理实施程序;教学后,缺乏系统的实践性教学效果评价标准。因此,组织专业教师编写市场营销实践性教材和实践性教学指导书是当务之急。针对以上问题,我们根据实践性教学目标和企业对市场营销人才的要求,制定了比较切合实际的实践性教学计划,组织编写了实践教学指导书,使实践性教学的每个环节都有章可循,实现了管理程序化和规范化。实践性教学以能力培养作为教学计划的依据和主线,体现以能力为本的理念,根据职业能力的框架,按职业能力形成的要求来确定教学目标、选择教学内容、组织教学活动。教学内容力求与市场营销专业所需要的能力和素质保持对接。每一个单元基本按照能力评估标准、能力培养设计、能力培养安排、能力评估考核的模式来设计。根据能力培养目标来确定每一个单元的能力评估标准和能力培养设计,安排能力培养活动,进行能力评估考核,使整个教学过程形成一个有机的系统,以保证实践性教学的效果。在制定实践性教学计划时,要求专业教师走出校门,走进市场和企业,充分了解社会和企业对市场营销人才的能力和素质要求,充分听取企业专业人士对市场营销实践性教学的意见。经过从企业到学校,再从学校到企业的多次反复,力求使市场营销实践性教学计划及指导书贴近实际、科学有效,同时又要突出地方的经济特色。

3.改革传统教学模型,构建适合实践性教学的教学体制

传统的教学是一年两学期制,课程教学是以小时为教学单位安排进度,多门课程在同一教学周内交替进行,大部分教学活动在学校内、教室里完成。这种教学模式不适应实践性教学要求。实践性教学以职业能力为单元来组织教学,职业能力形成的连续性较强,在校外进行实践性教学,一次教学活动两课时的安排显然是不行的。要适应实践性教学要求,就必须改革传统教学安排,构建适合实践性教学的体制。首先,教学计划打破传统理论教学的框架,课时安排上分散和集中相结合,按职业能力要求对相关课程进行整合,集成实践性教学模块或职业能力包。其次,改革传统的学期制,每学年按三个学期安排,将理论性强的课程安排在第一、第三学期,将应用性强的课程集中在第二学期,这样有利于实现理论教学和实践性教学的有机统一,并且能遵循从理论到实践,再从实践到理论的认识规律,使实践性教学有效地开展。

4.加强校企合作,提高实践性教学的实效

校企联合建设校外实践性教学基地,是开放式的教学方式,许多教学性实践活动在课堂是无法完成的,必须与社会、企业保持紧密联系,建立稳定的校外实践性教学平台。但是,我们了解到一些学校在建立实践教学基地时,讲形式、走过场,满足于签份合同,挂个牌子,说起来有多少实践教学基地,实际上学生一年深入基地考察学习的时间很少,即便去也是走马观花,开个座谈会、拍几张照片就走,实效并不明显。

在实践教学基地进行实训或实习,可以取得课堂教学无法达到的教学效果,必须认真抓,严格管理,加强实践性教学管理的计划性、组织性,以真正达到锻炼和培养人才的目的。因此,无论是教学见习或毕业实习,都要采取统一组织、统一安排、专人指导和检查的方法,由任课教师制定出见习或实习计划、目的、要求、任务和方法,除带队教师外,学校和基地企业要各自配备专门的指导教师来指导见习或实习活动,让学生深入市场一线担任营销员,亲自与客户打交道,获取真实的营销经验,仅2004—2005年,我校就有学生近300人次进入6个实践基地实训实习,共配备学校和基地企业的指导教师60多人,学生不但完成了市场调查、客户访问等工作,还完成了累计400多万元的销售业绩。学生实习结束后不但带回实习基地企业的营销、财务等部门的定性、定量的营销实绩证明,更重要的是获得了营销的真本领,在思想认识上确实有所提高,有效地避免了实习走过场的情况。为达到校企双赢,我们大力加强校企双方的合作和资源共享企业为学生提供实践场所和实践指导,学校也利用自身的人才优势和智力资源,为

企业提供职工培训、咨询等专业服务,同时根据企业对人才的需要制定招生计划,实现订单式培养。订单培养的学生,可以随时到企业上岗实践。我校仅去年就有 200 多人进入基地企业就业,占毕业生数的 75％左右。

5.改进教学方法,多方面推进实践性教学

为了培养学生的综合能力,市场营销专业不断增加开课的门数,每门课的课时就越压越少。学生在有限的时间里要学习几十门课,加上各种考证和考研等,感到时间很紧张。而真正通过实践性教学提高实际操作能力必须有一定的时间做保证,因此大部分学生感到要做社会调查、营销策划、座谈、销售实际练习等,实在是心有余而时间不足。这就产生实践性教学的分量重、要求高而时间严重不足的矛盾。针对这种情况,我们对整个市场营销专业教学计划中各门课的课时作出统一调整,一方面增加实践性教学的课时,另一方面合理安排实践性教学活动。小规模的实践活动平时分散进行,内容多、规模大的活动安排在第三学期或假期中。在理论教学课时被压缩而内容不减的情况下,我们要求教师改进课堂教学方法,提高课堂时效,大力倡导和实施启发式、学生自主式、研究式等教学方法,如情境教学法、模拟教学法、角色演示法、小组学习法等,在课堂教学中巧妙地穿插、融合实践性教学内容。我们还购买有关市场营销知识的视频资料,让学生在自己掌握的时间里阅读,然后将体会感想用邮件发给授课老师评阅,以此补充教学时间的不足。

另外,在校园内还利用多种形式开展市场营销实战演练。我们依靠专业教师,借助团总支、学生会等,全力打造第二课堂平台,开展丰富多彩的校内实践活动,如专门扶持学生成立了一个市场营销协会,为学生提供实践机会。市场营销协会举行的产品推广策划大赛,要求学生以团队报名,除交上策划方案外,还要就该策划方案在具体撰写中是如何分工的、方案的可行性,以及方案存在的问题作口头论述,目的是培养学生的团队协作意识、语言表达能力,应变能力和分析问题的能力等。该项活动已作为一项传统活动每年开展。此外,还在校园网上作了一个购物网站,目的不是赚钱,而是为了让学生感受一下网络营销,在网络环境中积累一些有关经验和教训。

6.建立多元化的营销实践成绩评估机制

过去一个时期,对实践性教学成绩的评定比较抽象,随意性较大。为了全面客观地评价学生的综合素质和实践创新能力,我们建立了新的实践成绩评估机制。一是考评方式采取项目策划、案例答辩、角色模拟表演、实物商品限时推销比赛、学期小论文等形式;二是考评主体采取任课教师评、校内外导师组综合评、

学生自评和互评相结合等方式；三是在考评的内容结构上，理论知识考试与实践能力评估既互相区别，又互相融合渗透，成绩比例各占 50％；四是设置创新学分，鼓励学生为企业做实际项目的策划和发表调研报告及论文，如果其成果被有关部门或企业采纳并取得经济实效，奖励创新学分，并记录在毕业生档案中。这不仅能够大大调动学生参加市场营销实践活动的积极性，而且还能扩大学校的知名度。

二、市场营销实践性教学过程中需要处理好的几个关系

1. 实践性教学与理论教学的关系

理论教学是实践性教学的基础，是学生学习专业技能、从事专业工作的基础，也是促进学生全面发展的基础。实践性教学以理论为指导并运用理论分析解决实际问题，它是训练职业技能、培养职业能力、提高全面素质、实现高级实用型人才培养目标的重要教学环节和手段。市场营销专业要克服重理论轻实践的思想，加大实践性教学比例，加强实训基地和双师型教师队伍建设，使实践性教学落到实处；要合理安排实践性教学与理论教学，可将主要技能训练的实践性教学集中在一个学期内进行，并结合技能训练讲授专业理论，最后进行技能考核鉴定；也可将技能训练及其考核鉴定安排在最后一个学期内与毕业设计同步或交叉进行，使毕业设计、技能训练与就业上岗结合起来。

2. 技能训练与职业能力培养的关系

在实施实践性教学的过程中，既要重视技能训练，使学生掌握必备的专业技能，也要注重培养学生的职业能力，这种能力除了专业能力以外，还包括心理承受能力、协作沟通能力、社会交往能力、组织管理能力、开拓创新能力、主观能动性和敢于承担风险的精神等。由于这些能力和品质要在技能训练过程中培养和锻炼，因此在技能训练和实践性教学中，要克服单纯学习技能的观点，突出综合职业能力的培养。

3. 计划性培训与随机培训的关系

计划性培训是指教学计划中规定的全体学生必修的技能训练，需要达到实践性教学计划的要求。随机培训是指学生依据自己的兴趣、爱好和特长而自选的技能训练，具有个体性、随机性和多样性特点。随机培训教学组织难度较大，但它又是培养复合应用型人才的重要渠道，是更能促进学生个性发展，培养创新能力和提高全面素质的实践性教学形式，我们必须努力创造条件，使随机培训不

断扩大,以满足学生的个性化学习需求。这两种实践性教学培训要合理安排,同时要引导学生自主安排,并与社会需求有机结合起来。

近年来,我们以提高学生实际能力和综合素质为目标,以加强实践性教学的师资力量、改革传统教学模式为基础,以加强校企合作,积极改进教学方法,建立多元化的实践成绩评估机制为主要抓手,构建了有实践性教学特色的教学平台。学生比较牢固地掌握了所需要的基本理论知识和专业技能,提高了策划能力、沟通能力、团队合作能力、创新能力和综合素质,并且使学生从被动学习变为积极主动学习,对所学的理论知识也有了更深的理解。大部分学生从原来被动地应付,渐渐地喜欢上实践性教学活动。几年来,我校市场营销专业毕业生的就业率均达100%,不少素质高的学生没有毕业就被用人单位预定。根据我们的追踪调查,用人单位对毕业生的满意率平均为96%,毕业生对自己工作单位及环境的满意率达87%,有36%的毕业生担任企业中级以上的管理工作,发挥着骨干作用。

(作者单位　浙江财经大学工商管理学院)

[参 考 文 献]

[1] 王妙.市场营销学实训[M].北京:高等教育出版社,2003.

[2] 周济.高等职业教育要把就业导向作为主要办学方向[J].职业技术教育,2004(6):37-40.

[3] 陈伟.市场营销专业人才能力培养教学改革的研究[J].黑龙江高教研究,2005(4):74-77.

基于职称—职能配置定位的高校教师
分类管理模式研究

陈惠雄　　胡孝德

[摘　要]　高校教师资源的科学配置与利用是高校人力资源管理中的难点之一。其难点在于高校教师需要承担教学与科研双重职能在职业生涯选择与时间资源配置中的矛盾。由于目前我国高校对不同职能类型教师大多采用统合管理模式,这一管理模式有可能进一步加剧该矛盾解决的困难,并引发高校人力资源的较大浪费。本研究试图探索高校教师"职称—职能配置定位"的分类管理模式,为尽可能实现不同类型教师的人尽其才,探索一个可能的解决方法。

[关键词]　高校教师;教学型;研究型;职称—职能配置定位;分类管理

一、导言

在现行大学管理体制下,大学教师一般要承担教学与科研双重任务。然而,教学路径与科研路径在知识的掌握方式上实际上存在较大差异。大学教学的知识要求在课程知识的系统性与表达性方面,而大学研究的知识要求在专业知识的专深性与创新性方面。两者都为大学教育所需要,并且两者具有不完全兼容性。如果输入时间资源与知识资源禀赋约束条件,则使得这种不兼容性矛盾在相当部分教师身上显得进一步突出。一些教学型教师的课程知识系统性、表达能力与案例教学均相当不错,但不适合做科研,却为评职称写论文付出了沉重代价——既写不出好论文,科研没有连续性,又分散了教学精力,增加了职业痛苦感,导致了一个对教师个人、组织、学生均不利的"三输"结果。但是,由于目前我国高校职称评定尚未对教学型、研究型教师实行分类管理,而是实行教师职称尤其是高级职称均主要依据科研成果来取得的"统合式"管理模式。这种管理模式使得所有类型（教学型、研究型、教学研究型等）教师几乎均难以摆脱科研任务，从而导致大学教师人力资源类型与实际应用之间的较大矛盾。如何使各种类型教师的潜能得到合理发挥，形成一种组织资源效用最大化的管理模式，成为我国高校教师人力资源科学配置与职业生涯管理中的重要课题。本文基于教师的人力资源类型差异特征，提出基于高校教师职称—职能配置定位的分类管理思路，力图探索一套科学配置与合理利用大学教师人力资源的职业生涯管理模式。

二、高校教师职能特征与人力资源类型分解

大学教师是一支以讲授系统的专业课程知识为基本职业特征的中高级人力资源队伍。然而，由于大多数大学专业课程都具有演化性特征，即存在着随着科学技术进步与经济社会变迁而导致专业课程知识更新、内容演化的实际可能性。大学教师一方面需要传授前沿性的专业知识，另一方面由于社会中专业研究队伍资源有限，相当部分新知识、新理论研究需要由大学教师来完成。正是大学教师这种教学、研究双兼的职业使命，使得其职能与中小学教师存在重大差异，即除了讲授知识外，还要从事新理论、新知识研究，即既要搞教学，又要搞科研。这就是高校教师的基本职能特征，也是其职业生涯矛盾与人力资源管理难度的基本成因。

然而，由于教学与科研实际上存在着较大的职业路径差异，这个问题我们多年来一直没有很好地引起重视。这种路径差异主要表现为：其一，教学以讲授体系化的相对稳定的知识为主要职业内涵，时间资源的配置点在于对所授课程知识的全面性、系统性以及知识结构的相对稳定性，并把注意力较多地分配在如何调动学生的学习积极性以掌握课程知识方面。而研究路径则表现为对局部知识的深入与创新，需要对某个方面问题的持续关注与深入研究，研究问题知识的创新性、单一性、不稳定性是科学研究尤其是创新性研究的主要特点。这与教学路径无论在问题意识、掌握知识的方式方法以及问题的关注点上均具有很大不同。其二，教学与科研的接受对象也存在较明显差异。大学教学的知识接受对象主体为本科生，而科研成果的接受对象主要为社会、企业、政府、大学教师、研究机构等。其三，科研成果可以向社会发表，却不一定就能够在课堂上讲（因为研究往往具有探索性，知识的不稳定性较高，一些问题研究的社会风险性、技术风险性均较高，存在知识与问题意识误导的风险）。

由于教学与科研的确存在这种知识探索与传播路径上的重大差异，这样就容易产生基于职业专业化特征的路径依赖。而由于高校教师自身生命成本（时

间、体力、脑力与知识积累)的有限性,在这种教学与科研存在路径差异的职业条件下,一部分教师能够把教学与科研的关系处理好,但还有一部分教师却难以糅合教学与科研的关系,时间、精力配置不过来,造成了顾此失彼的高校教师职业生涯矛盾情况,增加了职业的痛苦,使得部分高校教师在这一看似自由职业性质的工作激励上远没有能够得到发挥。根据教学与科研的职业路径特征,我们一般可以把高校教师区分为以下三种主要的人力资源类型特征。

教学型。教学型教师以大学专业(基础)课程教学为职业生涯的主要内容。教学型教师的知识结构要求具有"后顾系统性"特征,即对课程与专业的已有知识的系统掌握,其职业特征是把主要精力与时间资源配置在教学上。优秀的教学型教师有这样几个具体职业特征:教学态度认真,备课环节精益求精,表现出全方位的教学业绩,在教学上得到同行与学生的一致性优秀评价,在传道、授业、解惑等教书育人方面开展全面的认真工作,超额完成教学任务。对这类教师的绩效目前一些高校已经通过相关的考核方法来进行测度,并主要以教学业绩作为晋级与校内津贴发放的主要依据。

研究型。研究型教师是把主要精力配置在科研方面的高校人力资源队伍。研究型教师一般具有诱致性(或由强制性到诱致性)的研究偏好与学术积累基础。基于理性人假说,这类教师因其具有比教学更大的社会效用与个人效用,从而在大学教师职业生涯中具有相对明显的研究型职业特征。与教学型教师的知识"后顾性"特征相比,研究型教师一般必须具备知识与问题意识上的前瞻性特征。随着知识经济时代到来,社会对知识创新的需求增强,知识供给的速度也随之加快,这使得目前我国高校中由科研诱致性机制形成的研究型教师队伍也呈扩大之势。由于科研成果的产权边界明晰,定量考核的交易成本低,科研导向型教师在高校的职业地位相对占优,因而也促进了研究型教师队伍的发展。但是,由于在一定意义上教学与科研是既相互联系又相互区别的两个职业路径。受生命资源约束性限制,使得相当一部分教师只能在偏重教学还是偏重科研方面作出选择。虽然按照目前教育部规定,研究型教师也要完成一部分教学任务,但这些教师的主要兴趣与精力在研究方面。科研偏好与研究成果的持续性是研究型教师的基本职业特征。

教学研究型。这一类大学教师一般是同时把时间资源配置在教学与科研两个方面,这是大学教师尤其是研究型大学或教学研究型大学教师的主体。这类教师既进行教学工作,同时又具有相应的研究基础。从时间资源配置角度看,教学研究型教师又可分为教学为主科研为辅、科研为主教学为辅与教学科研均衡发展几种类型。从职业形态上看,教学研究型教师是目前高校中教师队伍的主要群体,尤其是在一些研究型或教学研究型大学中。形成这种师资职业特征情况有两大原因:部分是由大学教师的职业特征决定,部分是由大学职称评定的强制性制度规范——"统合管理"模式引起的。从评定职称前后的科研成果的连续性状况大致可以对这两类教学研究型教师的真实偏好进行判别:具有研究偏好型的教师其评职称前后的成果比较连续,其职业生涯会在科研成果诱致性变迁的路径上发展;而因受职称压力进行科研活动的教师在职称评定前后的研究工作往往具有非连续性,科研成果的产生与教学研究型职业特征是目前高校职称评定与绩效评价机制科研导向的强制性制度规范的结果。这类大学教师的职业生涯矛盾与人力资源浪费均较为突出,是高校教师人力资源管理与本文研究的重点。

教学型、研究型、教学研究型是高校教师的三种基本职岗类型。教学与科研结合不好的教师会出现只会搞教学不会搞科研,或只会搞科研,教学质量很差的情况。而目前我国高校一方面是教师职称晋升以科研为主导,另一方面教师确实又有教学型、研究型等职业偏好类型区分与存在着教学型、研究型的路径依赖差异。为了平衡教学、科研之间的关系,一些高校又出台了一些强制性的巩固教学基础地位的制度,使得一些具有科研导向型教师也承担了较多的教学任务。这种教师岗位职责与职业能力之间的差异以及职称晋升依据与实际职业生涯路径依赖方面存在的矛盾长期困扰于高校教师的职业生涯中,并成为提高大学教师人力资源科学配置的重要障碍。如何解决这对矛盾,成为提高我国高校教师人力资源配置效率的重要环节。

三、高校教师职称—职能配置定位模式的理论探讨

根据上述分析,日前我国高校教师人力资源管理中存在的突出矛盾是:如何协调教学型、研究型教师的关系,以实现高校教师人力资源的科学配置与优化利用。由于大学教学与科研的确存在职岗类型和知识路径差异,并均存在一定的路径依赖现象。本文基于高校教师的职业类型特征差异,提出对具有不同能力特征的大学教师实施分类管理的新思路。这种分类管理思路是实行职称—职能配置定位,同时进行职岗责任的分类说明,以达到优化利用高校教师人力资源的目的。

1.教授的岗位类别与职能配置。研究型或教学研究型。教授是大学教师职称系列的最高职级,一般要由具有较高学术水平和教学、科研能力的教师来担

任。由于大学不仅仅承担教学任务,还承担相应的研究任务,而教授又是大学师资队伍学术地位的最高职级。就大多数大学教师而言,研究能力与学术水平是同一能力的两个方面。因此,大学教授在其岗位职责类型上必须是研究型或教学研究型的,其岗位的基本特征是研究导向型的。只有这样,大学才能够在教授治学的平台上不断提高整体的学术水平、科研能力,提高教学的学术含量与培养学生的创新性能力。如果教授不具有研究型或教学研究型职业特征,这样的教授可能不具备教授岗位设置的职岗要求(资深教授因其学术影响力除外)。

2.副教授的岗位类别与职能配置:教学研究型或教学型。副教授是次于教授的大学中的另一支重要的教学科研力量。副教授一般应具备系统掌握专业知识并跟随本领域知识与学术发展的能力。副教授既可以独立开展教学和科研工作,也可以与教授一起组成教学、研究团队。由于大学同时承担着教学与科研双重任务,教授的职岗类别又应当是研究导向型的。因此,骨干性的教学任务应当由副教授来承担,一些副教授同时承担相应的研究任务。副教授的岗位职责要求一般是教学研究型或教学型的。副教授的教学研究型与教授的教学研究型区别在于副教授的职责中一般必须承担较多的教学任务,其岗位特征是教学研究导向型而非研究导向型的。当然,由于副教授在大学的职级与岗位职责中一般不具有学术领衔的要求,因此副教授也可以是教学型的。只要具备上述教学型大学教师的优良业绩条件,教学型副教授就符合岗位职能设置的要求。

3.讲师的岗位类别与职能配置:教学型或助理研究型。讲师是一个以"讲"为主的大学教师岗位。"讲"与"授"实际上存在知识传播要求上的较大差异。"授"字由三只手组成,右边"受"字为上手(老师)传授给下手(学生)接受的意思,而左边的提手旁又表明"上手又传之于上手"之意。因此,教授(副教授)是一项必须具有较高的知识境界与授受能力的职业岗位,属于讲授知识职级中的高层次人力资源。讲师则以"讲"为主,能否达到专业知识授受相衔的结果,则是不作为讲师的主要职责要求的。讲师经过相当一段时间的教学实践,达到知识授受相衔的水平,也就达到了副教授的职岗要求。当然,讲师也可以在进行教学的同时开展助理性研究工作,尤其是有些讲师具有较强的科研基础与研究偏好。但从职称职责规范上讲,讲师应以协助教授、副教授构建研究团队,开展助理研究为主,以有利于组织行为的最大化目标的实现。所以,讲师的职责一般是教学型或助理研究型的,其岗位职责是教学导向型的。

4.助教的岗位类别与职能配置:助理教学型或助理研究型。助教是大学新入门教师的职位,是大学教师的基础职位,其岗位职责导向是助理教学或助理研究型的。由于从学生（研究生）到老师存在着一个从接受知识到传授知识的重要的角色转换，需要有一个基于知识讲授者视角的对于知识的重新学习与系统掌握、整合的过程。因此，助教的岗位职责一般是助理教学型或助理研究型的。通过助教、助研形式，跟从教授、副教授听课，学习授课经验与方法，协助教授、副教授开展一定的辅助性教学、研究工作，以融入大学组织的教学、科研队伍之中，为实现独立讲课与研究工作打下针对性的知识学习与教学技巧基础。

根据上述分析，不同职级大学教师的岗位类型与职能配置可以用表1岗位说明书的形式来说明。

表1　不同职级大学教师岗位类型与职位职责说明书

职　级	岗位类型	行为导向类型	职位职责说明
教授	研究型或教学研究型	研究导向型	具有较高的学术水平和研究成果、研究能力；具有把握本学科发展方向的能力
副教授	教学研究型或教学型	教学研究导向型	具有较高的教学水平，掌握本专业系统性知识，具有独立开展专业研究的能力
讲师	教学型或助理研究型	教学导向型	能够独立、系统地讲解专业课程，具有开展辅助研究的能力
助教	助理教学型或助理研究型	助理导向型	具有较为扎实的专业基础，能够辅助（副）教授开展教学、科研工作

四、基于职称—职能配置定位的高校教师人力资源分类管理方案

根据上述分析，教授、副教授、讲师、助教等不同职级大学教师的岗位职责实际上存在比较明显的区分和差异。不同职级大学教师应当能够承担相应职级的任务，才能够实现根据能（力）岗（位）匹配的人力资源效率配置规则要求的岗位职责目标。而要实现能岗匹配，必须从职称—职能配置定位的关键环节——职称定位与评聘入手。例如，科研能力较弱而教学能力较强的教师就适合教学型岗位。这样的教师的职称就可以做到讲师或副教授，而没有必要一定升教授。这是一个重要的基于能岗位匹配与职称—职能配置定位原理的分类管理思路。由于这个问题，能岗不匹配，教学型教师硬做论文拼教授的情况，在目前实行统合式管理模式的大学教师队伍中非常普遍。我们对大学教师职业类型与职能配置的管理思路不清晰，导致一些明显缺乏研究能力但教学效果优良的教师盲目

追求教授职称。一方面,做出来的研究成果质量低下,没有可持续性,其研究是职称导向型而非问题导向型的,从而导致高校教师人力资源的很大浪费。一些大学教师的职业痛苦感之所以较高,很大程度上来自于目前这种盲目追求高职称的制度诱导。另一方面,由于这些教师要分心于自己并无所长的研究,导致教学精力投入不足,造成教学资源巨大浪费,教学与科研均搞不好。因此,正确定位不同职级、职称教师的职责,进而进行正确的职称—职能配置定位引导,并通过对不同类型教师薪酬定价,组织地位平等、尊重等系统性配套制度安排来实现高校教师人力资源分类管理模式,对于提高我国高校教师人力资源配置效率,全面提高教师的工作满意度与建设和谐高校,是一个具有重要意义的工作。

基于这一管理思想,根据上述教授、副教授、讲师、助教的不同岗位职责,实行职称—职能配置定位的管理模式,这是一个重要的分类管理思路。即基于高校教师的不同人力资源类型(教学型、研究型、教学研究型),实行基于人力资源类型差异的职称—职能分类定位配置的管理模式。这种分类管理的总体思路是什么类型的教师在其职业生涯规划中可以定位在相应的职称与职级,而不是大家都拼科研,评教授。这对于大学组织管理与组织效率,教师职业生涯的合理发展以及学生对于大学教育资源的最大化利用三者是一个"三赢"的构局。

根据对不同类型教师的职称—职能配置定位分类管理模式,不同职能类型(研究型、教学型等)教师与相应职称(教授、副教授等)相配套,而不是大家全部往教授、副教授职称拼搏。这种分类管理模式实施的关键环节就是不同类型(研究型、教学研究型、教学型以及教学研究辅助型)的大学教师如何能够使他们最大化地发挥各自的人力资源优势,做好与各种教师职业类型相符合的工作,实现组织的最大效用目标。这个问题就目前我国高校的体制与导向而言,实际上是涉及如何使不同类型的教师尤其是那些教学型教师能够安于教学并最大化地发挥其人力资源优势的问题。解决这一问题的关键点在于如何使各种类型的大学教师在组织中都获得所付出与所获相对称的报酬并得到与各自努力相等(应有)的组织尊重与组织地位。本方案拟通过对课时、科研积分的打通计分来形成教学、科研统一的绩效评价方案,并通过合理定价来解决教学、科研的绩效薪酬问题。这种教学、科研积分通行换算计量的办法同时可以解决不同类型教师在同一组织中的地位平等与尊重问题,是一种"一揽子"的解决方案。该方案使得教授、副教授、讲师等职称成为(实际上应该成为的)一种基于职能配置定位差异的职级,相对模糊了教授、副教授之间包含的组织地位差别的因素(因为教师绩效可以通过教学积分与科研积分的统一计分——一个科研积分等同于一个教学积分,来确定其对组织的贡献率差异)。这种把教学与科研积分打通计分的办法,使得基于职称—职能配置定位的分类管理模式的不同类型(职称)教师,在绩效薪酬与组织贡献地位确定,教学基础性地位与科研主导性地位的糅合,具有了一致性的解决框架。这一框架能够较好地避免统合管理模式下重科研、轻教学以及盲目拼论文、评职称的问题。

1.不同类型教师的职称定位

由于受专业特点、个性喜爱、教育基础等因素影响,形成了教师不同的职业偏好,教学型、研究型、教学研究型等大学教师的职业行为导向类型也因此形成。而与之相应的大学教师又有教授、副教授、讲师、助教等职级区分。根据上述阐述的不同职级教师的不同职岗职责规定,不同类型教师的职称定位就应该与其所承担的职责相对应,研究型、教学研究型、教学型与助理教学(研究)型教师的对应职称选择与定位如表1所示。这种基于职岗职责的职称定位思路,确定了不同职称所对应承担的职责,同时也确定了不同类型教师的职称目标定位,从而构建了职称—职能定位配置的分类管理模式。在职称—职能定位模式中可以实现不同类型、能力教师的职称定位,进而可以实现各教师基于自身能力与个性喜爱特点的教师类型与职称定位选择,避免盲目写文章,既大量浪费大学教师的人力资源,又有利于各种类型教师发挥所长,实现大学教师人力资源的优化配置与最大化利用和自动均衡的和谐大学目标的实现。

2.不同类型教师的绩效薪酬统一定价方案与组织认同模型

基于职业类型差异而进行的职称定位,首先面临的是不同类型与不同职称教师的绩效薪酬定价问题。绩效薪酬定价一定程度上体现组织地位与其贡献被组织认可的程度。薪酬定价的理论原则在于所有行为者所获的绩效(科研、教学、管理等成果)与其所付出的成本相等,其理论模型可以表达为:

$$\frac{R_1}{C_1} = \frac{R_2}{C_2}$$

式中,R 为收益,C 为成本,1 为教学绩效,2 为科研绩效,$R1/C1 = R2/C2$ 表明各行为主体从组织中获得的权益与其向组织提供的资源两者比例相等。这是一个均衡的薪酬定价(组织地位定位)原则,也是有利于实现个体—组织效用最大化的均衡定价策略。把教学、科研统一起来进行均衡定价与组织贡献率定位的绩效管理思想,使得在分类管理模式下的不同类型教师的绩效均可以通过相应的科研绩效分与教学绩效分来打通确认与计算。科研绩效分以相应的科研成果来确定,教学绩效分通过相应的课时量来确定,一个科研绩效分等同于一个教学绩效分。这种教学、科研打通计分的办法有两个优点：一是为教学、科研实行统一的绩效薪酬定价提供了可能，使之能够实现评价标准的一致性；二是为年终考核进行总积分排序打下基础，使教学与科研绩效统一于同一的具有可比性的框架之中，从而避免了因职业类型差异而使得绩效薪酬定价与组织贡献率难以实现统一的矛盾。这种基于职称—职能配置定位的分类管理模式与教学、科研打通计分的统一绩效薪酬定价策略，能够使教学型、研究型、教学研究型等不同类型教师安心于自身的偏好选择，最大化地发挥高校教师人力资源的个体所长，实现个体—组织、效率—公平相统一的组织行为最大化目标。

由于实行教学、科研统一打通计分的绩效薪酬定价制度（与职级、工龄相联系的基础薪酬除外），这样除了不同类型教师在职称定位上存在差异外，以教学、科研绩效积分为基础的组织贡献度随之可以获得序列确定。教学、科研统一积分越高则一般表明其在教学（科研）方面对组织的贡献也越大，使得教学绩效多的教师也同样可以获得组织的认同，获得优先的绩效排序，从而避免了单纯科研导向下的教学型教师的组织认同度低的问题，使得不同类型的教师在统一的绩效考核标准下安心开展与各自职业类型相对应的职称相适应的工作，以最大化发挥不同类型高校教师人力资源的作用，并缓解其职业压力。

综上所述，大学教师人力资源的合理利用与科学配置是目前国内外高校管理中存在的难题之一。在职称科研导向的统合管理模式下，许多本不适合搞科研的老师盲目做论文，结果一方面论文质量低下，另一方面教学资源又普遍地浪费严重。目前我国高校中真正研究导向型的人才仍然只是其中的一部分，相当多老师其行为偏好是教学导向型的。通过对不同职称的岗位职责分类定位配置与管理，可以对不同类型教师的职业生涯有一个科学正确的引导；又通过对科研积分与教学积分打通计分的绩效评定办法，则可以使不同类型教师的绩效薪酬形成统一的定价标准。这样既可以实现行为主体的产权边界明晰化，使不同类型教师的教学、科研贡献各得其所，又能够使他们各自对组织的贡献率明晰化，教学、科研优秀者均可获得组织认同的均等的机会条件。这种基于职称—职能配置定位的分类管理模式基础上的教学、科研绩效统一化、协调化的管理方案，将有利于我国高校教师人力资源优化配置目标与和谐大学目标的实现。

（作者单位　浙江财经大学工商管理学院）

[参 考 文 献]

[1]陈惠雄.人才流动中的知识定价与地区失衡[J].经济学家,2003(2):72-77.

［2］段锦云,钟建安.组织中员工的角色外行为［J］.人类工效学,2004(4):69-71.

［3］韩绍欣.我国大学变革中的组织行为学思考［J］.郑州大学学报:哲学社会科学版,2005(4):34-37.

［4］赵成,陈通.治理视角下的大学制度研究［J］.高等教育研究 2005(8):18-22.

［5］吴水珍,李玲娣.研究型大学教师队伍探悉［J］.教育发展研究 2005(8):94-95.

激励型教学方法在基础理论课程中的应用

李玉文

[摘　要]　基础理论课程在高校专业课程体系占重要地位,是专业的基础。但目前在其教学过程中存在学习兴趣低、教学效果差等问题。本文针对这些问题,以资源环境与城乡规划管理专业基础理论课程自然地理学为例,分析了如何应用激励型教学方法改善目前教学现状,激励学生的学习兴趣,从而达到更好的学习效果,提高教学质量。

[关键词]　激励型教学方法;基础理论课程;自然地理学;高校

资源环境与城乡规划管理专业是一门综合性学科,是主要学习资源环境与城镇规划、土地管理、环境检测以及地理地质等相关类知识的交叉学科。资源环境与城乡规划管理专业基础理论课程(以下简称基础理论课程)在专业课程体系占重要地位,是专业的基础。目前基础理论课程在教与学的过程中存在很多问题,如学生学习兴趣较低、学习激励不够、教学效果差等。本文针对这些问题,引入激励型教学方法,并对其如何改善目前教学现状、激励学生学习兴趣进行分析,从而达到更好的学习效果,提高教学质量。

一、目前基础理论课程教学中存在的问题

基础理论课程在高校课程体系中占较大比重,对学生专业知识掌握和基本技能的培养具有举足轻重的作用,理论课程固有的理论性强、实效性弱、应用性差等特点,使得在教与学的过程中存在很多问题。

1. 授课形式比较单一

理论课程一般都是经过多年的总结和锤炼的,教学大纲中基本是纯理论授课,不会有实训、实验;教师授课基本采用在固定教室、“师讲生听”的形式。授课形式的单一将会引起学生学习兴趣低、授课效果差和学习效率等一系列不良连

锁反应。

2. 学习兴趣低

满堂灌的教学方法和学习的功利思想,使得学生对理论课程学习兴趣极低。理论课程看不到实效,看不到短期的应用,常常被学生认为是没有用的。同时,课堂式的教学也使学生产生被动学习情况,从而导致学生学习兴趣低。

3. 授课效果差

由于学生学习兴趣低,在授课过程中被动接受知识,因而授课效果差。课堂上出现"知识过耳不过脑"的情况,课下出现"课本束之高阁"的情况。

因此,理论课程的讲授与学习有待进一步改革,采用更多教学方法激励学生的学习兴趣。

二、自然地理学课程教学中存在的问题

自然地理学是资源环境与城乡规划管理专业的基础理论课程。对于老师,它是比较"难上"的一门课程,如何讲好它,是授课老师面临的挑战;对于学生,它既是重要基础课程,又是比较"难学"的一门课程,如何学好它,也是学生面临的挑战。这些挑战是源于课程本身的教学特征,具体情况总结如下。

在教的方面,大都还采用传统的"师讲生听"模式和教师、书本、课堂三中心,主要是教师授课,学生听课;信息传递途径是单向性的,由教师推向学生,致使课堂教学单调乏味、死板沉闷,在一定程度上挫伤了师生双方的积极性;教学效果好坏完全依赖于教师的"推动力"。传统的讲授法对激发学生的学习热情,培养学生的创造性思维是很不利的,教学方法和手段的改革已成为一个重大课题。

在学的方面,第一,学习兴趣低。由于自然地理学属理论课程,其固有的理论性强、实效性差等特点,使得学生学习兴趣低,出现如经常逃课,上课时注意力不集中等现象。第二,学习态度不积极。在自然地理学教学活动中,教师活动多,学生活动少,这种以教师的教取代学生学的教学形式,致使学生只满足于理解、记忆教师讲授的教学内容,把精力放在记录、整理和背诵课堂笔记上,习惯被动式学习。很少主动去学习和研究与课堂教学有关的资料、书籍,更谈不上独立进行社会调查、分析问题和解决问题。从而致使课堂气氛不活跃,学生在听课的过程中不思考不提问。这些问题不利用学生对课程知识的掌握和教学目标的实现。

基础理论课程是专业的基础,只有打下坚实的基础才能更好地发挥专业优

势,进而培养学生的应用能力。因此,针对我校(浙江财经大学)基础理论课程的讲与学存在的问题,需要进一步改革教授方式,激励学生的学习兴趣,从而达到更好的学习效果。

本文从提高基础理论课程学习兴趣出发,以自然地理学课程为例,通过课堂实践分析了激励型教学方法在基础理论课程中的应用,总结激励学习兴趣要点的教学经验,从而完善教学方法、提高理论课程的授课效果。

三、激励型教学方法的应用

"激励型教学方法"的教育理念是激励学生在学习中创新,在探索中学习,体现了相信学生、尊重学生,以学生为本的新思维,能够充分发挥学生的多向思维潜能,培养学生动手动脑、解决问题的能力。笔者针对目前基础理论课程存在的问题,在借鉴其他有效教学方法的基础上,以激励为主、以学生为本的"激励型教学法"引入自然地理学课程教学实践中,激励学生参与整个教学过程,从而提高学生学习兴趣和培养学生的探究能力,使理论教学与素质教育有效地融为一体,从而达到提高学生整体素质的目的。通过几年的教学实践,总结了一些激励型教学方法应用的经验,现将其与大家分享,以期能抛砖引玉。

1. 情感激励法

教学过程不仅是一个知识传授的过程,也是师生互动的过程,积极的情感交流在教学过程中发挥着特殊、奇妙的作用。教师的情感会有意无意地以相应的态度和行为方式对学生施加影响,并在学生身上产生不同的教育效果。如果学生在情感上认同教师,那么这种认同感会迁移到所教的课程上,会对课程产生认同,学习兴趣也会相应提高。具体做法如下:(1)在课堂上注重情感交流。自然地理学是大一第一学期的课程,学生刚来到新的学习环境,对高校生活和学习处于认识阶段。利用这一特征,在课堂上(特别是第一堂课)带有趣味性的介绍教师和本门课程,充分介绍展示教师及课程,让学生开始有了解教师和探索课程的兴趣。平时课堂上在保证课程教授完成的情况下,给大家留出 3—5 分钟左右的相互了解交流时间,从而逐渐让学生对教师和课程产生一定的认同感。(2)在课下注重情感沟通。现代大学生个性较强,个性需求多样,整齐划一的传统教学方式已经很难适应现代大学教育。因此,教师在课下经常去班级交流沟通,了解学生特点,从而实施大众特征统一化、个性特殊化的教学策略,进而提高教学质量。

2. 提问激励法

问题往往是人思维活动的起点,提问能吸引学生的学习注意力,促进课堂集中听课,激励学生思考探索知识。具体做法:(1)教师使用提问法导入课程新内容,一开始就能使学生饶有兴趣地进入教学氛围。比如在讲解天气系统的内容时,问学生当天为什么会出现相应天气情况,启发学生思索,进行创造性的思维活动,这样听课时候会更容易进入讲解的内容。(2)在课堂上合理设计问题,更是能适时地吸引学生的听课集中力。由于提问要从学生的认识水平出发,在课堂上运用多种提问方式,第一是记忆型提问,要求学生用所记忆的知识照原样来回答,而不需要深入地思考。比如当堂要运用之前课堂上讲解的内容时,就设置此类问题,让大家回忆起之前的知识点。第二是了解型提问,主要培养学生对所学内容感知的能力,为其深入理解打下基础。又如当堂讲解了重点内容之后,设置此类问题,加强大家对所学内容的感知。第三是运用型提问,是以心理学中迁徙的理论为依据,要求学生把所学的知识运用到阅读中去,从而把所学的基础知识转化为阅读技能。

3. 引导联系激励法

知识是有系统性的,特别是自然地理学课程。让学生有系统性思考问题的能力是本课程很重要的教学任务。知识是有前后连贯性的,前面的是后面的基础,然而这种联系往往更多的时候表现为隐性的。通过教师的引导联系,将知识变为有趣话题,或将知识点隐性联系变为显性的。具体做法:(1)将课堂内的知识点同网络上热点话题相联系,更能提起大家的兴趣,以达到促进学生变被动学习为主动学习的目的。比如气候变化时,将其变为全球(哥本哈根)气候峰会方面的话题。(2)将知识点之间联系串起来,使学生更能深入理解知识体系。比如讲解海洋洋流模式时,将其与大气环流中行星风系联系起来,学生更能深入理解这两个方面的知识内容。

4. 竞争激励法

竞争激励是向学生灌输竞争意识,宣传优胜劣汰的道理,使学生产生危机感,从而驱动学生的内动力,将"要我怎样"变为"我要怎样"。竞赛激励改变传统的课堂为中心的教学模式,打破课堂教学内容及教学形式环节的界限。学生在广阔的课外学习空间中进行课程内容的竞赛、评价、评奖,从而激发学生的创造力和想象力,做到迅速掌握课堂知识并应用迁移知识,实现增进创新能力的培养。在自然地理学课程中,以小组(4—5人)为单位设置自然风景摄影有奖竞赛。竞赛分两部分,一部分是课外采风,即锻炼大家对自然界的观察能力,又促进团队协作能力;第二部分是课堂演讲比赛,将摄影与自然地理学知识结合起来,即锻炼了大家理论联系实际的能力,又加深了知识点的理解,从而提高了教学效果。

四、讨论

激励型教学方法应用在基础理论课程教学中能有利于提高学习兴趣,调动学生学习的积极性,有利于增强参与意识;培养学生探索精神和自学能力,促进智力开发,有利于提高教学质量,促进教师素质的提高。

笔者通过对传统教学方法班级(09规划班、10规划班)和应用激励型教学方法班级(11规划班、12规划班)的学生调查,发现90%的同学认为效果最好的三种教学方式是课堂提问和讨论及有奖实践竞赛。应用激励型教学方法班级70%以上的同学表示这些教学方法提高了学习兴趣和积极性,对以后的理论课程学习也有一定的正面影响;80%以上的同学表示提高了学习效果,满意度较高。相反,传统教学方法班级50%以上同学对知识点印象不深,教学效果和学习满意度都较差。

但同时发现激励方法在应用过程中存在不少问题:激励方法应用是在学生愿意学习专业知识的大前提下进行的,如果没有这一大前提,效果就不明显;不是每种激励方法都能对全体同学起作用,比如课堂提问激励方法一般只能对大部分同学起正作用,一小部分反而起到负面作用,甚至引发起连锁反应,使整个学习过程受到负面影响。因此,激励型方法在理论课程中的应用效果及其普及还需要进一步研究。

(作者单位　浙江财经大学工商管理学院)

[参考文献]

[1] 纪艳彬,刘二亮. 高校教学中如何对学生进行激励[J]. 河北职业技术学院学报,2003(2):25-27.

[2] 李冬梅. 激励理论在城市规划教学中应用研究[J]. 山西建筑,2010(31):186-188.

[3] 罗玲."激励教学法"初探[J]. 职业教育研究,2006(11):139-140.

[4] 张熙,唐群,陈丽,等.竞争激励法在病理教学中的优化与评价[J].中国高等医学教育,2010(5):110-124.

[5] 边境,茅海军,庄红.基于竞赛激励的创新学习平台构建[J].中国校外教育,2010(6):28-29.

案例教学中的问题链设计

——以区域分析与区域规划课程为例①

牛少凤　　陈世斌

[摘　要]　案例教学有三个关键要素,即情景、目的、问题。本文针对案例教学中的问题要素,以《区域系统分析与规划》为例探讨了"问题链"设计的原则,"可行性、探究性、层次性、可改性的原则"。根据案例教学实施的三阶段,进行"问题链"的设计。由问题的生成,到内容的设计,构建问题链。"问题链"要求教师针对具体教学目标,根据学生的已有知识或经验,结合案例所提供的真实情景,将教材知识转换成为层次鲜明、具有系统性的一系列的问题,是一组有中心、有序列、相对独立而又相互关联的问题。案例中的"问题链",对学生学习具有较强的导向作用,是促进学生理解和掌握知识、发展学生的思维能力、案例教学成功的基础。

[关键词]　案例教学;问题链;设计

一、引言

"提出一个问题,往往比解决一个问题更重要。"——爱因斯坦

"科学与知识的增长永远始于问题,终于问题,愈来愈深化的问题,愈来愈能启发新问题的问题。"——卡尔·波普尔

众所周知,问题是科学研究的起点,世界是在不断发现问题和解决问题的循环过程中得以前进的。迄今为止,大多数教育家都认为问题解决是最有意义和重要的学习与思维活动,几乎所有的教学活动都与各种形式的问题相关。"问题意识"是思维的问题性心理品质,人们在认识活动中,经常意识到一些难以解决

---

①　牛少凤,陈世斌,案例教学中的问题链设计——以区域分析与区域规划课程为例,课题:"区域分析与规划"浙江财经大学一类课程建设项目。

或疑惑的实际问题及理论问题,并产生一种怀疑、困惑、焦虑、探索的心理状态。这种心理又驱使个体积极思维,不断提出问题和解决问题。案例教学就是提供这种真实的场景,在创新背景下,问题意识是具备创新能力的基础,创新总是在问题的发现解决过程中发展起来的,能否解决所面对真实问题的能力则是学习者素质能力的具体体现。

1. 案例教学的关键要素

我们需要的是将更多的真实问题引入到教学活动,才能使学生愿意将精力投入到课程学习上,才能使我们的学生不再怀有这样的疑问——"这门课和实际生活到底有什么关系呢?"这正是案例教学的生命力与意义所在。"案例教学"由美国哈佛大学法学院院长的克里斯托弗·哥伦姆布斯·朗道尔(Christopher Columbus Langdell)教授创立提出。案例教学生命力在于为学生的学习提供"情景",让学生在情景实践中探索学习。根据案例教学的实施过程,包括三个关键要素。

(1)"情景"要素:案例是关于真实生活情境的一种描述与记录,不是虚构的事例;案例所描述的情境通常是具有典型性与代表性的真实情境;案例通常包含决策者必须面对和加以解决的疑难问题;案例不含对问题情境的分析与结论,仅包含对案例事件或事实的描述。

(2)"目的"要素:案例教学首要的目的在于培养和发展学生的判断力(这涉及知识的运用),锻炼学生的问题解决技能(尤其是"分析技能"与"决策技能"),其次才是学习和了解特定领域里的具体知识。

(3)"问题"要素:案例教学通常包括三个教学环节,问题要素贯穿了这三个环节,即"课前的案例学习准备——关键问题的识别""课堂上的案例讨论与分析——关键问题的辨析"和"课后完成案例作业报告——关键问题的解决与反思"。

2. "问题链"设计要求

案例教学中的"问题链"设计不是简单的教师提几个问题,由学生进行回答,而是师生双方围绕案例,展开环环相扣的问题的推导,进行多元的、多角度的、多层次的探索和发现生成,是师生交互作用,设疑、释疑的动态发展过程,也是教师引导学生自己进行知识的回忆与建构,并与学生共同完成对知识的探索过程。具体来讲就是指教师为了实现一定的教学目标,根据学生的已有知识水平,针对学生学习过程中将要产生的困惑,将教材知识结合案例中的情景,转换成层次鲜明具有系统性的一系列问题,是一组有中心、有序列、相对独立而又具有内在联系的若干问题的组合。问题链像一座桥梁,从案例中来,通过问题把知识点与教学目标紧紧地连在一起,对学生的学习具有较强的导向作用,促进学生理解和掌握知识,不断探索发展规律,寻找新的联系,论证其真实性,找到内在联系性,从而发展学生的思维能力。

3.课程特点

"区域分析与区域规划"是属于人文地理与城乡规划专业必修课,是一门集方法论与应用性理论的课程。通过该课程的教学,重点是培养学生对区域综合分析能力和实际规划案例应用水平。选用的教材为崔功豪主编,2006 年第2 版。

二、"问题链"设计的原则

1.可行性原则

学生是案例教学学习活动中的认知主体,知识只有在它与认知主体在建构活动中的行为相冲突或者相顺应时才被建构起来的。在设计问题链时,教师应遵循学生的知识结构与思维发展水平。教师设计的问题应深浅合理,原有水平与新的知识点的结合区,围绕学生的认知水平和教学内容而进行设计,让学生的思维活动具有一定的可操作性,有效激发求知欲望,主动寻找解决问题的策略,领会案例教学方法,获得参与学习的体验。

例1:解读国家西部大开发战略中,选取东部地区、西部地区比较作为切入点。

问题1:改革开放 30 年,为什么东西部差距没有缩小,反而增长?该问题直接由案例中的数据反映出来。

问题2:差距主要集中在哪些领域?

问题3:为什么西部地区的资源优势没有转化为经济优势?

问题4:如何把西部地区的资源优势转化为经济优势?

2.探究性原则

苏联教育家苏霍姆林斯基曾说:"人的内心里有一种根深蒂固的需要,总想自己是发现者、探寻者、研究者。我认为,不断扶植和加深学生想成为发现者的愿望,并通过特殊的工作方法去实现这一愿望,是一项十分重要的教学任务。"设计问题链的本质就是加强学习探究活动的过程,它包括:从观察案例事实出发,提出问题,探索理论规律,猜测和寻找适当的方案,明确解决问题的方法与途径以及再发现问题。强调学生积极思考问题的意识,一般不指望学生一定做出完整的结论或产生独到的创见,而是给学生提供信息,引向更深层次的问题研究。从某种意义上来说,学生探究的愿望越强烈,探究行为越多,探究的效果越显著,这就表明教师启发越有效,教师的主导作用与学生的主体积极性结合的越圆满。

例2:产业诊断,案例选取——中国光伏产业的反倾销事件。

问题1:中国光伏产业为什么会遭遇反倾销事件?

问题2:中国光伏产业发展的瓶颈在哪里?

问题3:中国光伏产业如何健康发展?

问题4:产能过剩与内需市场如何解决?

3.层次性原则

根据认识发展的要求,问题链的设计应体现层次性,由浅入深、由易到难、由简到繁、由已知到未知,依次设计问题,层层推进,逐步展开问题的探究。设计出符合思维要求由低到高的问题链,贯穿于整个教学环节,将各知识内容贯穿在一起,引发学生积极地参与到整个教学环节中去,引领学生沉浸于问题情境中,从而引导学生的思维发展方向。解题思维的表现具有策略、方法、技能三个层次。首先,从策略意义上设计问题,以明确解决问题的总体方向,体现思维的定向性;其次,从方法意义上提出问题,以确定合适的解决问题的方法,体现思维的选择性;最后,从技能意义上提出问题,完成解决问题的运作过程,体现思维的具体性。此外,老师注意在教学中及时引导学生把问题讨论结果进行有机整合,形成系统的认知结构。

例3:投资环境的分析,案例选取——新加坡工业园区为何落户苏州。

问题1:新加坡工业园区为什么选择长三角?

问题2:新加坡工业园区为什么选择苏州,而不是宁波,或者其他城市?

4.开放性原则

来源于现实的案例本身受多因素的影响,含有多种不确定性,其结构有多种可能。学生可以在自然科学、人文社会各个领域自由地选择探究的问题,构建开放性的案例问题链,使不同的学生产生自己的思考结果,找到问题的答案,让每个学生都有所得,产生成功的喜悦,还可以使学生从不同的角度思考,提供不同的解决方法,使学生创造性思维得以发展。开放性问题链求解的过程就是学生解决实际问题的过程,学生积极自立结合已有的知识贮备,运用观察、想象、分析、综合、类比、分类、归纳、概括、演绎等方法,从不同的视角探索解决问题,获得多种结果并选择最优途径。通过开放式问题链,可以激发学生的兴趣和探究欲望,增强问题解决的自信心,培养学生的合作意识和创造性。

例4:区域发展,探讨底特律城市问题案例时,学生分别从不同的角度给出自己的思考。

问题1:底特律政府破产是什么原因?

方向1:底特律产业单一,属于经济学原因。

方向2:底特律种族冲突,属于社会学原因。

方向3:底特律政府腐败,治安混乱,属于城市管理。

从不同方向分别构建的问题链,进行了深入系统的探讨,给出自己的观点。

三、"问题链"设计

案例教学中的驱动问题通常具有"劣构性"和"开放性",是真实世界中所发生的,具有能够启发和培养学习者积极思维、解决实际问题的作用。案例教学整个过程都是通过问题来驱动的,问题是它的根本所在,有着不可替代的地位和作用。案例教学的精髓在于思辨,学生间的讨论。真理越辩越真,问题是在对话中得以生成和提升的,一系列问题就是在辩论中浮出水面,可以说辩论就是问题链的生成机制。

案例教学有着明确的教学目标,分为行为目标与过程目标。一般行为目标关注学生的思维能力,分析能力,决策能力。而过程目标更强调学生的主动性。案例教学有具体过程目标:学生必须参与到案例教学中去;学生自己作为教学过程的一个有机组成部分,必须切实做好课前准备;学生在教学中能准确表达自己的思想和观点。上述目标是通过科学有效的案例教学组织实施的。案例教学过程,课堂气氛的调动和学生思维的触发,都是通过老师的精彩问题设计而引发的。通过丰富多样,启发意义极强的系列问题来引导,学生投入问题思考,认知向高级思维层次积极地发展,课堂教学呈现出生动精彩的状态。案例教学实践中,优秀的教学问题设计和有效的问题教学实施,是案例教学成功的首要保证。根据案例教学的目标来进行问题链设计。问题链的设计针对案例教学的三个过程,问题链的功能也不同。在阅读阶段,"问题链"设计的关键是问题的发现与生成;在课堂讨论阶段,是关键问题的解决及新问题探索;在作业阶段,对问题链的反思与总结。问题链设计流程,见图1所示。

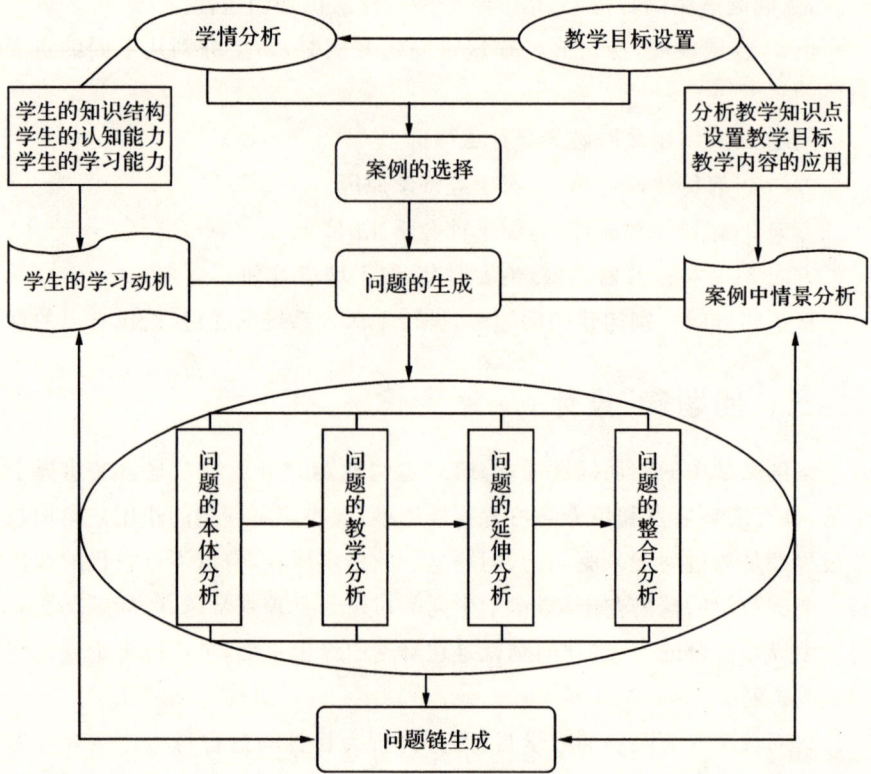

图1　问题链设计流程

1.问题生成

问题是教学中最有价值的资源。"问题链"设计的关键是问题的发现与生成。

(1)生成问题的主要方式。培养学生发现并提出问题的主要方式有两种:一是学生提出。学生在课前预习,阅读案例等环节中发现并提出问题,也可以在课堂学习或小组合作讨论过程中产生新的问题。二是师生互动过程中提出。通过问答、交谈、争辩、诱导或暗示,教师分析案例中的情境,学生产生问题。通过不断地强化问题意识,由低级到高级逐步深入,循序渐进,再通过教师对问题的整合,把学生导向预定的结论,逐步构建好的问题。在这个过程中,教师的角色在于营造学习环境,评价和判断学生提出的问题和观点,从而与学生一起识别关键问题,确定问题链的核心。

(2)生成问题的内容。生成问题的内容主要有三个来源:一是课堂教学目标的问题化。把课堂教学的着力点转移到发现问题—研究问题—解决问题上来,通过细化—分解教学目标,创设情境,引导学生生成问题指向,问题化的课堂教学定位,表象是问题的解决,深层次的是思维品质的形成和培养,是终身学习能力的培养和提高。二是课堂教学内容的问题化。依据课程标准,课本教材和学生实际,将课堂教学内容问题化,形成系统的问题链。使课堂教学的内容清晰明了,而且使课堂教学的内容呈现与目标达成更加一致,提高了课堂教学的针对性、实效性。三是课堂教学过程的问题化。以问题为纽带,在课堂教学过程中,围绕问题,展开活动。教师是问题情境的创设者,问题生成的引导者,问题研究的组织者,问题解决的指导者;学生是问题提出、问题研究、问题解决的主体。

2.构建"问题链"

思维依靠问题激发,靠解决问题的过程中不断出现的新问题延续、展开和深入,即使已获得解决,新的问题情境又会显现,又会生成新的问题,前一问题能为后面的问题积累知识和方法的经验,为后继问题指引解决的途径或方法;后一问题相对前一问题刚好处于"可及"又"不可立即"的状态如此不断循环,就会形成富有价值的问题链。"问题链"不是指一组问题的简单罗列与堆砌,而是问题与问题的精心连接与递进,在广度上,必须能覆盖重要的知识点,常规的解法和技巧;在深度上,必须能展现和提示基本的原理和规律,使问题的求解过程具有普遍性和方法论上的意义。

3.反思"问题链"

每个案例涉及的问题都是由学习者进行分析、解释和讨论。经过系统的讨论与辨析,已经隐含了科学合理的行动过程,对学生起着启示和引导作用。学生们在课后很长一段时间还在讨论案例提出的问题及其问题链的构成。

四、结论

"区域分析与区域规划"课程特点明显,知识点丰富,理论性强,综合应用性强。在本课程的教学实践过程中,借鉴了案例教学法,把理论知识点与真实的案例相结合。该课程案例教学中的问题链设计,不仅帮助教师解决自己的问题,而且使教师和学生的教学活动具有更丰富的意义,教师和学生在教学中的角色都得到重塑。学生和教师共同促进课程的进展,共同制订计划,共同设计案例形式,共同进行评价,在与学生共同学习,彼此促进的过程中,课程获得持续不断的修正和发展。

(作者单位　浙江财经大学工商管理学院)

[参考文献]

[1] 卡尔·波普尔.猜想与反驳:科学知识的增长[M].傅季重,纪树立,周昌忠,等译.上海:上海译文出版社,2005.

[2] 皮连生.教学设计——心理学的理论与技术[M].北京:高等教育出版社,1999.

[3] David H. Jonassen,基于良构和劣构问题求解的教学设计模式[J].钟志贤,谢榕琴,译.电化学教育研究,2003(10):33-39.

[4] 王天恩.问题反馈式思想政治理论课教学模式探索[J].思想理论教育,2012(01):65-69.

[5] 张家军,靳玉乐.论案例教学的本质与特点[J].中国教育学刊,2004(01):48-50,62.

[6] 赵红.研究性教学与大学教学方法改革[J].高等教育研究,2006(02):71-75.

高校专兼职教师互利共赢的路径分析

——以商务英语专业师资队伍建设为例

王白山

[摘　要]　探索高等院校商务英语专兼职教师互利共赢的有效途径。目前,高等院校商务英语专兼职教师的合作意识比较淡薄,合作管理不尽完善,缺乏沟通和交流,没有形成互利共赢的局面,培养出来的学生缺乏对外贸企业所需要的一线应用型人才的了解。为此,结合高等院校商务英语人才培养的特点,就专兼职师资队伍建设的必要性、有效途径及加强彼此间的合作进行探讨,为高等院校商务英语师资队伍可持续发展提供参考。

[关键词]　商务英语;专兼职教师;互利共赢

从目前高等院校商务英语教学现状来看,其教学内容多以理论为主,教学形式以课堂居多,教学手段单一,主要以校内教师授课为主,使得培养出来的学生思维能力不活跃,综合能力不全面,不符合应用型人才的要求。且学校与外贸企业的接触有限,缺少一线的兼职教师授课,致使学生对外贸企业所需要的一线应用人才的类型并不十分了解,学校给学生到企业的实践机会不多,使得培养出来的学生不能迅速适应工作岗位的要求。

随着国家"校企合作、培养创新型、实践型人才"精神的提出,高等院校对兼职教师队伍的建设,兼职教师的管理等方面提出许多新的观点、新想法。虽然许多学校对校企合作给予了较高的重视,但目前关于商务英语专兼职教师协调合作、互利共赢及共同发展的问题研究比较鲜见。本文正是在这一背景下,探讨高等院校商务英语专兼职教师互利共赢的有效途径,为促进高等院校商务英语师资队伍的可持续发展提供服务。

一、高等院校商务英语专兼职教师队伍建设存在的问题

1.高等院校商务英语专任教师队伍建设存在的问题

高等院校商务英语专任教师主要来自于院校及科研院所,动手能力匮乏,难以承担培养高技能人才的重任。实践经验的缺乏是专任教师的短板,虽然许多教师进行了双师型的培训,但这种短期的培训很难实现培养实用型商务人才的需要。因此,培养出来的学生其理论水平较高,但缺乏实践能力,即所谓的"顶天"型人才。

2.高等院校商务英语兼职教师队伍建设存在的问题

高等院校商务英语兼职教师特指学校正式聘任的,能独立承担某一门专业课或实践教学任务的企业或社会中实践经验丰富的名师专家、高级技术人员或技师及能工巧匠。

高等院校商务英语兼职教师队伍建设中存在的问题表现在多方面,即兼职教师群体稳定性不高,教学水平参差不齐,责任心不一,高等院校管理机制不完善,管理措施缺乏等方面。而影响兼职教师队伍建设的因素是多方面,主要包括教育人事财政政策,兼职教师所在企业,兼职教师本人,以及高等院校自身等。因此,兼职教师培养出来的学生虽然实践能力较强,但缺乏扎实的理论基础,即所谓的"立地"型人才。

3.高等院校商务英语专兼职教师教学缺乏整体性

由于大部分兼职教师的主要任务是授课,他们对专业设置、课程建设、教学研究等方面的考虑较少,他们的研究与校内专任教师的研究不在同一平台上。而且兼职教师没有固定的办公场所,上完课就离开缺乏与专任教师之间的沟通与交流,两者的优势很难实现互补,因此势必影响"专兼一体化"教学团队的建设,从而影响教学质量与专业整体水平的提高。

二、高等院校商务英语专兼职教师实现互利共赢的路径分析

高等院校商务英语教师队伍应加快双师结构专业教学团队建设。聘任一批具有行业影响力的专家作为专业带头人,一批企业专业人才和能工巧匠作为兼职教师。同时送出一批理论水平过硬的教师到企业去进行锻炼,这样才能使专业建设紧跟产业发展,学生的实践能力培养才能符合职业岗位要求。同时支持兼职教师牵头申报教学研究项目、教学改革成果,吸引企业技术骨干参与专业建

设与人才培养。提倡专职教师帮助企业研发专利和科研成果,使企业效益最大化。

　　根据专业人才培养目标中每学期教学环节的要求,合理安排教学任务,力争实现技能课程主要由具有相应高技能水平的兼职教师讲授。充分发挥兼职教师的作用,邀请他们与专任教师共同参与专业设置、教学计划制定,教材开发,实训基地建设等各项教育教学改革工作。加强对兼职教师业务指导,组织他们定期参加教研活动,加强对兼职教师教学过程的日常管理和教学质量的监控,要求兼职教师与专任教师一同认真制定各项教学文件、完善相关教学资料,经常采取共同听课取长补短等多种学习形式,相互了解、掌握彼此之间的教学状况。同时学校和专任教师主动做好兼职教师的服务工作,帮助兼职教师协调处理好兼职与本职工作的关系,为兼职教师解决一些实际问题。努力造就一支适应时代发展需要、结构合理的高素质商务英语专兼职优秀教学团队。

　　具体图示如图1所示。

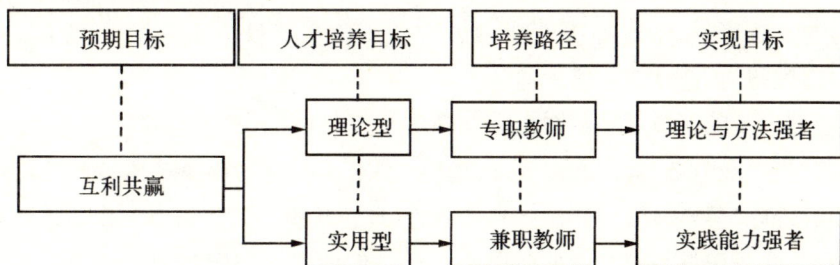

图1　高等院校商务英语专兼职教师人才培养路径网状结构图

三、高等院校商务英语专兼职教师队伍制度建设的必要性

1.商务英语兼职教师队伍建设是校企合作的必要条件之一

　　校企合作是发展高职教育的必由之路,也是兼职教师队伍建设的根本途径,应将兼职教师的聘请和选派作为校企合作的重要内容,成为学校与企业间的组织行为。兼职教师隶属于企业,由企业根据专业人才培养方案中专业课程、实践教学的要求和各教学环节的安排,选派具有丰富实践经验的技术、管理人员和能工巧匠担任兼职教师,可以更好地满足教学工作的需要。由企业统筹安排兼职教师的企业工作和学校教学工作,使教学工作成为兼职教师全部工作的一部分,可以保证兼职教师的工作精力和学校正常的教学秩序,也使兼职教师的教学工作得以"合法"化,可以更好地满足兼职教师自我实现层次的需要,进一步增强工

作责任感,提高教学工作的积极性和创造性。

2.高等院校专任教师服务于企业是校企合作必由之路

企业以利润最大化作为经营目标,缺少利益基础的校企合作是不能持续长久的,由企业向学校主动推荐和选派优秀兼职教师机制的形成,取决于高等院校自身对企业的吸引力,也就是学校能为企业做多少,企业能从学校得到多少,高等院校和专任教师服务企业的能力才是最为关键的。因此,高等院校要充分利用资源优势,通过订单培养、优先推荐优秀毕业生,定期进行培训、无偿提供使用学校先进的仪器检测设备等,给企业带来更多实惠。专任教师要通过专利技术转让,提供更多的技术支持和管理咨询,开展技术开发和技术服务等,为企业创造更多的经济效益。采取双向兼职双重身份的模式,实行校企教师互派制度,是一种两全其美的办法。一方面,专任教师通过到企业挂职锻炼,提高实践教学能力的同时,能更好地发挥专任教师专业理论和科研能力优势,增加为企业服务的机会;另一方面,兼职教师在完成教学任务的同时,通过加强与专任教师相互学习与交流,能主动地更新知识,提高专业理论水平和科研能力,增强了服务企业自身的能力,这是企业所欢迎的。

因此,随着我国经济产业转型升级步伐不断加快,社会迫切需要"技术应用型""生产服务型"等复合型人才。这就要求高等院校商务英语教师队伍建设要更新理念,摒弃狭隘的纯经济利益观念,真正从提高人才培养工作质量的角度出发,加强兼职教师参与学校教改及专业建设的意识。同时加大对聘请兼职教师的经费投入,以专任教师工资福利等收入相当的标准,结合兼职教师完成的教学质量和数量情况,向企业支付兼职教师的酬金,使企业派出兼职教师的成本得到补偿、获得相应的收益,同时加大对专任教师进企业培训的选派力度,让专任教师的科研报告写在企业,让专任教师的专利更好的应用于企业,使校企合作利益最大化、实现互利共赢,为培养大批适应商贸企业一线的实用型人才服务。

(作者单位 浙江水利水电学院)

[参 考 文 献]

[1] 国家教育部.关于推进高等职业教育改革创新引领职业教育科学发展的若干意见[Z].
2012.1.

[2] 王白山,马申.高等院校"顶天立地型"人才培养路径研究[J].继续教育研究,2011(5):
111-112.

［3］陈霄朋.我国职教师资培养模式建构[J].职教论坛,2010(1):57-60.

［4］刘杰英.高职商务英语教学团队建设初探[J].教育与职业,2009(32):51-52.

［5］王振洪.高等院校兼职教师有效管理探索[J].教育发展研究,2010(5):72-75.

教育资源网站引领拓展式网络教学模式设计

喻一珺

[摘　要]　教育信息化的普及,使网络教育成为人们今后竞争的主要手段,未来教育的主流方向。本文首先分析了教育资源网站的建设现状,进而围绕构建教育资源网站教学模式立体化的核心意义,提出了开放的创新式网络教学思维模式理念,并设计了依托教育资源网站平台的引领拓展式网络教学模式。

[关键词]　教育资源网站;网络教育;引领拓展式;教学模式

一、引言

当今是我国经济社会发展和现代化建设的关键时期,通过网络教育,开发人力资源,越来越成为提高现代人素质和造就各类专门人才的重要途径。随着数字化技术的发展,不断扩张的虚拟网络为各种数据的准确、高速传输提供了技术支撑,同时其信息互动和资源共享的特质为教育带来了无限扩容的发展契机。国家中长期教育改革和发展规划纲要提出到 2020 年基本形成学习型社会,大力发展现代远程教育,建设以卫星电视和互联网为载体的远程开放继续教育及公共服务平台,创新网络教学模式,开展高质量高水平远程学业教育。这一要求使得教育资源数字化越来越成为高等教育改革不可或缺的途径和抓手,其建设的发展趋向为资源多样化、平台开放性、模式立体化。

二、教育资源网站建设现状及满意度调查

教育资源网站是教育资源数字化的典型代表,作为专门提供教学内容支持的主体形式之一,其包括技术平台、内容提供、资源管理、资源共享与资源应用四个实践环节。目前教育资源网站数量不断增长,发展水平也参差不齐。随机抽取

表1 教育资源网站的定位、内容特性以及资源获取方式

			数量	百分比(%)				数量	百分比(%)				数量	百分比(%)
(一)定位	创建者	政府部分	39	50.65	(二)内容特性	学科量	单一学科	3	3.90	(三)资源的获取方式	资源交互	仅可下载	15	19.48
		学校	12	15.58			2-3门学科	5	6.49			可下载和上传	29	37.66
		学术团体	3	3.90			多门学科	69	89.61					
		公益组织	2	2.60		首页排名	1-3等级	22	28.57			综合平以台	33	42.86
		商业机构	20	25.97			4-6等级	10	12.99		资源开放程度	开放注册登录	36	46.75
		其他	1	1.30			7-10等级	0	0.00					
	创建时间	2000年之前	7	9.09			无排名	45	58.44			设条件注册登录	29	37.66
		2000年—2004年	21	27.27		资源类型	发布信息类	4	5.19					
		2004年之后	49	63.64			网络课程类	21	27.27			付费有偿注册登录	12	15.58
	服务对象	基础教育	6	7.79			教与学素材	49	63.64					
		高中阶段教育	1	1.30			老师继续教育	3	3.90					
		高等教育	2	2.60			其它	3	3.92					
		老师继续教育	3	3.90										
教育资源网站		综合性服务	65	84.42										

80个教育资源网站(3个网站无法正常打开除外),按网站定位、内容特性、资源获取方式三个维度来分析其状况,问题主要涉及四个方面:谁来创建网站,资源内容类型有哪些,目标人群怎么定位,网站与学习者交互性如何。

从表1中可知,50.65％的教育资源站点由政府机构创建,而商业机构和学校分别排名第二、第三位;教育资源网站63.64％创建于2004年之后,其中综合性服务的网站占到了84.42％;从内容特性和资源获取方式看,教育资源网站提供的各类服务中,教与学的素材(课件、素材、教学实录、试题)的提供比例最高,但有58.44％的教育资源网站在Google提供的网站排名系统中无等级显示,属于较少有人访问的网页;46.75％的教育资源网站免费开放注册,说明现有教育资源网站的开放与共享程度较高,这也与上述资源站点主要由政府机构创立有关,商业公司开发的资源系统也往往由学校统一购买,而面向特定用户群免费开放。

综上所述,抽样的教育资源网站存在着下述问题:首先,功能单一,创新不足。政府部门开发的教育资源网站多数专为教师的学科教学服务,而商业公司开发的学生学习资源系统,往往突出应试功能;其次,资源内容雷同众多,种类匮乏。本文抽样的77个网站中的教育资源,内容更新周期较慢,教育资源的总量看似很多,但使用者根据自己的教学需求去选择时,发现可用来重组的资源很少;再者,有偿付费资源成本高,给使用者带来难度。目前教育资源网站中一些精品教材和有针对性的优质资源都已标注为付费项目,学习者需要付出比以前更多的成本。数字化时代的学习者需要更便捷更经济易得的优质资源。

为了了解目前高校学生对提供教学资源的教育资源网站平台认识和满意度,根据Rayport和Jqworski提出的7Cs理论模型,本文提出并设计如表2所示。

表2　调查量表

变量	调查问题
总体满意度	我使用网络教学平台感觉很好(EFF)
	我觉得利用网络教学平台进行学习促进了我的学习(EFI)
	我在未来的学习中还会继续使用网络教学平台进行其他课程学习(EFC)
学生准备度	我对网络教学平台操作很熟练(SP)
	我积极参与网络教学平台上教师组织的教学活动(SQ)
教师互动性	我希望在网络教学平台上得到教师更多的反馈(TF)
平台易用性	我认为网络教学平台能很好地支持我的课程学习(SMF)

变量	调查问题
课程适应度	我觉得目前的课程适合运用网络教学平台开展教学(CA)
支持服务度	在使用网络教学平台过程中,遇到困难能及时得到帮助能增加我使用平台的满意度(MS)

在线发放调查问卷和接收数据。收到高校学生答卷 133 份,其中有效问卷为 133 份,问卷的有效率为 100%。在本研究中主要用到的研究工具为 SPSS17.0 和 Amos6。Amos 使用结构方程式探索变量间的关系,能够清晰的进行结构方程的建模,快速创建模型并检验变量之间的相互影响及其原因。通过 SPSS 分析得到可靠性分析和降维因子分析结果,根据因子分析结果将 CA、SMF、MS 和 SQ、TF、SP 分别归类,建立 AMOS 模型,通过 AMOS 软件进行结构化模型分析。其中,建立的 AMOS 模型如图 1 所示。

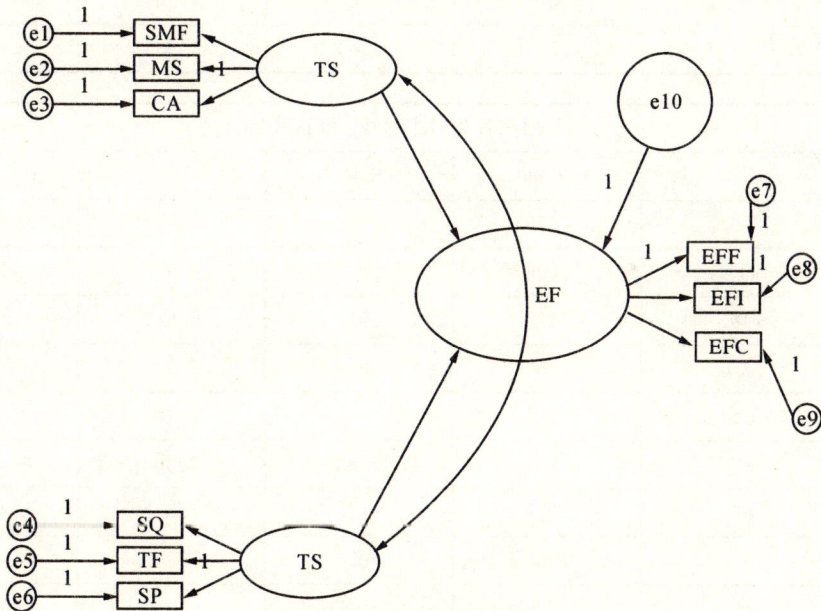

图 1　AMOS 模型

回归权重:(组号 1—默认模型)

	Estimate	S. E.	C. R.	P Label
EF<···TS	.623	.190	3.277	.001
EF<···NTS	.587	.640	.918	.359
CA<···TS	1.000			
MS<···TS	.609	.189	3.227	.001
SMF<···TS	1.007	.272	3.959	＊＊＊
SP<···NTS	1.000			
TF<···NTS	.699	.675	−1.035	.301
SQ<···NTS	34.578	331.508	.104	.917
EFF<···EF	1.000			
EFI<···EF	.617	.141	4.360	＊＊＊
EFC<···EF	.762	.164	4.634	＊＊＊

回归权重:(组号 1—默认模型)

	Estimate	S. E.	C. R.	P Label
TS	.275	.098	2.801	.005
NTS	.003	.030	.102	.918
e10	.225	.078	2.902	.004
e3	.504	.090	5.579	＊＊＊
e2	.581	.078	7.404	＊＊＊
e1	.304	.083	3.680	＊＊＊
e6	.977	.123	7.912	＊＊＊
e5	.430	.055	7.863	＊＊＊
e4	−2.871	34.256	−.084	.933
e7	.334	.076	4.407	＊＊＊
e8	.315	.047	6.638	＊＊＊
e9	.309	.054	5.715	＊＊＊

　　由 Amos 数据分析可得如下结果:影响学生对平台使用满意度包括学生自身因素、教师因素、课程因素、系统以及支持服务等五个方面。这五个因素可以

聚类为师生类(TS)和非师生类(NTS);平台功能对课程学习的良好支持能够增强学生使用平台满意度;学生在使用平台的过程中,没得到帮助或相关服务会减低平台使用满意度;学生积极参与教师在平台上组织的教学活动能显著提高其使用平台满意度。因此,网络化的教学平台完全能够被学生接受,并乐意使用。重要的是一个良性循环的教学平台,能激发学生网络学习的潜能和探求,而一个运行高效畅通的教学平台需要与时俱进、产学研一体化的教学模式作支撑。

三、教育资源网站网络化教与学的思考

从随机抽样的教育资源网站结果可以看出,功能单一,创新不足,种类匮乏,有偿付费等已经成为阻碍数字网络时代学习者撷取资源、自主创新学习的障碍。更深层次的说,支持其运行的网络教学模式已不能适应和满足现代学习者学习的方式和需求。理想化的提供优质资源可复可编辑创新的教育资源网站,其网络教学应该是一种同异步结合网络教学方式,需要人机结合、无缝对接来完成,需要专家引领、实践拓展相配合的高效教学模式。这样学科领域的专家可以借助超媒体、虚拟现实等网络化交互手段在优化教学设计理念的指导下,将同步引导带领学习参与者进行有目的有控制的网络教学,同异步拓展延伸教学任务和实践技能相结合,以培养学习者自主创新意识和协同实践能力为目的,注重教学过程的参与、沟通、协作,旨在促进学习者更好地进行自身意义建构。其中,学科领域的专家、学者在网络教学的环境下,在引领拓展式数字化网络教学中成为建构主体——学习者的引领者、指导者、监督者,同时又是引领教学中的主体,是教学过程的设计者、教学资源的筛选者、学习进程的控制者、学习状况的评价者,是双重角色的扮演者;学习参与者既是引领教学中的意义建构主体,又是拓展学习中的实践主体,处于“双主体”地位,因而交互中强调学习者自主意识的发挥和主体行为的开展。

四、引领拓展式教育资源网站的网络教学模式设计

引领拓展式教育资源网站网络化教学模式就是以最低化的成本,通过网络平台同异步操作的优势,最大程度地集中人力、物力,走高效学、研、产的道路。它的运行和发展有着两条特征鲜明、脉络清晰的主线,见图2:

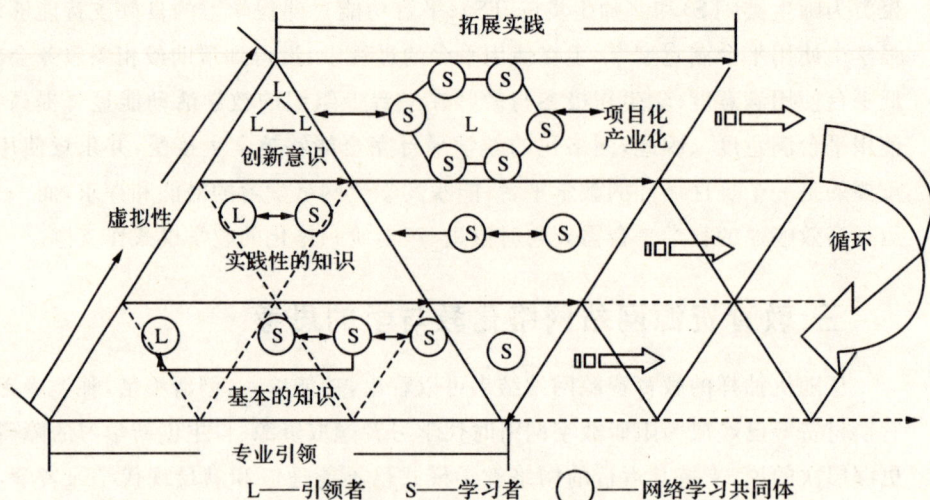

图2　引领拓展式数字化网络教学模式

1.引领者和学习者共同体相交互,专业引领和拓展实践相结合

教师的引领是提高网络学习参与度、提高网络教学质量的重要前提,知识的间接性越强、深度越高、引领的"质"化程度越高,几乎成为以引领者共同体为中心的知识探究,学习者在接受了最新理论学习后,要强化拓展意识,尽可能地开展专业实践,加强共同体间的交互、协同,并与引领者保持沟通、协商。"质"化理论越强,"量"化实践越广。在专业引领模式中,借鉴"经验之塔"理论的思想,将学科知识分为三类:基本的知识、实践性的知识以及创新意识。越往上知识越抽象,掌握和理解的人越少,领域内的专家越稀缺,作为热点被关注的程度就越高;在网络教学环境中虚拟化程度越强,进行拓展实践、项目研发的空间越大;引领者之间、学习者之间、各学习共同体之间的协同、交互能力越强。从而使理论与实践紧密结合,集中网络授课与分散网络答疑相结合,同步知识双向传输与异步实践多向交互拓展相结合,引领模式与拓展模式在再生产循环系统中作为一个整体共同向前发展。新的抽象知识经拓展,实践会转化为基本的知识,基本知识经过广泛认证运用,在实践中会提炼发掘出跟时代更贴切的前沿理论,如此循环往复,必将有效促进校本研究的开发,促成一个庞大的教育产业的形成,教学成果项目化、产业化,将回馈整个社会,涉及多方领域。

2.将线性学习与非线性学习融合,正式学习与非正式学习打通

线性学习的特点是学习过程成比例、学习结果具有叠加性,学习者的学历与

学习时间成比例,学习总和是各阶段学习结果的叠加,学习要素间关系是直线式的,变化率几乎是恒量;而非线性学习则是不按比例不成线性的各学习要素间存在交叉项,并具有不可预见的耦合性的动态学习,一个学习因素最初的变化会导致此因素或其他学习因素不规则的变化,其变化率是不恒量的,结果不是线性叠加的。而引领拓展式数字化网络教学模式是线性学习与非线性学习的融合,单个 L 或 S 自身的学习(理论探究或实践拓展)是线性的,各个阶段的学习在总学习中成比例,学习所得是各阶段的叠加之和。但 L 和 S 共同体内部及其之间的交互所产生的学习是非线性的,L+S>(L+L+L)+(S+S+S)表明在虚拟网络化实时教学中,由于交互的耦合性,非线性的增益有利于弥补线性的单一和效率低下;而在非实时异步拓展中,学习者能够进行自主化个别化的线性学习,富有创造性,甚至能填补非线性学习某方面的亏损。同时,引领拓展式数字化网络教学模式有利于将正式学习与非正式学习打通。正式学习一般主要是在学校的正规学历教育和继续教育,非正式学习通常发生在非正式学习时间和场所内,通过人际交往或借助各种媒介手段进行的自我学习。在模式中,正式学习与非正式学习并存,正规的网上教学与泛化的自我学习相交融,在信息网络时代更加注重学习者利用非正式学习方法的能力。

五、总结

信息化教育的大发展,要求教育开放,学校开放,为数字化网络教学打开了一个全新的发展空间,也是教育资源网站思考建立新型网络教学模式,构建网上学习空间的出发点。随着信息化教育的日益发展,人们越来越关注网络教育信息的畅通,网络教学模式本身对学习型社会的影响,学习个体自身网络化学习技能的提升;网络教学模式的研究方向也从单一式、单向式、直线式向多样式、多向式、循环系统式模式发展;从纯化的理论假说注重向理论指导和实体验证相结合的模式发展;强调个体间的协同和参与。教育资源网站以数字复制作为载体体现了教育资源可复再创新的数字化价值,其需要一个全方位立体化可循环的运行模式作支撑。引领拓展式教育资源网站网络教学模式以其高师资、低成本、高循环、立体化的运行方式走校本开发、校际合作、校企研发的路线是形势所趋、必然之势,有利于实现三位一体教育的理念实质。

(作者单位　浙江财经大学工商管理学院)

[参 考 文 献]

[1] 田季生.关于远程教育教师专业成长途径的创新认识[J].开放教育研究,2009(6):21-25.

[2] 路秋丽.魏顺平,网络教育资源标准及标准应用的调查分析[J].中国电化教育,2005(7):81-84.

[3] 刘晓云.网校发展重现生机[J].中小学信息技术教育,2006(2):78.

[4] 钟志贤.信息化教学模式[M].北京:北京师范大学出版社,2006.

[5] 马红亮.虚拟学习社区中的互动[M].北京:中国社会科学出版社,2009.

[6] 孙祯祥.学校教育技术管理者的责任与素质——读《美国国家教育技术标准(学校管理者)》想到的[J].现代教育技术,2005(4):73-75.

[7] 丁新.远程学习方法与技术[M].广州:华南理工大学出版社,2004.

[8] 南国农.李运林,教育传播学[M].北京:高等教育出版社,2005

[9] 何建坤.研究型大学技术转移[M].北京:清华大学出版社,2007.

[10] Reiser, Robert A, Dempsey, John V (2006). Trends And Issues In Instructional Design And Technology [M]. Wang Weijie. Shanghai: East China Normal University Press.

大学生网络成瘾的现状调查与分析

杨文超

[摘　要]　网络是把双刃剑。它给大学生思想政治教育工作既带来了新的机遇,也带来了严峻的挑战。只有深入分析和把握网络对大学生成长的影响,才能增强网络思想政治教育工作的针对性和实效性。

[关键词]　大学生;网络成瘾;对策

网络成瘾的概念是 1994 年纽约市的精神医师 Goldberg 首先提出的。网络成瘾症(Internet Addiction Disorder,简称 IAD)(Goldberg,1995)或网络成瘾(internet addiction,简称 IA)或病态网络使用(pathological internet use,简称 PIU)是近年网络心理研究的要点,指在无成瘾物质作用下的上网行为冲突失控,表现为由于过度使用互联网而导致个体明显的社会、心理功能损害。中国台湾学者周倩(1999)将世界卫生组织(WHO)对于网络成瘾所做的定义加以修改,将网络成瘾定义为:"由重复地对于网络的使用所导致的一种慢性或周期性的着迷状态,并带来难以抗拒的再度使用之欲望,同时并会产生想要增加使用时间的张力与耐受性、克制、退隐等现象,对于上网所带来的快感会一直有心理和生理上的依赖。"

一、大学生网络成瘾的理论模型

对网络成瘾的解释,最具有代表性的是 Young 的 ACE 模型、Davis 的认知——行为模型和 Grohol 的阶段模型,其中最后一种较直观,认为网瘾是一种阶段性行为。该模型认为网络用户大致要经历以下三个阶段。

第一阶段:网络新手被互联网迷住或者有经验的网络用户被新的应用软件

迷住。

第二阶段：用户开始避开导致自己上瘾的网络活动。

第三阶段：用户的网络活动和其他活动达到了平衡。

Grohol(1999)认为所有的人都会达到第三阶段，但不同的个体要花不同的时间，那些被认为是网络成瘾的用户，只是在第一阶段被困住，需要帮助才能跨越。

二、大学生网络成瘾调查现状

1.网络成瘾的类型

网络成瘾的类型很多，学界一般认为的类型有："网络色情成瘾，网络交际成瘾，信息超载成瘾，游戏成瘾，视听成瘾"。"网络色情成瘾包括网上的色情音乐、图片和影像等；网络交际成瘾包括用聊天室等在网上进行交际；网络强迫行为包括强迫性地参加网上赌博、网上拍卖或网上交易；强迫信息收集包括强迫性地从网上收集无用的、无关的或者不迫切需要的信息；计算机成瘾"。"网络性成瘾，网络关系成瘾，网络游戏成瘾，信息收集成瘾，计算机成瘾"。其中网络信息超载成瘾和网络游戏成瘾最常见。而近年来更多学者将其大致归为网络关系成瘾，网络娱乐成瘾，信息搜集成瘾。

2.大学生网络成瘾倾向的总体特征

互联网作为一把双刃剑在造福人类的同时，也给人们的身心健康造成了一定的伤害。奎克(kraut)等人的研究发现，因特网会使使用者的社会卷入(social involvement)减少，心理幸福感(phychological well-being)降低，孤独感(loneliness)和抑郁感(depression)增加。据观察，大多数学生是在边娱乐边交际。大学生网络关系成瘾倾向最高，娱乐成瘾倾向次之，信息搜集成瘾倾向最低。这种现象的产生是大学生的人格特质与网络功能交互作用的结果。通过调查，网络成瘾者自陈有一些躯体症状：眼睛干，偏头痛，背痛，饮食不规则，睡眠紊乱等。

3.成瘾大学生在 R 倾向上与非成瘾大学生在 R 倾向上的比例分析

就男女生的差异来说，刚升入大学的男生解放感会更强烈一些。所以说在其对大学生活适应的过程中会出现较多的问题。统计分析结果显示，大一的男生在 R 倾向上成瘾的文理科差异较女生的大。这是由于大一理科学生的作业较文科多，使学生有较少的自由时间，而文科生自由时间多，又没人加以管束，再加上男生有较强的解放感，所以更易成瘾。一旦适应期过后，就符合整体情况了,而女生中则无这种现象。

三、大学生网络成瘾防治对策

1.加强教育引导,营造良好氛围

互联网上信息十分复杂。各种敌对势力把互联网作为渗透、煽动和破坏的重要工具,利用热点和敏感问题,蓄意制造谣言,攻击党的路线方针政策,煽动对社会不满情绪,破坏正常社会秩序。因此,网络成瘾不仅会影响同学们的身体健康,而且网络成瘾者在思想上可能会被不良信息带入歧途。所以,高校更需要积极营造网络舆论氛围,引领正确的舆论方向,形成网络正面舆论强势,加强对大学生网络行为的思想引导。例如,组织和鼓励党员、学生干部、学生骨干多多参与校园 BBS,发布积极健康的文章,引导同学们养成健康上网的好习惯,通过网络增强收集信息的能力,减少娱乐和游戏的时间。

社会、学校等各自从不同的角度对大学生进行多方面的教育,提高对网络的科学认识,自觉树立正确的网络道德观和自律意识,对网络进行法制化管理,为青年大学生提供一个良好健康、有序的网络环境,尽可能避免网络给大学生带来的负面影响。

2.制定相关制度,规范网络行为

2001 年,教育部、团中央向社会发布了《全国青少年网络文明公约》,要求青少年"要善于网上学习,不浏览不良信息;要诚实友好交流,不侮辱欺诈他人;要增强自护意识,不随意约会网友;要维护网络安全,不破坏网络秩序;要有益身心健康,不沉溺虚拟时空"。所以,高校在教育引导学生文明上网的同时,应制定约束大学生网上行为的相关制度。

良好的制度是养成良好习惯的保障。学校可以通过知识竞赛、有奖问答、专题学习等生动活泼的形式在学生中广泛宣传健康上网,不要沉迷于网络,制订文明上网的规章制度,教育学生严格履行。尤其对于大一同学,从入校开始就要做好制度宣传和保障,通过制度的形式来制约、规范学生的网络行为。也可以根据学生的不同特点和不文明上网的具体表现,签订文明上网保证书等,引导学生加强控制力,学会自我教育、自我管理。

3.重视对网络成瘾者的心理健康教育

从大学生产生网瘾的原因及成功戒除网瘾的实例可见,网瘾是过度使用网络而产生的一种心理依赖和行为习惯,不像毒瘾那样可以用药物来戒除,网瘾必须通过心理治疗和教育等多种措施来解除。为了戒除和防范网络成瘾,学校和教育工作者应加强培养大学生的个性品质,加强与大学生的沟通和交流,开展有针对性的心理咨询工作,引导大学生正确使用互联网,学会正确对待人际关系,适应不断变化的社会环境。

4.帮助大学生制定合理的人生发展规划

新生入学就要开设关于职业生涯规划相关课程,职业生涯规划能够促进学生审视自我、探索自我、提高自我,激发学生发展自我的内在动力,树立正确的价值观、职业观,从而以职业生涯为导向,更为主动、有效地规划自己的大学生活,提高自身的综合素质与能力。所以,要帮助大学生树立以职业规划为核心的人生发展规划,使学生明确将来的发展方向,防止由于心灵空虚、目标迷失而导致成为网络依赖的牺牲品。

5.完善大学生社会支持系统

个人在自己的社会关系网络中所能获得的,来自他人物质和精神上的帮助与支持。所以,高校应该帮助学生搭建一个完备的"社会支持系统","社会支持系统"是我们健康生活的一个重要保障。当我们处于顺境之中,"社会支持系统"可以带给我们快乐和充实;当我们处于逆境之下,良好的"社会支持系统"可以给我们信心和能量。"社会支持系统"可以给予网络成瘾者更多的物质帮助和精神上的帮助,培养大学生自立、自强、自主的精神,使他们相信自己完全可以摆脱网络,更愿意走到现实中来,和老师、同学们一起在现实世界中学习和努力。高校可以组成一支专业的咨询团队,通过网络平台进行动态干预,使大学生能够随时以最便捷的方式找到最适当的帮助,从而加强师生之间的交流,远离网络成瘾。

(作者单位　浙江财经大学工商管理学院)

[参考文献]

[1] Young K S. Internet addiction: the emergence of a new clinical disorder [J]. Cyberpsych Behav,1996,1(3):237-244.

[2] Davis R A. A cognitive-behavioral model of pathological internet use(PIU) [J]. Comput Human Beh,2001,17(2): 187-195.

[3] Kiesler Setal. Social psychological aspects of computer-mediated communication [J]. Am Psych,1984,39(10): 123-134.

[4] Dejoie J F. Internet addition: A different kind of addition [J]. Revue Med Liege,2001,56

(7):523-530.

[5] 杨振斌,冯刚.高等学校辅导员培训教程[M].高等教育出版社,2009:225-229.

[6] 陶宏开.孩子都有上进的心[M].湖南人民出版社,2005.